U0374784

人间诚可居

郭婉玲 著

苏州大学出版社

图书在版编目(CIP)数据

人间诚可居 / 郭婉玲著. —苏州：苏州大学出版社，2020.9
ISBN 978-7-5672-3212-9

Ⅰ.①人… Ⅱ.①郭… Ⅲ.①中学生—素质教育—教学研究 Ⅳ.①G631.6

中国版本图书馆 CIP 数据核字(2020)第 098984 号

书　　名：人间诚可居

著　　者：郭婉玲
责任编辑：周建国
装帧设计：吴　钰

出版发行：苏州大学出版社(Soochow University Press)
社　　址：苏州市十梓街 1 号　**邮编**：215006
印　　装：苏州工业园区美柯乐制版印务有限责任公司
网　　址：www.sudapress.com
邮　　箱：sdcbs@suda.edu.cn
邮购热线：0512-67480030
销售热线：0512-67481020

开　　本：700 mm×1 000 mm　1/16　**印张**：24　**字数**：406 千
版　　次：2020 年 9 月第 1 版
印　　次：2020 年 9 月第 1 次印刷
书　　号：ISBN 978-7-5672-3212-9
定　　价：80.00 元

谨以此书献给——

爷爷 严　炽

奶奶 黄沛珍

写给自己的情书

（代序）

亲爱的婉玲：

你知道，我爱你。

我永远和你在一起。

我想温柔地抱着你，告诉你，

你对我来说有多重要。

我喜欢你的样子，你开心时会忍不住笑，

你不甘心时会咬牙，生气时会哭。

我知道你走过的这一条路的每一步，

你被否定时会很伤心，被人误会时你会难过。

我知道你受过伤害，也曾被爱感动。

你的心酸和欢喜，我都能感受到，

跟我亲身经历的一样。

我懂你，懂你所有的心事和渴望，

我看到

你的混乱的日子表面

下方沉潜的一颗坚强的心。

因此我更爱你。

你喜欢看书,只看喜欢的书;
你喜欢喝咖啡,手磨的,苦比酸偏多一点;
你一直写真诚的文字,
你混乱而丰富的心
能够在文字中安稳地跳动。
你真的很喜欢大自然,爬山徒步摄影绘画,
都是想回到大自然中。
你想做好很多事,
我知道你多希望结局如你的热情一样完美。

你勇敢,
在生命的历程中单打独斗,奋力向前冲;
你善良,
尊重别人,善解人意,不愿意让别人受苦。

谢谢你,庆幸是你,不是别人,你多好啊。
亲爱的,不要委屈自己,不要对自己苛刻,
否则,那样我会心疼。

你已经很好了,非常非常好了。
你不必什么都要好,
即使事情没做好,你也是很棒的;
即使你到最后都没有成功,
你也是我的价值连城;
即使你一事无成碌碌无为,
你也是最值得我爱的宝贝。

你完全可以做自己爱做的擅长做的事。
某一天,你有些厌烦了,
那就等有了心情再去做也可以,
或者再也不坚持放弃了也行,

只要你开心。
而你总知道自己怎样才算开心。
真的不开心了
就任由自己玩耍吧，
就算任性又怎样
好好和不开心相处也很好。

你不需要很坚强不需要很努力。
即使懈怠也没什么了不起的，
不尽力不勤奋了天也不会塌下来。
你随时可以袒露你的恐惧焦虑和不安全感，
真实的你最可爱了。
你想哭也可以的啊，你邋遢也没问题的啊。
你不讨人喜欢又怎么样？要有被讨厌的勇气。
对于不必要不喜欢的事，第一时间说“不”。
你随时可以真实地表达自己的意见。
当你需要时，敢于麻烦别人，
你值得别人对你好。

不怕别人嘲笑和指责，
对他人的批评和否定你不需要太敏感，
没关系的。
他们都不重要，你才是最重要的。
我知道你不完美，你有很多缺点，
而我还是深爱你和接受你。
毫无条件的。
你是我的就行了，我也是你的。
我会把你放在我的心里并和我融为一体。
我们再也不会分开。

我爱意气风发的你，我爱狼狈不堪的你，

无论你做什么，我都会一直支持你。
我向你保证，不管你怎么样我都会陪着你，
无论你要做什么，你都将永不孤单。
你想拼搏，我与你闯天涯；
你想退隐，我共你诗酒茶。
你累了，你困了，你不想在外面了，
我就带你回家。
我长大了，我能给你安全，给你稳妥，
带给你所有想要的礼物。

宝贝。
我希望你知道，
我非常非常在乎你。

我一直在努力
了解真实的你，
持续地学习精进，
对你负责任，
学会如何真正地对你好。
我要认真地给你真实的爱。

我要保护你，照顾你，
你的所有需要在我看来都是很好的。
我会给你需要的一切时间，
来使你的需要得到满足。
让你发挥出你的天赋和才能，
让你完成你的梦想，
让你灵魂喜悦，
心灵充盈，
一生安宁。
我要你按自己的方式，

度过自己的一生。

我是你的岁月静好,我是你的负重前行;
我是你的参天大树,我是你的绿草如茵;
我是你的起点,我是你的道路,
我是你的归宿。

亲爱的,你猜猜,
我准备为你创造怎样美好的经历?
我们正在雀跃地欢迎着
怎样金光闪闪的日子进入我们的生命?

不要怕,有我在。
永远永远,你都有我。
我爱你。

大婉玲

2020.2.14

目　录

人情是世界对我的挽留

故乡始终深情地凝望着我

时间慢慢显出泛黄的真相

邀请生活和我谈一场恋爱

万物身上寄住着久远的神灵

情绪废墟埋藏的一份礼物

人情

是世界对我的挽留

一个童话

（一）

从前有一座大山，山脚下有一间安安静静的浅黄色屋子，屋顶铺着红色的瓦，屋前是大片大片绿油油的水田，有一条小河从屋前缓缓地流过；屋后种满了又高又直的竹子，风儿吹过，带着清香的叶子响起窸窣的声音。

这间屋子里面住着呵呵笑爷爷、微微笑奶奶和咯咯笑孙女。

呵呵笑爷爷长得可高大了，咯咯笑孙女要很努力地抬起头才能找到那双总是笑眯眯的眼睛，他的额头宽宽的，眉毛又浓又黑，长着一个大鼻头。呵呵笑爷爷喜欢养鸟、种花、看书、听收音机……对了，还喜欢骑着大自行车载着咯咯笑孙女在田间的小路上乘着风飞行。他是一个大大咧咧、马虎粗心的老爷爷——

"哎呀——我的老花眼镜呢？去哪里了？"

微微笑奶奶和咯咯笑孙女就满头大汗地满屋子找，桌面？不见。床底？没有。阳台？不在啊。突然，她们同时发现了，"老花眼镜不正架在你的大鼻子上吗？"

"哦？是的，是的！呵呵……"

微微笑奶奶瘦瘦小小的，头发有一点点卷，整整齐齐地梳在脑后，卷成一个圆圆的髻，她是一个温柔善良的老妇人，嘴里常常哼着儿歌——

"月光光，照地堂，虾仔你乖乖瞓落床……"

"天昏昏，洗身身，眼公仔，要关门……"

"团团转，菊花园，炒米饼，糯米圆，阿妈带我睇龙船……"

微微笑奶奶一辈子辛劳艰苦，但脸上还总是带着淡淡的笑容，默默地料理着家务活儿，照料着她那片田园菜地；喜欢缝缝补补，坐在午后的阳光里手引针线，拉得长长的，一下又一下，不慌不忙。

咯咯笑孙女是个“假小子”，剪着男孩的板寸头，光着脚丫，爬树掏鸟窝，下河捉鱼虾，一天到晚疯玩，胡搅蛮缠，可调皮了！最喜欢拖着椅子到厨房里高挂的竹篮子下面踮着脚找吃的，跟着微微笑奶奶去捉蝴蝶、挖蚯蚓、摘野果子吃，也爱看呵呵笑爷爷书里的“小画”，给小人画上胡子，躺在书堆睡大觉……

呵呵笑爷爷有听不完的收音机和看不完的书；

微微笑奶奶有缝不完的衣服和种不完的菜；

咯咯笑孙女有闯不完的祸和数不完的调皮。

（二）

他们在小屋子里安安静静地过着日子。

每天早上，他们都起得很早。

呵呵笑爷爷总是会拄着拐杖去山脚下散步，看着太阳一点儿一点儿升起，然后带回热腾腾的小笼包；

微微笑奶奶蹲在炉灶前慢慢地熬一锅“咕嘟咕嘟”的柴鱼花生粥或者猪肉萝卜粥，跳跃的火光映红了她带着淡淡微笑的脸；

时间差不多了，还在赖床的咯咯笑孙女迷迷糊糊地被叫醒了，极不情愿地慢腾腾地刷牙洗脸，吃了早饭要和小伙伴走路去另一个村子上学啦！

到了放学的时候，咯咯笑孙女兴高采烈地背着书包跑回家，空空荡荡的书包里铁铅笔盒在田间小路上叫得欢。咯咯笑孙女就像是从天上倒下来的一颗豆子，在大地上蹦蹦跳跳，然后准确地蹦进小小的家门。

她满头大汗，红领巾歪在脖子旁，扒开木门，冲进去，大喊一声：

“我回来了！”

然后一扔书包，扯掉红领巾，吐着舌头大口大口地喘着气——

“呼，呼……累死了！”

“哎呦，怎么进来了一只小黄狗？呵呵……”呵呵笑爷爷坐在大门口的小藤椅上，腿上放着一本书。

“咯咯……”

微微笑奶奶坐在大门口的石阶上，弯腰摘苦麦菜。她放下篮子，微笑着收拾一地的书包、外套和红领巾，说：

“快去洗洗吧，小泥猴。”

“咯咯咯……”

那时正是下午四五点的光景，太阳的光线很柔和，透过阳台的栏杆斜斜地照下来，在大门上印下一串串光斑……

咯咯笑孙女半趴在桌子上写作业，皱着眉头用力地一笔一画地写字；微微笑奶奶还在“咔嚓咔嚓”地择菜，然后“哗哗哗”地洗干净；呵呵笑爷爷啜一口茶，轻轻翻动书页。一切都好安静，时光过得好慢好慢，慢到可以看清楚空气中每一颗尘埃飘动的样子。

“写作业头要抬高，不然变成四眼青蛙啦。”微微笑奶奶轻轻地提醒说。

“一只老四眼青蛙和一只小四眼青蛙，呵呵呵……”呵呵笑爷爷推了推老花镜说。

“咯咯……”

咯咯笑孙女做完了作业，“啪”地合上铅笔盒，把书本胡乱地塞进书包，扔到床上，欢快地跟着微微笑奶奶去喂“喔喔”公鸡、“咕咕”母鸡和“唧唧”小鸡，去菜园地里给白胖胖萝卜、紫裙茄子和弯弯豌豆一家锄草浇水……

接着，她又抢着呵呵笑爷爷的水壶，去浇灌阳台上的蝴蝶花、风雨草、仙人球和假菠萝，有时缠着呵呵笑爷爷去小卖店买糖，威风凛凛地坐在大自行车的小座椅上，含着一支大棒棒糖，小嘴巴甚至整张小脸都黏糊糊、脏兮兮的，只有眼睛发亮，她还在咧开嘴“咯咯”地笑得很得意。

夕阳西下，暮色渐浓，鸟儿们的翅膀上染满了金黄色的夕阳和红灿灿的晚霞，慢慢地飞回家了。家门口响起了微微笑奶奶一声声的呼唤：

“回家吃饭啦——回家吃饭啦——”

“哎——”

呵呵笑爷爷和咯咯笑孙女一起回答。

小小的电灯泡慢慢地亮起来了，那座小房子的窗户透出暖黄暖黄的光芒。

（三）

时光公公走得那么慢，又走得那么快。

日子一天天地过去。

呵呵笑爷爷和微微笑奶奶一天天地老去，头发一根一根变白，脸上的皱纹一条一条增加，腰也一点儿一点儿弯了下去；耳朵慢慢听不见了，眼睛也渐渐看不清了。

咯咯笑孙女一天天地长大，一年年换更大的衣服，开始扎起小辫子了。她学会了骑自行车，每学期结束时都会拿班级前五名的奖状回家，还真的戴上了眼镜哦。

早上，咯咯笑孙女搀扶着呵呵笑爷爷去山脚散步，爷爷的那辆大自行车悄悄地在院子的角落里生锈；

傍晚，咯咯笑孙女推着轮椅上的微微笑奶奶去看夕阳，每次都要途经那个早已荒芜了的菜园……

他们依旧在第一缕晨曦出现的时候起床，在暖黄的灯光下静静地吃完晚饭……

日子一天天地过去。

最后，呵呵笑爷爷和微微笑奶奶在屋后的青山里永远地睡着了，咯咯笑孙女去了很远很远的地方一个人生活。

可是，他们似乎还在一起开开心心地生活着呢。

真的，永远。

2015 年写于苏州

她的床

她躺在她的床上。

十九岁的骨头和肉都被床板踏踏实实地托着，心中安稳。她眼睛圆溜溜地盯着新簇簇的纱帐顶，还有那个红艳艳的“囍”字，她光洁饱满的脸庞也映得亮红。

她家中有九个兄弟姐妹，她排行老九，从小都是跟姐姐们挤在一张又窄又破的小床上睡，少女那混乱而迷醉的梦都没有一个独自安放的地方。

而今天，她出嫁了。从此以后，这是她的床。

这是一张木架子床，并不十分精致，但是很结实。暗色近黑，新涂的漆料发着亮光，庄重而神圣；巧妙的榫卯结构，四根笔直的方柱撑起几块平整的顶板，床的上方是一副稳稳的顶架；弧形的挂檐很美，上面刻有红绿色的浮雕，还刻着“五子登科”四字；床脚高，床板厚，铺着编织细密的竹席，床上三面有围子，围子里又有矮围栏；竹竿挑起一架纱帐，两边有金色弯钩，缠绕着红线，悬挂着缨子。

床头有软枕，覆盖绣花枕巾，床尾叠着被褥，上面放着秤、镜子、花生、莲子和红枣等，一盏油灯摇曳燃烧。

床大而宽，瘦小的她只占了床上一小块地方，她那身材高大的丈夫占着床的另外一大半。

拥有这一张床，她心满意足。

这完完全全是属于她的床啊！

在这张床上，她从一个十九岁的大姑娘变成了一个小妇人。

从此，每天天还未大亮，她就掀开被子，悄悄地起床，操持家务；夜晚躺下劳累的身子，盘算着家计，合眼而眠；有时，受了公婆的气，和丈夫吵架了，她就坐在床上，靠着柱子——那上面的涂料很快不再发亮——默默淌泪。

床上的栏杆里慢慢地塞进来头绳、发夹、木梳、针线、剪刀、葵扇……

就这样一天又一天地过日子。

她的六个儿女就在这张床上相继出生，每生下一个娃儿后，一到晚上，她总是哼唱着"眼公仔要关门咯"，抚摸着哄她的孩子入睡。三更半夜定时地喂奶，轻声骂着尿床的小儿换尿布。床帷子上搭着孩子们的小被子、小毛巾、小衣服，塞着各种哄婴幼儿的小玩意儿。

炎热的夏天，大床上横七竖八地躺着她的雪白的孩子们，她躺在中间，像一只母鸡守护着小鸡仔一般，轻轻摇着葵扇，寂静无声地打着盹儿，屋子里只是偶尔传来某个孩子咂巴嘴的声音。突然，村边巷子口悠长地传来一声叫卖吆喝："雪条红豆批咯——"孩子们便哀求要吃冰棍，她翻开床竹席——那席子已经磨出了毛边——抽出二毛三毛给大孩子，拿了一个大搪瓷盅去买，小的也要跟了去，搓着还没睡醒的眼睛摇摇晃晃地，摔了跟头也不哭，爬起来去追，可大孩子已经买回来了。于是，几只脏兮兮的小手抢来冰棍，舔得甜水滴在床上，孩子们又把腻腻的手擦在蚊帐上。

…………

那帐子渐渐旧了，破了，打上了补丁，堆了灰尘，又暗又黄；孩子们也长大了，她也变成了一个中年妇人，依旧瘦小，容颜憔悴。

在床边，她整整女儿的头发衣裳，送她的女儿出嫁，忍不住眼泪下来，抱着哭一场；

在床边，她把儿子送去外面打工，千提醒万叮嘱，然后日日夜夜地思念在远方的儿子；

在床边，她接过儿媳妇的一杯茶，把她做新娘时戴的手镯摘下，戴在新人手上……

后来，家里盖了新房子，人少了，都图清净，和丈夫分别睡不同的房间，那张床就真正只属于她一个人了。她在床上想她永远想不完的心事，她在床上缝补衣服袜子；依然做家务，喂猪喂鸡洗衣服下地过日子。受了儿子儿媳妇的气、和邻居顶了嘴，仍然默默坐在床边哭泣……

有些寂寞了。

然后，孙子孙女出生了，她又忙碌起来，冲奶粉、换尿布，依旧轻哼着"眼公仔要关门咯”哄孙子孙女睡觉,告诫着“不要顶着头睡,那样长不高”。

孙辈们让她讲故事,她只想起自己当女儿时听到的“百忍娘”和那个“狼外婆”的故事,于是她只好一次次地讲,每天睡觉前都不厌其烦地讲;而她还是从竹席底下拿零钱给孙辈们买过村的吃食,不过雪条已涨到五毛钱一根了。

夏日悠悠,竹席清凉,她依旧是那样围抱着她的孙子孙女,一下一下地轻轻扇着,在长长的蝉鸣中悠悠睡去;

冬天很冷,她就在竹席上垫一层棉被,裹紧了一条厚实的棉胎,抱了孙子孙女冰冷的脚在怀里捂热,偶尔听见屋顶上有老鼠爬过的声音……

那一年,丈夫去世了,她也老了,头发花白,脸上生出道道皱纹,手脚布满斑点。

床更旧了,涂料掉下来,斑驳了,还多了孙女贴的贴纸,孙子留下的刻痕,柱子床架松动了,床口磨得白了一道。成了一张旧床了。可它依旧结实。

儿女都为了生计而在外面奔波,连孙子孙女都慢慢长大了,去了镇里或市里学校寄宿读书,不怎么回家来,她的床上又只剩下她一个人了。

于是她便天天在床上盘算他们回家的日子。

女儿偶尔回娘家,自己娘家的嫂嫂也偶尔来串门,每至此时,两个人便一人躺在床的一头,细细密密地说着长长的话,都是关于孩子、丈夫、钱等家长里短的。

后来,孙女都上大学了,回来后仍然要挤在这张床上和她一块儿睡,也跟她说学校啊、老师啊、朋友啊……她总是微微含笑地耐心听着,偶尔插上一两句话。

逢年过节,儿女们都回来了,又是横七竖八地盘腿坐在床上、躺着;围着昏暗的黄灯泡,聊大半夜的话,一时哭,一时笑,不知儿女们是不是都想起各自小时候,她还年轻力壮的时光?

她终是越来越老了,连挪上床去都有点儿费劲了。睡得是越来越浅,越来越少了,有时候半夜醒来,就靠坐在床上,想着事情,等着天亮。

她的腰背更驼了,躺在床上总是硌得不舒服。那床边的栏杆里开始塞满了各种药,风油精、保心安油、万花油、止痛片、头痛散;头时不时地痛,抱着被子细细地呻吟，翻找药吃，大口喘气。

她终于病倒了，是中风，半身不遂，手脚麻木酸痛，不能动弹，她只能在床头垫了厚厚的棉被，挨着睡。

这下子，她只能躺在她的这张床上了，吃喝拉撒都要在床上。

床似乎成为她难以舍弃的一部分了。

那些最亲最爱的人都不在。身材高大的丈夫先走了，几个从床上艰难生下来的儿女在外面谋生，疼爱的孙子孙女在外地求学，一个个都不在，只有她的床陪着她了。

上大学的孙女放假回来，推着轮椅带她出门散步；回到家，抱她上床，竹席很滑，一推便滑向床的里面，她笑了——

呵呵，倒好玩。

但更多的是痛和漫长漫长的无聊寂寞，她只能每天躺在那张床上，看着窗外微弱阴暗的日光，等天亮，等天黑……等啊等啊，她也不知道自己在等什么。

在床上熬了几年，病已很重了。她意识不清地躺在她的床上，在恍惚痛苦中，她依然看着头顶上灰暗的帐顶，想起了自己这平淡重复而又充实劳累的一辈子，许许多多的画面混乱交杂。

她合上了眼睛，将最后的体温留在了床上。

三天后，她的遗体被火化；

床也被拆开，被一件一件扔进火堆里，烧了。

这是她的床，她的床啊。

2017 年写于苏州

阿　嬷

很早很早以前，我就想着要写写我的祖母（闽南地区称“阿嬷”）了。但是常常拿起笔来，心中纵有千言万语，也不知如何从头写来，只怪自己才疏学浅，如此无用，竟一直拖延至今。

明日便是我阿嬷的生日，老人家已经八十一岁了，远在隔着一条海峡的家中卧病。我没回去，只打电话。阿嬷的声音还透着精神，说起这几年我送给她的生日礼物，那条丑丑的灰色围巾不够柔软，从来都没戴上过；老婆婆和小孩的瓷像公仔摆在桌面生尘；大大香甜的蛋糕因为她患有胃病而不能多吃。阿嬷，以前你总是说：“只要你人回来看我就好，绝不能买什么礼物，省着钱以后有大用处呢。”

但你的孙女就是这么笨的一个人啊！你知道我的每一个小心思，懂得如何使我喜欢，我却那么笨拙地做着傻事。而今年，我连回去看看你、陪陪你都做不到了。

问起你的身体，你说还是老样子，最近因气温下降而感冒了；夏天嘴角生的溃疡竟然至今未愈；手脚依旧麻痹疼痛，彻夜难眠；白天也只能孤零零坐在床上等吃饭。

我的眼泪就流下来了，最近我好像很爱哭，阿嬷却来劝慰我：“不用挂念我，你好好读书。”

今夜，我独坐在灯下，把书翻来翻去，却看不下一页，心中总想着阿嬷一生的辛苦，想起小时候的事，想着自己的不孝，我不由得满心酸楚，千头万绪。于是，我拿起笔来，一字一字努力地写下来，希望我的热泪幻化成的文字能成为一份寿礼，给远方的老祖母——我最爱的阿嬷带去一点点安慰。

我是由阿嬷养大的。

我被生下来的第四十天，爸妈就外出打工，把如同猫儿般大小的我交给阿嬷抚养。从此,阿嬷为我受了多少的苦,遭了几多的罪,担了多少的心!

我是在阿嬷的背上长大的。一条肩带把我和她连起来,不管阿嬷是劳动、吃饭还是睡觉,我俩都在一起。

可是阿嬷的背不好,听她讲,是她年轻时曾从阁楼上摔下来,摔断了腰椎骨,治愈后却折出来一大块,如同背上长了一座小山头,人就显得更加矮小瘦弱了。

后来,这座小山头上又多了一个我,阿嬷为了让我趴着舒服,总是尽可能低地佝偻着腰,而她的背也就越来越弯得厉害。

这样的阿嬷还是要天天日出而作,摸黑而回。回家后还要忙碌家务,煮饭烧水、给我喂饭、为我洗尿布,哼唱着"眼公仔要关门了"哄我睡觉……而我常常是整夜哭闹,让阿嬷睡不得好觉,年年月月,直到我长大。

我是那么依恋阿嬷,一看不到她就哭闹着找寻,会走路了也要时时牵着阿嬷的衣角寸步不离——我的世界绝对不可以没有那一张慈祥的脸。有时阿嬷被我缠烦了会说:

"你这个小冤家,可能是我前世欠着你吧,今生你是来讨债的!"

我想也是极有可能的,但我希望前世阿嬷欠我很多很多债,让我今生一直讨不完,天天可以跟她在一起才好。

我年幼时因为戒奶早,所以身体孱弱多病,阿嬷就常常处在大惊小怕中。

在我三四岁时的一个冬夜,我突然高烧不退,迷糊昏睡。阿嬷吓坏了,她的两个儿子——我的两个伯伯,就是在幼儿时期病死的。她二话不说,连忙用一条小棉被把我裹得严严实实,冒着严寒,摸索着黑漆漆的乡间小道,一路跌跌撞撞地把我送到镇上的卫生院,扒开医生家的门。经医生诊断,我得的是急性肺炎,医生说,幸亏送得及时。我捡回一条小命。

我至今仍无法想象,那夜阿嬷是如何忧心如焚地在深夜中走完那一段崎岖弯曲的小路的,只知道当我在被窝里温暖地昏睡时,阿嬷冷得颤抖了一整夜,然后病了一场。

养大一个孩子是不容易的,而我又不是一个好养的孩子——因为我不乖、脾气臭、任性。

记得有一次吃饭,当我看到饭桌上只有两盘青菜时,马上就不高兴了,嘟起嘴抗议道:"我要吃猪肉!"

阿嬷赶紧说:"明天就买给你吃。"

我又说:“小杰家吃鸡肉呢,我也要!”

阿嬷有些生气了:“说过多少次了? 不能跟别人比! 快点吃。”

我噘着嘴巴坐着,就是不肯吃饭。

阿嬷就夹了一筷子青菜,递到我嘴边,说:“玲玲啊,这是鸡肉菜,好吃呢,你信不信?”

我怀疑地盯着那菜叶,不情愿地张嘴吃了,并没有鸡肉的味道。我就一口吐出来:“骗人! 我不要吃! 我不要吃!”

我便哭得手足乱舞、地动山摇,碰到了阿嬷递过来的饭碗,碗掉到地上,“哐啷”一声,碎了。

我吓得忘记了哭,因为我知道阿嬷是个勤俭节约的人,平时极爱惜物品,不会随意丢弃任何东西,连掉到桌面的饭粒也要捡起来吃的。

我抬头怯怯地看着阿嬷的脸,她极少会生气的,可是这次气红了脸,一把将我拉过去,用力在我屁股上拍了一巴掌,说:“怎么这么不听话?! 怎么这么不懂事?!”

我又“哇哇”地哭起来。

阿嬷推开我,转过身去。

我从泪眼中看到阿嬷肩膀在抖动——阿嬷平时对人极和善,总是笑眯眯的。这一次,我竟然把她惹哭了。

等了好久,我走到阿嬷身边,伸出小手,摸着她的膝盖,叫道:“阿嬷……”

阿嬷抹了眼泪,转过来看着我,眼神哀愁,鼻子红红的。

我又唤她:“阿嬷——”

她叹了一口气,说:“你什么时候才能长大呢? 阿嬷把你从米筒子高养到这么大不容易啊! 怕你冷,怕你热,洗的屎尿布快挂满一屋子,都担心了那么多年了,你什么时候才生性呢?”

我不知道说什么,只能哀求地看着她。

“唉。”阿嬷站起来,擦了一下脸,又说道,“脏鬼,快去洗洗脸! 我去煎个鸡蛋给你吃。”

我知道阿嬷不生气了,我也就高高兴兴地吃起煎蛋来。我家老母鸡生的蛋,一个个都是我吃掉的,年年如此,可阿嬷自己从来不舍得吃,我让她吃,每次她都说我正是长身体的时候,应该多吃,而她不喜欢吃。

童年的我,常常骄纵任性,调皮捣蛋,惹阿嬷生气,害她伤心,依旧是个讨厌的讨债鬼。但阿嬷每次总会原谅我，依旧一点儿不少地护佑着我成长。

记得在我很小的时候，有一次，村子里的一群小孩子不知为什么合起来欺负我，围着我转圈，一边跳着，一边反复地唱："猪玲没人要，有爷生，没娘教！"

我站在圆圈中间，觉得很丢脸，却只能茫然无措，孤零零的，我可怜地看着兴高采烈的他们，平生第一次有了浓浓的孤寂之感。

直到我阿嬷拿着扫帚跑过来驱赶那帮小孩子，说："你们这些小鬼！快点儿回家去！"

那群孩子一哄而散。阿嬷来到我身边，蹲下来抱起我，说："玲玲，不怕，我们走。"

这时候，我的嘴一瘪，眼泪流了下来。

我知道这只是那群小孩子不懂事的玩闹游戏，每个人在童年总会受某些一辈子忘不了的伤，但从此，我好像就不再是那个快乐得不知烦恼的无忧孩童了。

我知道自己不是一个讨人喜欢的孩子，同一村子里的大多小孩儿也不会跟我玩，叔伯公婆、婶母姑嫂，他们对我而言，也只是冷漠的大人，我很少能像别的小孩儿一样被他们摸摸头，表示一下爱怜。我想大概是因为我爸妈不在家，所以大家也就没有必要理我吧，这也或许与我与生俱来的怯懦有关吧。总之，我更加不合群，见到人也很没有礼貌地不打招呼，性格渐渐孤僻，喜欢自己一个人待着。

阿嬷对此很忧心，她以为大家都会像她那样认为我可爱，有一次，她笑吟吟地招呼一个住在我家隔壁的小孩子："你们怎么都不来找我家玲玲玩啊？"

"是她不跟我们玩的啊！"

于是阿嬷就劝我出去玩，跟其他小孩子一起游戏。我闷闷地出去，默默地加入他们欢乐的游戏中，但是跟他们在一起，我总是感到很不自在，怕他们嘲笑与侮辱，或者时常以分派些不公平的任务来欺负我。所以我就离开他们，自己无聊地不声不响地在村子里逛来逛去。大人们看到我，就说我"鬼鬼祟祟""阴阴险险"的，有谁家中少了东西也赖在我身上，说我是有目的地游荡，说我学坏了。于是大家看到我，往往就皱起了眉头，叫自己家的小孩不要跟我玩。

我好像真的变成坏孩子了，好像爸妈不在身边的孩子都是坏孩子似的。

这让我的阿嬷受了不少非议，那些自私多事的邻居有时会闹着来告状，有时又会假装好心地来规劝阿嬷，说要对我严加看管。

阿嬷好气愤，便拉着我去对证，而我总是害怕地说不出一个字。阿嬷气不过，便激愤地高声对着众人说：

"人心都是肉长的啊，你们自己家的小孩你舍得这样对待他（她）吗？玲玲爸妈不在家，你们叔伯婶姆一个个是看着她长大的！她一个小孩子哪里懂得那么多？有什么不对的，只想着你们多多教导、好好关爱！怎么一个个倒是这样！"

我默默地站在阿嬷身后，看着一向慈祥和善、为人厚道的阿嬷为了我，对着人家大喊大叫，我心里更难受，可也只能受着委屈，无话可说。

晚上睡觉，阿嬷轻轻地抱着我，说："我玲玲好命苦……"

接下来她许久没有声音，只听到她鼻子里气息急促。我伸手摸她，发现她满脸湿润。

"阿嬷——"

"以后阿嬷不在了，你无依无靠了怎么办……"

阿嬷的声音哽咽："以后要好好用功读书，不要让别人看轻，要出人头地，知道吗？"

我懵懂地点点头。

在我以为没有人喜欢我的时候，阿嬷还一直给予我浓浓的关爱。我知道家中永远有一个人，在做着饭，等我回去，会在巷口高声而骄傲地喊我回家吃饭；我知道屋梁上吊篮里永远藏有我喜欢吃的小零食；我知道我受委屈了会有一个怀抱让我可以随时躲进去哭诉。我的童年幸好拥有阿嬷的爱与温暖，让我心中少了仇恨抱怨，让我看到阳光，使我没有真的变成一个阴霾孤僻的人，而能够健康阳光地成长。

我自小学时就开始真的非常用功地读书，每天一放学回家就认真做作业，常常得到老师的表扬，村中那些男孩子往往会涎皮赖脸地过来向我拿作业回去抄。

做完作业，到田头地里帮阿嬷锄地、播种、种菜、除草，她一顶大草帽，我一顶小草帽，戴着漫天的夕阳。那是我们非常悠闲自在的一段日子。

每次期末考试，我的成绩都会超过同村中所有的小孩儿，捧着鲜艳的奖状回家。阿嬷站在门口，满脸的皱纹都舒展开来，我终于可以让阿嬷觉得骄傲和自豪了。

中考时我考上了全市最好的高中，这在我们村中也是一件大事，有人羡慕地对阿嬷说:“四婶(我爷爷排行第四)好福气,养了个乖孙女！那么聪明,以后肯定有出息,是要做女博士的啦,您等着享福吧!”

阿嬷笑着摆手道:“以后的事情谁知道！等到她长成人,我骨头都打鼓了!”

那天去上学,阿嬷送我去坐汽车。她提着大包小包走在前面,我走在后面,猛然发现,阿嬷的背——那背着我长大的背竟然弯曲得这么厉害,阿嬷原来是那么的矮！只到我耳朵。我是什么时候高过她的呢？时间流逝得真快！今天我去市里上学,以后一年能够回家几次？以后没有了我在家,家中就只剩下阿嬷一个人了。而我也要到一个没有阿嬷在身边的世界了,我的生命第一次离开阿嬷,我该怎么办呢？

“玲玲。”阿嬷忽然唤我。

“嗯?”

“在学校要好好照顾自己,不要乱吃东西,特别要忌口,不吃热气的,你怕热。”

这些话阿嬷已经嘱咐了我不下几十遍了,我知道,离别在即,她的不舍与担心也就藏在这些话语中。

“阿嬷,你也要好好保重,我过年就回来啦。”

隔了许久,阿嬷又长长舒口气,说:“是啊！已经是大个儿的女孩子了,走吧！以后很多路要你自己一个人走呢!”

汽车开动时,我急急探头到窗外寻找,阿嬷一个人在车后站着不动,远远地望着我,瘦小的身影离我越来越远,慢慢地变成一个黑点……我突然心里一阵绞痛,泪水奔涌而出,心中大声喊着:“阿嬷——”

此刻,我多想跳下车啊！我不想去那个重点高中上学,我不想就这么长大！我只想陪我日渐老去的老祖母每天慢慢走那一条崎岖的山路回家,互相依偎扶持,一起种菜,一起淘米,一起吃饭,一起睡觉,一起过我们平凡无奇的小日子。

而我终究是长大了,没有阿嬷在身边的日子里,我独自勇敢地生存,遇到事情了,我靠自己去面对、去解决,我不能让家中的阿嬷担心,我要好好地生活!

这让我生出对人生的许多勇气。对啊,一个人走,在人生路上孤独前进。

高中三年,我拼着命地学习、做习题,不管别人叫我“书呆子”,不去参加同学的娱乐狂欢,心中单纯地只有一个想法:读书。

每次放假回家,都是我和阿嬷的大节日,阿嬷总是熬好一大锅浓浓的肉汤,炒一桌子的菜,吃饭时阿嬷夹起一筷子青菜,笑着对我说:“现在喜欢吃鸡肉菜了吗?”

后来,我考上了一所重点大学。听说,阿嬷在村子里常有意无意地提起这事儿,这让我觉得一切都是值得的。但是,由于离家更远了,我与阿嬷在一起的日子是越来越少了。

而阿嬷终究是一年一年老去。

在我读大二的时候,阿嬷突然中风了!!

听到这个消息的时候,我心里空了一大块,茫茫然无依无靠。此时,我才真正明白,阿嬷对我来说是何等重要!

我才知道,原来我是那么深那么深地爱着阿嬷!

天啊！我愿折我的寿命来换取阿嬷的健康平安！阿嬷,你要快点儿好起来啊！我还未好好孝敬你、报答你呢！我俩还要一起过很多很多快乐的日子呢！一定要好起来,好起来,好起来……

我马上坐车回家直奔医院,看到阿嬷躺在病床上打着点滴,半个身子不能动弹,口角流涎,一脸憔悴的病容。

我鼻子一酸,拼命控制住自己不要流泪,低低喊一声:“阿嬷,我回来了。”

阿嬷听到我的声音,睁开眼来看看我,她反倒哭了。阿嬷以为我们是再不能见面的了。

我整天守候在阿嬷病床头,给她削苹果、捶脚捶手、喂饭吃药,扶着她大小便,帮她洗澡……

是的,该轮到我报答她了。

老人辛苦一生,含辛茹苦拉扯大了我,现在年逾八旬,疾病缠身,我就算是一只远飞觅食的雏鸟,也是时候归巢反哺了。我不奢望我能报得了一丝一毫的疼爱,我不敢说我微不足道的努力能抵得上她二十年来对我养育恩情的亿万分之一,但我只为自己一份安心,以后不会悔恨。我会尽我的力量,聊表我这不孝孙女的一点心意。

我知道自己笨,手脚不灵巧,不会照顾人。可我笨手笨脚地努力而小心地去做,因为床上躺着的是我最亲爱的阿嬷,那个疼我、爱我二十年的人。

当我静静地坐在床头看书时，床上的阿嬷传来均匀的呼吸声，她花白的头发在阳光下泛着点点光芒，我忽然心底一片宁静，我俩是多么奇妙的缘分，多么神奇的血缘。偏偏是我俩，一起厮守了那么多年，一起走过那么长的岁月。

二十年前的我们与现在的我俩似乎没什么不同，现在的我俩，只是照顾与被照顾的角色互换，只是年岁夺去她的健康，催大了懵懂无知的我……

当我又要去遥远的城市继续我的学业时，阿嬷拉着我的手，幽幽地说："玲玲，你要走了，只剩下我一个人死赖活着。"

说罢，一滴混浊的泪水在阿嬷布满皱纹的脸上滑落。我也只能低着头陪她一起流泪，我恨自己的无用，一股无可奈何好像在紧紧握着我的心。

我离开时，阿嬷一个人冷冷清清坐在床沿，目送着我。我知道她那目光中包含着多么浓重的感情。而我却不能回头，我怎么能回头？我怕我一回头，便忍不住留下，不顾一切留下，不去想大学里的考试，不去想生存的竞争，不去想所谓的前途，我只愿做阿嬷膝下一个懵懂的痴孙！

我又想起我高中回校的夜晚，阿嬷说过同样的话："你走了，只剩下我孤零零一个人了！"当时年少的我满心是即将走出小镇的欢喜，以及对新生活的憧憬与期待，笑嘻嘻地牵着她的手，说："阿嬷，放假了我就回来的，给你买好吃的！"那时蠢钝的我不能理解老人的心思，今天终于明白了，可我又能做什么？

"老鸟儿辛辛苦苦，一条条虫子喂大了小鸟儿。现在小鸟儿长大了，就'呼'的一声飞离了，只有一只老鸟儿凄惨鸣叫……"这是小时候阿嬷给我讲的故事，没想到如今，竟然应验在我与她的身上，那么悲哀。

我只能热切地期盼暑假的到来，因为那样我就可以回家了，就可以照顾阿嬷了，可以料理阿嬷的一日三餐、擦身洗漱了，就可以侍奉床前、斟茶递药、嘘寒问暖、常绕膝前聊天宽心，一起细数岁月了。

到我放暑假时，阿嬷的病情稳定了，可以回到家中养病了。

我们又好像回到了从前，每当旭日东升的早晨和夕阳西下的傍晚，我推着轮椅上的她绕着村子逛逛走走，问问过去时光中的点点滴滴，回忆我小时候的"劣迹"笑料，以及阿嬷养育我的种种艰辛苦楚。

懒洋洋的日头下我俩其乐融融地消磨半日时光，天地无声，似乎只剩下我俩相依为命。二十岁的我和八十岁的阿嬷，与二十年前没什么不同，光阴似乎不曾流动，只是悄无声息地扭转了我们的身份，那个嗷嗷待哺、什么事情都要找阿嬷的任性撒野的小丫头如今成了阿嬷的专业护理员。

阿嬷,你一定要好好的,你一定要给我机会,不要让我一辈子遗憾,不要让我一辈子良心不安!

没有了你,你那不讨人喜欢的孙女我该怎么办?该怎么办啊?

阿嬷,生日快乐,长命百岁!

2012 年写于台湾地区静宜大学

奶奶的背

怎么还不回来?

在我上小学时,每当我放学走回家,如果门锁着,我就坐在门口的石头上等奶奶回来。正在我不耐烦地嘟着嘴用脚蹭着门前的青苔时,在巷口慢慢走来了奶奶瘦小的身影。

那一刻,金色的夕阳很温暖,斜斜地钻过屋后那片竹林的叶子,阳光的脚踩过一片片暗红色的瓦,在弯起的屋檐上遛个弯儿,轻轻地投射在了那条窄窄长长的潮湿的巷子里。

奶奶就从这样的一片光芒里出来,我抬起头眯着眼睛看,首先看到的是奶奶那披着金光的佝偻着的背。

从我记事开始,奶奶的背就佝偻得厉害,不是普通老人那样驼着背,而是骨头在背部的中间折成两半一样地突出来,仿佛是一座小山压在背上。

奶奶告诉我,她十几岁大的时候,有一次从阁楼上摔下来,摔断了腰椎骨。不过年轻力壮时一点儿事都没有,到了年纪大了,才一年一年严重起来,腰一年一年地弯下去。奶奶本来就瘦小,佝偻的背让她显得更加瘦弱了。

更何况,后来,这背上还多了一个我。

我是在奶奶的背上长大的,我生下来四十天左右,爸妈就去了远方工作,他俩把像猫儿般大小的我放在了奶奶的背上。从此,一根肩带把我和奶奶连在了一起。

那时候,我睁开眼看到的就是奶奶的背,在奶奶的背上咿咿呀呀地挥舞着小拳头一天天地成长。那时候,奶奶的背,是我温暖的摇篮,是我安宁的避风港,是我唯一的世界。

奶奶对我的付出、对我的照顾,是我这一辈子都无法回报,也无法真正知道的。我只知道,奶奶就是这样一天又一天、一年又一年地辛劳着,所以她的背越来越弯曲,就是这样活生生地熬成的啊！她晚年的多病多痛也是源于常年积劳成疾。

我在奶奶的背上长大，是奶奶教我穿衣，教我说话，教我走路，教我做人。

那时候，我知道，家中永远有一个人，佝偻着背，做好饭，等我回去，会在巷口高声地喊我回家吃饭；

我知道，屋梁上吊篮里永远藏有我喜欢吃的小零食（那是奶奶努力伸展着她的背放上去的）；

我知道，当我受了委屈、受了欺负，会有一个弯曲而瘦小的背脊可以随时让我抱着哭诉；

我知道……

现在回老家时，我还是会常常坐在我家门口，还是用脚去蹭墙边的青苔，我在夕阳中抬起头，眯着眼睛，定神地看着巷口，那里会走来我佝偻着背的奶奶吗？

2016 年写于苏州

呵呵笑先生

“这小丫头长大后肯定了不起!”

这是呵呵笑先生对我的评价。

他这样相信我,他这样以我为豪。但是,他知道吗?

——他才是我一生的骄傲。

呵呵笑先生长得很高大,我总要很努力地抬起头才能找到他那双总是笑眯眯的眼睛,他的额头宽宽的,眉毛又浓又黑,长着一只大鼻子,一双大手结满厚厚的老茧。让我非常吃惊和好奇的是,呵呵笑先生右手食指只有一半,没有指甲。我问他:

“你的这个手指为什么那么短啊?”

“呵呵,被天狗咬了一口啊。”

“是吃月亮的天狗吗?”

“是啊!”

“这么坏!以后我帮你报仇!”

“好啊,呵呵呵……”

呵呵笑先生少年读书,青年当兵。

他战友后来常来叙旧,对我说起当兵打仗的事情,说他“够硬气!够义气!是枪杆林里跑出来、炮弹雨中活下来的”。

后来我才知道,呵呵笑先生的手指头就是在一场战争中被子弹打掉的。

呵呵笑先生喜欢养鸟、种花、看书、听收音机……天刚亮就起床,穿着布鞋到林间山道散步,回来后在阳光中打扫庭院、浇花、泡茶、扭开收音机、看书……

呵呵笑先生从容自若,喜欢劳动。他的东西大多是跟随他大半生的,身上穿着的都是多年洗得发白的旧衣服。我吃饭时掉了饭粒，他会让我捡起来，洗干净后吃下去，他说："一粒饭就是农民的一滴汗水。"他还会亲手制作很多生活用品，拿着锤子、锯子、凿子、钉子到处敲敲打打、凿凿锤锤。他的一双手多么神奇，几条竹篾翻飞，一个竹篮子就出来了。他还给我的小鸟儿搭建了一个漂亮的木笼子。

呵呵笑先生是性情中人，在看书、看电视的过程中看到坏人恶事时，他总要拍案而起，横眉怒竖；看到凄惨情节时，他总要唉声叹气，落下泪来。

呵呵笑先生对待别人却是非常随和，谁来找他帮忙，从不肯让人失望，他会连他的退休金借出去一半却收不回来的。他的老伴骂他是"大鼻壳，信人骗"，他也总是呵呵笑而已。

呵呵笑先生极其宠我。我自小就在他身边长大，我最爱黏着他，他去哪儿我就跟到哪儿，还问东问西；他看书时我也装模作样地翻着书，其实是在找好看的"公仔"，看着看着，就在他的书堆里睡着了；他干活儿时我在边上看着，有时也会调皮捣蛋，趁他不注意时把他的工具藏起来，后来在他的糖果诱惑下乖乖地拿出来。无论我闯了多少祸，他从不会对我生气，都只是呵呵笑着说"小孩子嘛"；我受了委屈躲起来哭，他总是能够知道我藏在哪里，第一个找到我；我晚上睡觉怕黑，可开着灯会被骂浪费电，他就说他要看书，便开灯到深夜，我永远记得房间对门那暖黄的灯光，每晚伴我安然入眠。

日子一天天地过去。

呵呵笑先生中风了，原先高大的、一手可以提起我的身躯佝偻了。他载着我疯跑的那辆大自行车悄悄地在院子角落里生锈……

最后，呵呵笑先生在屋后的青山里永远地睡着了，我来到这个很远很远的城市一个人生活。

呵呵笑先生对我的影响是巨大的。

只有在他面前我才可以肆无忌惮，才可以没心没肺地大笑，才可以不顾一切地号啕大哭，不会被骂，也不用担心别人不喜欢。他庇护着我的成长，以他高尚的品德和对我的宠爱在我幼小的心灵种下了爱的种子，我在他的身上得到了光辉人性的启蒙照耀。他给了我童年中最阳光灿烂的色彩，让我在以后的日子无论遇到什么事情，都相信世界是美好的，纵使再怎么难过，也要怀一颗好心，热爱生活，热爱身边的人。

呵呵笑先生，你再摸一次我的头，听我叫一声“爷爷”好不好？

2018年写于苏州

长大的世界里没有你

我们今年二十岁左右，我们的父辈五十岁，那么我们的祖辈也就八十岁上下。古语云：人生七十古来稀。即便今天随着生活水平的提高、人类寿命的延长，我们也可以普遍地说，八九十岁已将至人生大限。于是，二十岁的我们不得不面对一个我们不愿意面对的话题——与祖辈的死别。

懵懵懂懂，我们竟这样长大了！还没有将天上的星星数清，还没有将奶奶怀里的故事听完，还没有在爷爷的大单车上坐够，我们竟然长大了！似乎昨天还是那个对长大充满憧憬的小不点儿，可今天，忽然就长大了！

奶奶说：你是越长越大，我是活一天没一天啰。

什么时候，那背着我们穿街过巷赶集、嗑家常的奶奶的腰杆竟不动声色地弯成这般了？什么时候，那搀扶着我们学走路、一下把我们举过肩头骑马马的强劲有力的爷爷的手竟悄悄地变得这样的衰弱了？什么时候，原本是我们最强大的依靠的祖辈开始频繁地吃药打针住院了？什么时候，爸妈总是嘱咐我多点儿在家的时间陪陪爷爷奶奶，不然以后要后悔？

时间，真的太欺负人了！

偏偏是在二十岁，我们刚刚独立，我们刚刚生性，我们刚刚知道要珍惜，我们刚刚想到要回报，他们便要走了。

偏偏是在二十岁，打工的打工去了，上学的上学去了，二十岁是离家的年纪，学业的繁忙，前途的奔波，纵然有心尽孝，亦无时间常伴亲旁。

偏偏是在二十岁，这个逍遥快活的年龄，热情洋溢，血气方刚，摩拳擦掌，振翅欲飞，轰轰烈烈的年岁，与他们黯然衰老、孤独寂寞离去形成如此鲜明的对比，使我们心中更添一份罪恶感。

偏偏是在二十岁，心逐渐长成、能力却还不足够的时候，懂得了珍惜却无能为力之时——如果年龄小一些，或许悲痛不会如此刻骨铭心；如果年纪大一些，有了机会略表孝心，或许心里能释然一些。

可偏偏是在二十岁！不由分说地要你去面对！

我们越来越惶恐，越来越害怕，心底也越来越清楚：没多少时间了！可我们还是越走越远……

"老鸟儿一口一口喂养大雏鸟儿，等到雏鸟翅膀硬了，'呼'的一声便全飞走了……"

你们守护了我们的前小半辈子，走过我们人生中最美好的时光，可一旦看到我们成年了，你们，放心或者不放心地，就要离开我们了。而我们呢，一出生你们就在身旁了，无论什么时候都知道你们就在我们的身边，早已习惯你们的守候，你们的爱护，熟悉得就像空气一样，从来没有想过有一天你们会消失——你们怎么可以不见了呢？我们该怎么办呢？

当年我爷爷走的时候，我还小，但也知道大声地哭泣：爷爷，你不要我了吗？不再买小笼包给我吃了吗？你不看着我长大，上初中上高中上大学了吗？你不回答，也不对我慈祥地微笑了，为何你如此狠心地把你的孙女我留在一个没有你的世界里？我从此再没有爷爷的疼爱了，再也不是谁的丫头儿小公主了！

一位姆姆对我说，没有了爷爷，你还有奶奶，好好待她。

于是在爸妈常年外出的年岁里，我和奶奶相依为命，田头菜园里扯着她的衣角紧紧跟着帮点儿小忙，骑着单车载着她趁墟（即赶集）探亲，告诉她我又考第一了。这几年在市里念书，一放假便迫不及待地回家见奶奶，对她说，我想吃你做的锅边糍了！

可如今奶奶突然病重卧床，看着痛苦中的奶奶，我又能做些什么？在大学读书连回家也是奢侈。此时的我才知道自己的无能，什么也做不了！

二十岁的心已经懂得了疼痛，二十岁的人已经知道去珍惜。可我们还永远没有准备好去面对这个问题，我们还长得还不够大，我们仍然需要极其需要你们！

不准走！

可不可以不走？

可他们看着我们还是小孩儿般地无赖，微笑着，与我们挥手告别：孩子，在没有我们的未来，你要好好吃饭，好好睡觉，开开心心，好好活着。

真的不想长大，长大的世界里没有你们，没有你们的疼爱，没有你们的保护！时间啊，慢一点，再慢一点，我不想长大，不想去那个没有爷爷奶奶的世界里。

如果你的爷爷奶奶还健在，请用心爱他们，给他们比恋人还多的爱，用小时候他们对你的爱的十分之一回报他们，就能让他们在剩下的日子里幸福无比了！

如果不幸的，他们已经离开了你，请你认真想想，现在应该怎样活着才不会让爷爷奶奶和爱你的人失望。

2011年写于广州

活成一束光

一

爷爷是我的一道光。对于童年的我而言,他就是神一样的人物。

他的大单车上扎着一个小藤椅,那是我的专座,我可以扑腾着腿、举着棒棒糖坐在那里,大笑着迎着风穿过一条一条碧绿的稻田小道。

每个夏日的中午,我跑到村口等爷爷。爷爷顶着阳光、戴着草帽骑着大单车回来,车还没停好,我就跳着从车头篮拿下属于我的一袋小笼包,往嘴里一边塞两个,去跟别人炫耀。

亲戚说:“四公,你别宠坏了这小丫头。”

我爷爷就跟人吹牛,说他会看面相,说三岁定八十,便不无自豪地说:“我的这个孙女长大后,肯定是个了不起的人物!”

“有多了不起啊?”

“等着瞧吧你!”

他怎么那么肯定呢?当时我只是个流着鼻涕的几岁的小孩。

我九岁开始一个人睡一个房间,夜晚睡觉怕黑,便会偷偷地哭。爷爷就整夜开着灯到天亮,奶奶埋怨他浪费电,他说“追”武侠小说停不下来——看完金庸看古龙。那时候,每晚对门那二十瓦的灯泡的黄光,斜斜地延伸到我房间的门口,我安心地睡了一个又一个的觉,做了一个又一个的梦,慢慢地长大。

奶奶也是温暖我整个生命的光芒。

无论怎么骂我,怎么被我气得要哭,她还是会颤巍巍地往屋梁上挂着的竹篮里藏着好吃的给我,给生病的我喂药,背高烧的我走一小时多的路程去镇上的卫生所请医生给我看病,每天给我做饭,带我走亲戚,把她的秘密告诉我,关心我学得累不累、衣服够不够……

后来，我读初中住校，接着又去市里读高中，回家的机会很少，她说：

“现在你回来了还有一个阿嬷可以依赖。等我死了，你就没有人可以依赖了。”

阿嬷，无论你死没死，我都依赖你。

对我而言，这是很笃定的事。我从来没有怀疑过。

这些小事，“当时只道是寻常”，殊不知，我的爷爷奶奶给了我最明亮的色彩，仰仗着他们给我的心里注入的光，我可以驱散日后人生中不知多少的阴霾昏暗。

我永远相信美好。

二

读中学时，尤其是在读高三期间，有一段时间我非常焦虑彷徨，似乎有什么东西想要撕裂我的所有信心。有一次上晚自习，我忧心忡忡地去找班主任问：“如果我考不上重本怎么办？”那个年轻的女老师用很潇洒的声音随口就说：

“像你这样的学生，去哪所大学不行啊？”

哇，无比心安，无比心安。从那以后到高考结束，我再没有担心过什么，心里很平静地考上了重点本科学校。这一句话对当时那个焦头烂额的我来说，比金子还金光灿灿。

还有许多给过我光的人。

我唯一追过的偶像刘翔，他说：“我赢，是因为我输得起。”那天，我偶然经过学校食堂，听到食堂里那台很小的电视机里传出刘翔坚定而自信的声音，这一下，刚刚月考考得很糟糕的我，顿时热泪盈眶。我问我自己：难道我输不起吗？于是我含泪咬牙回去继续奋战。

读大一时，有一天我随手在图书馆翻到了一本书——季羡林的《清华园日记》，我就坐在地板上看了一个下午。于是我便开始写日记，这习惯我一直坚持到现在，不知道记了多少本日记了。在《清华园日记》这本书中，有季老在灯下看书的一张图片，旁边有“北大一盏灯”字样。那时候我就想，我难道不能成为“华农一盏灯”吗？那盏灯的灯光暖黄，照耀了我大学四年。

我初到苏州时，颇有些孤苦无依的感觉。去少年宫带一个作文辅导班，遇到一个一年级的小男孩，每次上我的课，他为了准时起床都会自己调闹钟，以保证上课绝不迟到。有一天课间休息的时候，他来找我玩游戏。我说“今天老师不舒服就不玩了”。七岁的他走过来，伸出他软软的小手，拉住我的手，毫无保留地，毫不犹豫地，完全信任地，自然而然地，轻轻地握着我的手，说：

“那我带老师去看金鱼。”

从那只小手上，我感觉到满满的温暖，感觉到我在苏州不是那么孤独寂寞了。

…………

三

如果你不能成为一份礼物，就不要随便进入别人的生命中。

感恩许多星星点点的光，汇聚在我身上，我也要活成一个发着光的人。

奶奶生病后，还在读大学的我适逢放假，我将一半的假期先用在学校准备考研，然后再回家。我背着背包还没掏出钥匙，便先朝奶奶住的房间的窗口大喊：

“阿嬷！阿嬷——我回来了！”

窗口传出奶奶病弱的声音：

“是不是玲玲啊？”

隔壁一个老奶奶对我说：“你阿嬷日日望你回，望到颈都长啰。”

我把自己用零用钱在广州买的、阿嬷从没吃过的食物一样样拿出来给她。后来在一群老奶奶中，我听到她神采飞扬地说：

“那个衰妹，带回来什么汉堡包，又硬又辣，怎么吃啊……”

我知道，阿嬷是在向老朋友们炫耀。

那次暑假在家的每一天，无论我是出去摘菜，还是去镇上买东西，抑或是去河边洗东西，只要我一回来，我就先朝着奶奶的窗口喊一句：“阿嬷——”

那是我为了听到阿嬷一声带着欣喜的“哎——”

因为我知道，卧病在床的奶奶在等着我，我是一天天躺在灰暗的床上病得昏沉的奶奶的一道光。

——我也可以当她的一道光。

我曾经是村里的“孩儿王”，带着一帮小孩儿去爬山、摘野花、玩游戏、探险、打篮球、跑步……我给他们随便地编故事，然后大家接龙。就在去年过年，一个上初二的妹妹问起我多年前讲过的“瞎眼的姑娘要吃葡萄才能重见光明”的故事是从哪里看到的——她一直记着，一直想知道那个姑娘找到葡萄了没有。其实那个故事是我自己瞎编的。

我家里总有邻家的或亲戚家的小孩来找“玲玲姐姐”。读研期间，每到放假，他们就期待着我回家。我会带回来我在那座遥远的城市里自己动手塑封的枫叶，给在广东从没看到过红叶的小孩们看看。他们都说：“只要玲玲姐姐回来，我们就不再无聊了。”

我是不是他们心中穿透枯燥童年生活的一道光？

我读高三时，同班同学 Game 瑜说：

“每次学得累了，想偷懒了，我就抬头看看坐在第一排的郭婉玲，那挺直的背，以及低下去像是钻进书本里的脑袋，总会让我产生继续学习的力量。”

考研结束后，我回学校图书馆收拾我的复习资料，一个不认识的女生拦住我说：

“我多次想放弃考研，可是每次到图书馆都看到你还坐在那儿，我也就一天天把书看下去了。”

上个月，一个从未见过的大学生给我留言：

“当我对生活灰心了，我就到你的公众号里看看。”

现在工作了，我带着一群初中生，每天早晨，我都会在七点之前出现在教室里。班上的一个男生每天都会成为前三名到班者之一，我对他说：“你就住在马路对面，其实可以多睡一会儿的。”

他说：

“因为我每次到，老师你都在啊。”

在体育学科期末考试时，学生们对我说：

“郭老师，我们下午第一节考体育，你没课的话一定要来看我们跑步啊。”

“为什么？天好热啊！”

“有你在，我们会比较安心，跑得比较快的。”

班里一个本来很自卑的女孩，新学期到校后，我发现她把长发剪短了，而且她不再低着头走路了。那天她到我办公室,我就顺便夸她最近开朗了好多。

她说:

“因为老师你那天当着全班同学读我的作文,说老师你像我们这么大时绝对写不出这么好的文章。”

…………

陈果说:

“世界上有价值的事只有两件:第一件,你要好好活着;第二件,请你在自己好好活着的同时,帮助别人好好活着。

“你要满满地制造正能量,这种正能量像内心的一束光一样,会让你穿过生活中时不时降临的黑暗;在关键时候请给你的朋友、给你身边的人匀一点儿正能量,帮助他们度过所经历的黑暗。

“真正的正能量是什么呢?那就是你把自己活成了一束光。你不需要刻意跟别人说什么,当你活成一束光的时候,别人要是接近你,就是接近光。不管你愿意不愿意,你都会温暖到别人;不管你愿意不愿意,你都照亮了别人。”

感恩所有给过我像光一般温暖和明亮的人,你们塑造了我最坚强的人生支撑系统。

我也很感恩所有能够看到我的光的人,大多数人看到的是烟尘雾气,只有你看到了我的光——只有具有同等能量的人,彼此才能相互识别。

我不知道自己是否会成为一个了不起的人,但是我总要向着明亮所在前进。

——我们来到人间,就是为了看看太阳的。

2019 年写于苏州

为什么要帮助别人?

“关你什么事?为什么去做那些本来不需要你做的事情啊?不要自讨苦吃!”

“自己的事情已经够多了,为什么还要惹麻烦上身?管好自己吧!”

“你做的事情有什么意义呢?谁会感谢你呢?如今谁还会做好事啊?”

…………

是的,我不认识公交车上那个老大娘,她提着两袋沉沉的蔬菜踉踉跄跄下车也不关我的事,但我还是想要帮她提下去,即使只是提到公交站台上。

是的,旁边这个蹦蹦跳跳的小孩子在路上摔倒了,可不是我推他的,他的爸爸妈妈爷爷奶奶外公外婆也会马上从后面赶来扶起他,但是我不可能从一个摔得趴在地上大哭的小孩子旁边若无其事地走过去,我会弯腰抱起他,跟他说“没事的,没事的”。

是的,那个说一口土话的中年妇女,一看就知道是从乡下来的,穿着很土很破很脏的衣服,身上还有一股臭味。她一脸疑惑地瞪着公交车牌,左看右看也看不懂,她只好赔着笑问那穿着精致的白领女郎“到×××怎么走”的时候,我不会像那个美女冷冷地说一句“不知道”后别开脸站到远处——如果我不知道,我会查,我会告诉她“阿姨,不远的,坐××路,到××转车,如果还找不到就再问别人”。

…………

我不是装善良,也并不只是因为从小老师和课本就教育我助人为乐是美德。我为什么要帮助别人?还有别的原因。

让我来讲几个小故事吧。

第一个故事发生在我八九岁时。那时候,我和爷爷奶奶在一个小村子里生活。我们家还是烧柴火的。每隔几天,奶奶需要从几百米远的草屋里背回一捆稻草。奶奶很瘦小，不到一米六的身躯，年轻时摔坏了背，脊梁折出来一大块，年老后越发弯曲了。那一大捆稻草把奶奶弯下去的背压得更低了，几乎把她的身子埋起来了，只剩下长着花白头发的脑袋和下面两条腿在向前移动，一步一步走回来。

有一次，邻居家的一个外孙来探亲，他是一个二十岁左右的哥哥，正在巷子里聊天，远远地看见了我奶奶背着巨大的稻草捆，他快步走了过去：

“阿婆，我帮你背。”

说完，也不管我奶奶答不答应，就张开手把稻草抱了过去，再弯腰背起稻草，稳稳地走着，走到巷口，他侧着身大声问跟在后面的我奶奶，

“哪一边？”

我闻声，跑了出来，就看到奶奶带着一个高大的身影走进屋子，走到灶头，轻轻地卸下那捆稻草。那个大哥哥的头发上、衣服上全落满了草屑，额头上也冒出了汗。

“哎哟，真谢谢你！今晚在我们家吃饭吧。”我奶奶一边帮他去除草屑一边说。

他擦着汗，摆摆手说：“不用，不用。”

说完就往外走了。

奶奶说：“看人家多好，看我吃力，就帮我背回来了。”

我扒着门框，伸出头去，看着那个大哥哥高大的身影远去，粘着草屑的黑发在阳光下铺满灿烂的金光。我心中对他说：谢谢你帮我阿嬷，我以后也一定要像你一样，尽自己的力量帮助别人！

第二个故事是奶奶告诉我的。

那年奶奶五十多岁，她要做手术，我爸爸和我叔叔工作很忙，爷爷要照看家里养的牲畜，结果只有我奶奶一个人独自住在医院里。手术后痛倒是不痛，只是她孤零零的，感到很寂寞，眼巴巴地从白天等天黑，从黑夜等天亮。

住在她隔壁床的是一个年轻的女子，三十来岁。每一次她丈夫给她送来营养汤，她总是与我奶奶分着喝，她说：

“刚做完手术，不喝些汤补一补可不行。”

她又对她丈夫说：

"这位阿婆好可怜，一天到晚都没有人看她、陪她，你以后多买些水果来!"

有一天晚上，那位阿姨兴致勃勃地对我奶奶说：

"阿婆，住这么久，闷也闷坏了吧？走，我们出去逛逛，我带你看电影去！我知道医生什么时候查房，在那之前回来就行了！咱们快点儿换衣服!"

然后，她真的带着我奶奶去吃了一顿好吃的，接着还看了一场电影。

这是我奶奶唯一一次在电影院看的电影吧？多年后奶奶讲给我听，口气中还是充满了感激，那一位阿姨用她的善良温暖了一个生病的孤寂老人的心。

我好想找到这个阿姨，好好地谢谢她，但无从找起，她其实就在人群中。

还有一个故事。

那年爷爷中风，送到医院急救，一个月后，基本恢复，回到家里休养。不过落下了腿脚行动不便的症状，无法根治，以前走路虎虎生风的他如今只能拖着脚慢慢走。但是爷爷每天还是会到处走走，锻炼锻炼。

有一天，天突然下起雨来，奶奶喊——"赶紧去找爷爷回来!"我冒着雨找了个遍，也没找着爷爷，心中狂喊："爷爷！爷爷!"

跑回家，奶奶焦急地站在门口，爷爷还没回来，"再去找找"！我刚转头时，突然，雨幕里来了黑乎乎的一团身影，一个叔叔背着爷爷！那个叔叔是常路过的卖面包的小贩。

我焦急地问："爷爷！爷爷怎么了?"爷爷那天穿着的是白色的汗衫，正湿淋淋地滴着水，衣服上还沾满了一块块黑色的泥巴，就连脸上也粘着一块泥巴，还有带着歉意的笑容——呀，人没事!

"没事，没事，不用急!"那位叔叔把我爷爷放到椅子上，他身上也滴着水，裤腿上也沾满泥巴。我们赶紧烧热水。

"看到老爷子急着走，脚一滑，摔了一跤。我刚好开车经过，赶忙把他扶起，幸好他摔得不严重。"

他一抹脸，继续说道：

"我的车和面包还在雨中，我得先走了。"

"不要急着走，用热水洗把脸再走！哎呀哎呀，真的多亏有你啊！要不是有你，老头子可怎么办啊!"奶奶的话带着哭腔。

"没事，没事。老爷子啊，好好养着，熬过了那么多年，这点儿事情，能挺过去。"

爷爷说话不清楚,只是感激地看着他,眼睛都有些湿润了。

脸都未抹一把,那个叔叔说完话就走了。

如果,当时像现在社会那样,人人都嫌麻烦,都怕惹祸上身,我的爷爷,我最亲爱的爷爷,他只能拖着他的病体在雨中在泥浆中挣扎着爬起来,那样一来,他还要受多少罪啊?

谢谢所有的好心人,谢谢你们帮助了我的爷爷奶奶,那可是我最爱的人哪! 在我没有能力帮助他俩的时候,谢谢你们给予他俩以温暖和援手,给予他俩爱。

我终生感激你们的恩情。

我的爷爷奶奶,还有我所见所闻,甚至还有我自己,在生活中遇到过很多好心人。

或许,现在我找不到他们,没办法报答他们,但是,我可以尽力去帮助其他人,对别人好,就像当初他们毫不计较地对我的亲人好那样。

这就是我要尽力帮助别人的原因。

2016年写于苏州

我的几个夏天

苏州这两天实在热得让人吃不消，独自面对窗外炎炎的暑天，我周身不停地冒着汗。时不时有云降临对面的屋顶，有鸟儿飞停在我的窗口歌唱。案前的白百合开得还算精神；铜钱草和文竹青绿喜人；楼下的知了没日没夜地叫个不停；小乌龟的胃口也似乎因天气太热而变得不好了。

昨晚热得翻来覆去睡不着，热出一身汗来，烦躁不安。于是起床，在黑暗中我安静地坐在窗边的沙发上，看着外面的沉沉黑夜，天空似乎有星星闪光。

偶有一阵清风吹进来，凉意满身，心才慢慢安静下来，于是我头脑变得格外清醒。

慢慢地，我想起生命中的许多夏天。

和爷爷奶奶在一起的夏天

那年，我八岁。

和爷爷奶奶在一起的夏天。

首先记起，奶奶的大葵扇。扇子是由干蒲葵（即扇形棕榈）叶所做的，奶奶用青蓝色布条一针一线裹了边，在夏天她常常拿在手里。那时候我是和奶奶一起睡觉的，奶奶的床铺着清凉的竹席，滑滑的。奶奶侧身斜躺在我身边，慢悠悠地给我扇葵扇，一下一下，一下一下，徐徐凉风吹来，我慢慢地安静入睡，奶奶也打起瞌睡。整个村子寂静无声，整个童年寂静无声，我们一直睡到午后。

当我揉着眼睛迷迷糊糊醒来，赤着脚顶着鸡窝头走出房间时，看见爷爷正躺在厅里的竹躺椅上听收音机，收听的是各种粤语古仔（故事）。爷爷手边有一个玻璃杯，泡着茶，呈黑褐色，这种茶爷爷每天都喝好几杯。一次，我刚好口渴，便凑过去喝了一口爷爷的茶，苦得我直吐舌头，爷爷在一旁大笑起来。而我小时候一直以为茶和中药都是一样苦的东西。

奶奶在楼梯口的水井旁择菜，我们在夏天常吃通心菜、苦麦菜。

叔叔买了一只大西瓜回来，浸在水井里冰着。

有时候，奶奶用葵扇托着新鲜好吃的回来，通常是一串黄皮、几只荔枝、圆滚滚的龙眼、青黄色的鸡屎果，以及桃子、杨梅、黄瓜、脆薯等。

而这些，奶奶总是留给我的。

有时候，巷子里响起"卖雪条（糕）——"的叫卖声。我双眼一亮，跑去缠着爷爷给我钱。青绿色、粉红色的雪条，一毫子（一毛钱）一条，而红豆批呢，两毫子一条。爷爷总会给我钱让我去买，小伙伴都羡慕我有他们口中的"四公"这样的爷爷。而我每次吃完雪条之后，脸上总是脏兮兮的。

走出屋子，看到村里的人们在这么热的天都不用下地干活，几个妇女在有穿堂风吹过的巷子里打"升级"（一种扑克游戏），男人们蹲在榕树下抽烟，老伯在用竹篾翻飞着编箩筐。

我一会儿便找齐了几个小伙伴来玩，无非是玩跳绳、跳飞机、做"哥子"、拍公仔纸一类的游戏。夏天还会去粘知喳（知了）、爬树摘鸡屎果、共"渺渺"（斗蜗牛），太阳下山后我们就去洗身仔（游泳）……最后在五彩斑斓的天边晚霞下，应着各种喊回家吃饭的吆喝声各自回家。

在我读六年级或者初中时，爷爷刚去世不久。市面上新出了一种雪糕，叫小布丁，一文（一元）一条，相比两毫子一条的红豆批算是贵的。我在镇上看到，忍不住买来小布丁雪糕吃，甜甜的奶味、醇厚的口感是我当时吃过最好吃的雪糕！我很想让奶奶也吃上小布丁雪糕。于是我便用剩下的零用钱买了一条小布丁雪糕，塞进书包里，骑着爷爷买给我已经被我骑了五六年的单车，顶着毒辣的大太阳，一路狂飙回家，汗流得头脸油亮。一回家就喊还在躺着午睡的奶奶：

"阿嬷！阿嬷！快来！快来！"

奶奶吓了一跳，以为发生了什么事。她刚爬起床，我已经拎着书包来到她床前，可翻开书包一看，小布丁雪糕早已溶成一袋水，我的几个作业簿也被弄湿，皱巴巴地躺在书包里。

奶奶明白了原委，说：

"哎呀，你怎么这么傻啊！"

只知道学习的暑假

那年，我十八岁。

此前的夏天，我都是陪着奶奶、黏着奶奶一起度过的。而这个夏天，我度过的却是一个只知道学习的暑假。

上中学后，我终于不怎么贪玩了。暑假里大部分时间我都在家里学习。那时候的我一心要考上好的大学。于是我自己把家里的阁楼收拾了，把木头等杂物挪开后好好清扫了一遍，清理出一小块地方，头顶是烤得灼热的屋顶瓦片。对着阁楼的小门，可以看到外面的半枫荷树和很蓝的一块天，我还装了一只小吊扇和一盏电灯，我给这个空间取名为“玲玲的革命根据地”，并在墙上贴上“闲人免进”的字条。我每天就躲进这块“根据地”里面，忍着满身的汗做作业、复习、预习、整理笔记，有时宁静安然得像隐居高僧，有时烦躁不安得像一头困兽。

家里只有我和奶奶。

阁楼门外面是我家方形的阳台，有时候奶奶上来晒谷、晒番薯干、晒衣服，时不时地弯腰走进我的“根据地”坐坐，给我端水、拿吃的。有时候奶奶安安静静地陪我坐一会儿，帮我把书理一理，说一句“都要看完啊?”有时她忍不住跟我讲讲她的那些心事，无非是姑姑、爸爸、叔叔的工作和生活方面的事，邻居、隔壁村发生的新闻……多是她在说，那时满心凌云壮志的我只是假装认真听，偶尔附和两句。有时候，奶奶拿出一些纸头，让我看电费、煤气费用了多少，或者叫我帮她看存折里的余额，抑或告诉我她把银票(钞票)藏在哪里了，防止她自己不记得。

坐了一会儿后，奶奶就热得衣服湿得黏在后背上，于是她下去做饭。当饭菜的香味传上楼时，奶奶便高声喊我吃饭，偶尔让我去菜园里给她摘点儿葱。

我们便这样流着汗度过夏天。

高考考得还算不错。

奶奶说：“不要到处说。人家问，你就说，还得看以后啊。”

以后，以后怎么样呢？奶奶中风，卧病在床。大学的暑假我利用一半的时间去打工或者留在学校复习、准备考研，然后我用一半的时间在家陪伴奶奶。

奶奶生病的那个夏天，她更加瘦了。每当太阳下山后，我便给奶奶洗了澡、换了衣服，推着轮椅去乘凉，逗奶奶说话。

当我推着奶奶来到小卖部，发现小布丁雪糕还有卖，可奶奶已经不敢吃冰凉的东西了。

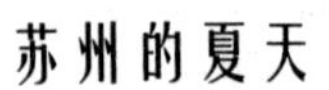

苏州的夏天

如今,我都二十八岁了。

我,一个人在苏州过着一样热的夏天。

爷爷,我爱上了您喝的那种苦苦的茶。

奶奶,我好后悔那时只顾忙自己的事,没有陪你一个接一个地完整地过完每个夏天。

2019 年写于苏州

人情是世界对我的挽留

人若无法与他人分享自己的能量，那么他就会失去与外界的联系，感受到匮乏和孤立，因为每个孤独的星球都需要深深的链接。

人的生命很短、很珍贵，且只属于自己，所以不要把时间和精力浪费在跟自己无关的人或事上面，不要把所有人都请进你的生命中。

而进入你生命中的人，若爱，请深爱。

（一）

每年都是只有寒暑假回广东，我每年也就两次可以见到家人。

今年过年时和爸爸、妈妈、弟弟在一起，爸爸、妈妈已经退休，弟弟工作的地方离家不远，这次应该是这么多年我们一家人在一起时间最多的一个春节了。

每天在家里睡到自然醒，妈妈喊着去镇上饮早茶，最爱吃萝卜糕和石磨肠粉，再来一碗皮蛋瘦肉粥，然后陪妈妈去买菜、熬汤、做午饭、裹粽子，爸爸教我做菜，我学会了做酸甜鸭子和老豉焖鹅。午睡后起来，一家四口刚好凑一桌打麻将，常常能够打到傍晚。天黑了，爸爸和弟弟就开着摩托车，分别载着我和妈妈去泡温泉、吃夜宵，过年前逛花市买花……

其实一家人过这样平平淡淡的日子，是我从小最渴望的生活，这是老天在慢慢弥补小时候父母双亲和弟弟不在我身边的心中的缺失感。

过年走访亲戚，见到姑姑和叔叔，我与他们天生就亲热，因为我小时候多与他们在一起，因而彼此不需要做什么，就知道身上流淌着相同的血。聊起已故的亲人，更发觉一些庞大的家族联系，让我不再孤单——我来自一个有那么多历史联系的家族呢。

然后我还是和各家的弟弟妹妹一起玩。对，我仍然是那个老大姐，吃爆米花、看电影、摘青枣、烧烤、网鱼捉蛇……小伙伴们到处蹦跶，一切都像小时候一样，时光似乎没有流逝，只不过我从最高的一个变成了最矮的一个了——幸好他们还是挺听我话的。

亲人永远是根，无论隔着多远，都无法割舍，走远了，才明白什么叫血浓于水。

回去要见的，还有那几个闺蜜，小时候的彩莲、媚，中学时的七元、Game瑜、23班那一群，大学的少芬……大家都还是从前的模样。时间就是筛子，慢慢地，我一直联系的朋友只有她们了。

——别后你是否无恙？平时也不甚牵挂，但是见面就觉得很自然、亲切、熟悉。

（二）

开学前，我会慢慢想念我的学生，带着急切想看到他们是否都长高了的心情回工作的学校，我静静地一个人看着我们的教室。想到平凡生活中的点点滴滴。

教师节、感恩节，学生给我写道：

"感谢你眼眸的凝视，像暖流，流过我的心谷，给我力量，让我坚强。"

"也许有一天，容颜老去；也许有一天，声音苍凉；也许有一天，青春逝远；也许有一天，记忆苍白；但永远不会老去的，是记忆中你给我们的那一黑板歪斜的字，一黑板的沉甸甸。"

美好得如情书，甚于情书，谢谢十四岁的他们，无论工作多少繁杂辛酸，你们都是我在这座城市最深的链接和最暖的回忆，想想，心里还是很喜欢你们的。

其实，我一直不知道我真的能够给我的学生们什么。如果真的探究这个话题的话，我想在人和人的关系中创造爱，那么即使有一天我离开这个世界，我创造的爱还活着，所有与大家共同的记忆依然存在。我仍然活着——活在每一个我触摸过、爱过的人的心中。

我希望在我的学生身上能有这样的一些影子，只要他们有一双耳朵听到了，一双眼睛看到了，一颗心记住了，我就能开心地活着。

（三）

在苏州，我还有一个长期交往的群体。夏天，和我的硕士生导师、同门兄弟姐妹们相聚，地点往往都是在一座私人园林里，这是我最喜欢的家居模式了——谢谢他们，让我还能存在于这样的学术圈子里。

工作后，也认识了能一起玩的同事，记得和王老师穿过一条湿漉漉的青石板路，去听一场小众的讲座，然后进店一起去吃姜撞奶的夜晚。同一个办公室的老师一起去东山顾小姐家，共同度过一个采茶、炒茶的周末……

我慢慢打开自己的心扉后，同时也打开了不小的生活圈子。每周两三次去跳拉丁舞，一群身着黑衣练功服的小姐妹们善良积极，一样爱美……每周一次去心理剧班，那是一群真的交心的朋友，我在剧班上感受到了像家人一样的爱的能量，他们带着我喝茶、参加“狼人杀”，能量像涟漪一样一圈圈地延伸……我还加入了一个徒步爬山的群，爱运动的人身上自带阳光，在这一场简单的旅途中，人与人作为同类生物的关系莫名地亲切和熟悉。

原以为，我一个人在苏州，只是独自前行，过一个个与他人毫不相干的平凡日子罢了。在苏州，我认识的人不多，不敢奢望会有多少人关心我——人们各自前行，一旦他们愿意分出珍宝似的时间给予你的，那都是恩情，他们让我知道毕竟有时候是我自己心胸狭窄小气罢了。

人间的一切温情善意都需要感恩。生活中，我们建立、发展一段关系的目的，不是为了创造义务，而是为了创造机会——这个机会让我们能够成长，能够完整地表达自我，能够在我们的生活中，发挥我们最大的潜能。

（四）

然后，还有爱情。

一直很期待能够像梵·高在写给提奥的信里所说的那样遇到我的那个他：

每个人的心里都有一团火，路过的人只看到烟，但是总有一个人，总有那么一个人能看到这火，然后走过来，陪我一起。

我在人群中，看到了他的火，我快步走过去，生怕慢一点儿他就会被淹没在岁月的尘埃里。我带着我的热情，我的冷漠，我的狂暴，我的温和，以及对爱情毫无理由的相信，走得上气不接下气。

我结结巴巴地对他说，你叫什么名字。

从你叫什么名字开始，后来，有了一切。

自今年起，外界给予我该谈婚论嫁的压力渐渐地大了。我也有认真去寻找一个托付灵魂的情人、相伴终生的爱人，至今却仍然落空。我不知道是自己走错了路，还是上天要跟我开玩笑——绕啊绕，就是遇不到，果真我命？

认识的男孩子也不少，但是，谈恋爱好难啊——应付我不喜欢的人，我觉得麻烦；喜欢不喜欢我的人，我觉得疲倦。

毫无疑问，生活中需要你讨好敷衍的，都不是你的东西。属于你的一段恋爱关系，只会以自动的方式靠近，并且自在而适宜。

不急切做一切事情，不刻意回避，顺其自然，直往前走，那些擦肩而过的，那些走着走着就散的，就让他们离开吧——

“所有不再钟情的爱人，渐行渐远的朋友，不相为谋的知己，都是，当初我自茫茫人海中独独看到了你，如今再将你好好地还回人海中去。”

与别人相处，只做开心或者心甘情愿的事情。

在各自负重前行中，谢谢那些一直记得我、会想起我的人，我也愿意关心你们、珍惜你们。

我之所以还满怀希望地活着，就是因为人世间的爱。我愿意保持纯情，人生的大部分的苦难就来自我们还不够纯情，所以我的情感要保护好，尽可能保持简单的人际关系，不断地学习和充实自己，并且帮助更多的人。

2019 年写于苏州

我想成为你生命中的一抹暖色

你满身疲惫地走来，
背着巨大的孤独，
在雾中跋涉过一个个充满泥泞与荒凉的角落，
在身前身后辽阔沉默的时光中，
一望无涯的情绪翻滚。
此时，
毫不重要的我，
想成为你生命中的一抹暖色。

我想成为你生命中的一抹暖色，
像清明过后那朵朵极纯净的花，名叫四月雪，无人知晓，如此美丽；
像一笔一笔记下年轻的心事时，本子上的昏黄灯光；
像植满荆棘的岁月的缝隙中那不起眼的新绿；
像风吹过树林，叶子摇动时地上闪烁的光斑；
像窗外无人关注的夜空中一枚月光；
像是泪水流下后脸颊留存的温度；
像刚煮好的咖啡那样烫口；
像融进江南的雪；
像透明的风；
像轻梦。

你的路途上开满了那么缤纷的花朵，
你的天空中有滚滚而过的乌云，
你的一生中，

有那么些性命相依的人，
有成千上万的匆匆过客。
某一天,你忽然想到我，
那个面目不清的模糊身影，
安静地
行走在一片温暖的背景色中。

我就是想在你的生命中，
以这么一抹暖色存在。

2019 年写于苏州

谢谢“锅老师”

每到星期六，“锅老师”都会在大约清晨5:40(夏天则是清晨5:20)时醒过来。醒来后的“锅老师”心跳得略快，隐隐有些兴奋，一想到两个班的孩子，她就马上爬起来。

早晨6:30出门，拿着随手买的华夫饼和无糖浓豆浆。

乘坐一小时的公交车。

不到8:00，“锅老师”就来到了空荡荡的少年宫，除了扫地的阿姨和门口的老大爷之外，几乎没有其他人了，他们已经认识了每次会早来一小时的这位“锅老师”了——

“早啊，‘锅老师’!”

打完招呼又闲聊几句天气。

一楼办公室的门没有开，暖水壶堆放在门口。

锅老师推开教室的门，里面昏暗一片，空气有些闷。

放下两袋作文本和大书包，“锅老师”一扇窗户一扇窗户地拉起窗帘，然后推开每一扇玻璃窗，放进清晨清新的空气，心想：

“待会儿小朋友一进来就可以看到干净整齐、光明清新的教室啦。”

“锅老师”给自己倒水、泡咖啡，把学生的作文本码整齐，把上课用的教案课本放在桌上，擦黑板。

有一次讲“水果”课，“锅老师”还用行李箱拉了一箱子水果给同学们分来吃——先写再吃哟!

万圣节那天，“锅老师”给同学们带糖果了——

“小鬼们，吃了糖，可不准捣乱哈!”

然后，第一个学生来了！在8:15分左右。

还没见到人，就先听到他“啪嗒啪嗒”的跑步声。

“老师早！”进来一个脸蛋红红的喘着气的男孩子。

“哇，今天你又是第一名呢！”

“下次不要跑那么急，小心摔了。”

然后，小男孩的妈妈也进来了，她告诉“锅老师”——本来她家小孩每天都要睡懒觉的，上学也要催几次才起得来的，但是一到星期五晚上就会自己乖乖地早睡，自己调好闹钟，第二天早早地就起床，还催着他妈妈快点儿呢！问他：

“今天这么早干什么啊？”

七八岁的小男孩脆生生地说：

“我要早点儿去跟‘锅老师’聊天呢！”

“锅老师”很感动，为了这句话，“锅老师”整个学期的每个星期六都会早来一个小时等着同学们，她也很喜欢跟他们聊天啊！

然后，稀稀落落地来了几个男孩和女孩。

“锅老师”便与他们叽叽喳喳地聊起天来——

“同学们，周末啦，准备去哪里玩？”

“期中考试考得还好吗？”

“穹窿山？老师还没去过呢，给老师介绍介绍？”

“外面小池塘的小蝌蚪都长出来了，我们去看看！”

“老乌龟还在睡觉！”

“我们一起画那个‘牧童吹笛’，看谁画得好！”

“一起去捡门口那棵白玉兰的落花吧？”

“好好好，今天给大家猜字谜！”

“火箭为什么撞不到天上的星星？”

…………

那个最喜欢跟“锅老师”聊天的孩子抢着说：

“‘锅老师’，轮到我问你——天上掉下一张脸，你要不要？”

“不要。”

“那你就没脸见人啦！”

"好吧,那我还是要吧。"

"那你就是厚脸皮!"

"哈哈哈……"

"'锅老师',听我的! 听我的! 请你说十遍'老鼠'!"

"老鼠老鼠老鼠老鼠老鼠老鼠老鼠老鼠老鼠老鼠……"

"好,'锅老师'我问你! 猫怕什么?"

"老鼠!"

"哈哈哈……才不是呢,老鼠才怕猫! '锅老师',你太笨了! 哈哈……"

听到这里,几位家长轻声地笑了起来!

"锅老师"被熊孩子耍了!

有个小女生走上讲台来,塞给"锅老师"一个本子,

"老师,你看看,这是我画的画。"

"锅老师"接过来一看,有一页上画着色彩缤纷的一只大苹果,老师就拉长声音赞叹:

"哇——好漂亮啊——"

引来了其他同学一起看,大家一起说:"好漂亮啊!"

那小女生脸上忍不住露出得意的微笑。

"要不我们一起也画画吧!"

同学们渐渐地来得多了,于是"锅老师"开始分发作文本子——

"这次写得不错,继续加油!"

"你是小作家的范!"

"你这个地方还可以写得更好,以后一起努力!"

有个同学拿着本子兴冲冲地来到"锅老师"面前,大声说:

"'锅老师',看! 我又得了六颗星!"

…………

开始上课了,"锅老师"打开"小蜜蜂"扩音器,说:

"同学们赶紧坐好,我们要上课咯!"

…………

一堂课的时间每次都过得很快,“锅老师”常常担心自己备课本上的东西讲不完,又担心同学们记不了那么多。

“同学们,今天要讲的是泥土,泥土是什么样子的?泥土下面住着什么小动物?它们长成什么样子?有什么好玩的事情发生?”

——“我捧起一把泥土,好像闻到了树叶的味道、泥腥的味道、青草的味道。对虫子来说,这些也许是水果糖的味道吧。”

——“这是一块热带雨林的泥土,它的名字叫小强。”

——“泥土里住着一位英俊的蚯蚓先生,它每天拄着拐杖散步,顺便给农民伯伯松松泥土。”

——“泥土里住着一群贪睡鬼,小青蛙、小田鼠、青色的蛇,它们都很懒,整个冬天都在睡觉。”

…………

“同学们,今天写圆圆圈圈的故事。生活中平凡的一个圆会有什么有趣的经历呢?”

——“圆是语文书上的小句号,有一天它有点儿烦,风一吹,它就跑出来了!”

——“森林里有一位自卑的圆滚滚的瓢虫妹妹,她整天为自己身上的黑点点而烦恼。”

——“圆气球飞啊飞,被小鸟啄破了,摔倒地上变成了圆车轮,开开心心地跑啊跑!”

…………

同学们的奇思妙想如同一朵朵美丽的鲜花热烈地开放!

“锅老师”提问——

“谁来表演一下卖西瓜的小摊贩?”

“小皮球摔了一跤是什么表情的呀?”

“每天住在你家小区楼下的补鞋的老大爷是什么样子的?”

“谁记得小红帽的故事?”

孩子们的一个个小手臂马上举起来了——

——“‘锅老师’,我、我!”

——“我知道!我知道!”

——“选我嘛!选我嘛!”

“好，不准吵，谁说话就不选谁！”

教室里立刻就安静了，然后端端正正地举着手，睁大眼睛看着——孩子们一双双清澈无瑕的眼睛，黑色的瞳孔很纯粹，眼光灼灼，充满渴望与期待，就这样巴巴地看着老师。

“锅老师”站在这样一群小同学的中间，她突然觉得自己何德何能，何以承受得住这些天使一样的眼光的注视？她毫无办法，怎么忍心让这样的眼睛流露出一点点儿失望和不开心呢？她只能弃械投降，臣服于孩子们脚下。

课间休息，“锅老师”很忙，都忘记喝口水了。她一边忙着去拉住跑来跑去的小男生：

“小心摔跤了——”

一边回答小女生的提问——

“‘锅老师’，刚才那个答案还可以是这样的……”

“对哦，老师都没想到。”

还有的学生说：

“‘锅老师’，我帮你削铅笔。”

“‘锅老师’，为什么小人鱼必须死？”

“‘锅老师’，今天早上我看到了……”

“‘锅老师’，我昨天吃了……”

第二节课，是写作文时间。

“‘锅老师’，‘真’字和‘直’字哪一个是没有脚的？”

“同学们，我们问问题要小声，不要吵着其他同学写作文哦。”

于是，一个小男生跑到讲台上，“锅老师”低下脑袋，那个男生在她耳边轻轻地说：

“‘锅老师’，‘小老鼠很害怕’的‘害’字怎么写？”

…………

接下来“锅老师”上四年级的课，学生算是大孩子了，课堂纪律会好一点儿——除了说悄悄话的孩子以外。可是随之而来孩子们上课的缺点是没那么活跃，安静地听，眼睛里偶尔会有一点点儿疲倦。真的如此，“锅老师”发现孩子们越长大一点儿，其眼睛里的光芒就会减少一点儿。

——锅老师希望所有的学生会记得以前目光灼灼的自己。

不过四年级的同学们会比较懂事，会关心人。

"'锅老师'，没事，累了你就坐着讲。"

"'锅老师'，你可以大声骂那个很吵的同学，我们不会因此讨厌你的！"

课间有一个同学偷偷给"锅老师"送了两颗润喉糖，说：

"这是一个不让说的人让我给你的！"

小男生说：

"老师，我来给你变个魔术，请你把手伸出来。"

他握着拳头放在"锅老师"伸出来的手心，小男生的拳头拿开时，老师手心里多了两颗"陈皮仙丹"。小男生略带羞涩地扭头跑掉。

"锅老师"讲到与丑小鸭对话时，说："我最喜欢丑小鸭了，我小时候就觉得自己是个丑小鸭……"

有一个男生马上大声地说：

"可是'锅老师'你一点儿都不丑啊！"

想想这情景，"锅老师"都有点儿想哭。

"锅老师"在讲作文时，常常是把高年级的孩子当作朋友的。她常给孩子们坦率地讲自己成长的故事，讲那个生长的地方，讲她最亲爱的爷爷奶奶，讲她和好朋友闹别扭……

"锅老师"说话的语句、片段，"锅老师"走过的人生痕迹，时时出现在同学们的作文中，最常见的是——

"今天'锅老师'教我们……所以我就写写……吧。"

还有一个小女生写道："这里有着深刻的道理，就像'锅老师'说的……"

一个男生在写"给××画像"时，就是"灵光一闪，我毫不犹豫选择了我们的'锅老师'"。作文分三个小标题，"幽默达人"——写到"锅老师"的活泼；"回天无力的诸葛亮"——写"锅老师"对"很闹很闹"的孩子们"毫无办法"；"细心的好老师"——写锅老师悉心教导。最后结尾："这就是我们的'锅老师'，她是一个幽默风趣、对待学生很细心的好老师！"

“锅老师”给这个男生的作文批道：“既写了老师的优点，又写了老师的小缺点，还列举了详细的事例，写得真好，塑造了富有个性的人物形象！课外知识还很丰富哦！”后加小括号：

（“谢谢你，我会努力的！”）

“锅老师”从前也有过许许多多位老师——

有整天板着脸大声骂“你怎么这么笨”的老师；

有说话速度很快、急匆匆地来回走的老师；

有什么都不想管，照本宣科上了课就完事的老师；

有花枝招展、美丽高冷的女老师；

也有不紧不慢优哉游哉、开点儿小玩笑的老师；

还有教学经验丰富、循循善诱、劳心劳力的老师；

以及活泼开朗、和学生闲聊或玩游戏的老师……

而“锅老师”上课最大的缺点是课堂纪律不好，同学们不安静，因为孩子们都知道“锅老师”发不起火来。

“锅老师”班上的孩子有好几个调皮大王。其中有一个嗓门很大，而且喜欢说话，他说：“我根本停不下来啊！”即使不说话，也会用手拍着嘴巴发出“啊……啊……啊”的声音；

另外，有一个会拿着铅笔盒、尺子等摇晃并敲打桌面发生噪音的同学，他还喜欢撕着卫生纸扔向旁边的同学；

还有一个知识面很广的小男生很喜欢说“大便”“屁”……惹得其他同学哈哈大笑。

甚至有一个家长说：

“‘锅老师’，你应该对他们严厉点儿，小孩子不懂事，就要管！课堂纪律好，大家才能学好啊！”

“锅老师”也会很无奈，明明知道安静地听课对同学们是好的，但孩子活泼的天性又是很宝贵的。

有时“锅老师”也装出严厉的样子：“不要吵了啊，再吵我就生气了！”可是学生知道“锅老师”生气也就这样，更加肆无忌惮了。

“锅老师”拿来戒尺，扬言说：“谁不好好听课就要打手心哦！”可执行时调皮的男生会说:“是给我挠痒痒吗?”

“锅老师”说:“谁被点名三次,就要扣掉一颗星星!”这样下来情况似乎好点儿,可后来小男生说:“我才不要星星呢!”

看来“锅老师”关于课堂纪律管理方面果然是缺乏经验啊!但“锅老师”仍然很喜欢调皮大王们,他们聪明、勇敢,这是小孩儿的本色!“锅老师”只能和他们成为好朋友,偶尔趁机卖卖萌:“老师今天喉咙好痛啊,你们今天可要安静啊!”

“锅老师”想,把课上得更好、更有趣、更生动,让他们听得忘记捣蛋吧。“锅老师”仍在慢慢摸索增强管理的方法吧。

“锅老师”不知道自己是一个怎样的老师,也不知道自己是否够资格称得上一个好老师,但是她喜欢和孩子们在一起。

即使她教孩子们的时间不会很长,孩子们长大后也不见得会记得那个每周六才见一次的辅导班的普普通通的“锅老师”。

但“锅老师”的日子还是被孩子们点亮!

“锅老师”刚到苏州这个城市不到一年,认识的人很少,她跟之前认识的人也很少联系,自己一个人安安静静地过着小日子。她一个星期中其余六天的生活过得很平淡,早起、吃早餐,去图书馆看书、写作、找资料,吃午饭、午睡,然后去图书馆看书、写作、找资料,运动、看书、洗澡、睡觉……

星期六与辅导班孩子们相见,这给她的生活吹进一股清新的空气,她觉得自己在这个城市有了一大群认识的人,其内心荡漾起一圈一圈的生机勃勃的涟漪!

某位教育家说过:教育的目的是教孩子们如何去爱和增强孩子们爱的能力,让孩子们学会对着路旁的一丛野菊花怦然心动!

“锅老师”曾经买了一大包种子给同学们,给每人分几颗,让他们拿回家种——

“这是一份大自然的神秘礼物!”

因为谁也不知道这是什么东西的种子,只有种出来了甚至开出花了,你才知道你与种子的缘分。于是,同学们都拿回去种,天天浇水、等待着发芽;然后，观察着它们每一天的变化，星期六来和“锅老师”说自己的种子怎么样怎么样。

“锅老师”有没有教给孩子们这种爱的本领呢？不知道。

可是孩子们确确实实教会了“锅老师”对身边的一切怦然心动！

“锅老师”在昏黄的灯下改同学们的堆得“高耸入云”的作文，一本一本的，一个小时也不过批改十本左右，一个班的作文要批改两三个小时，但在疲惫的时候，她常常在看到同学们的好作文、好句子时，忍不住像兔子一样咯咯地笑起来！孩子们作文中的句子如：

“我以迅雷不及掩耳盗铃之势跑走了……”

“一天，森林里阳光明媚，空气清新。小兔在自己美丽又可爱的家中玩‘任天堂’的游戏，突然小兔 iPhone6 手机收到了一条短信……”

“小花醒了，它打了个哈欠，化了个妆，然后它打开了自己的花瓣……”

“我来到了一望无际的田野里，正下着暴雨，小青蛙一边跳回家，一边‘呱呱’地叫道：‘下暴雨了，大家快回家收衣服啦。’”

“小地鼠萝卜头笑得肚皮都掉了，因为农民伯伯不知道是它偷了萝卜……”

“爸爸妈妈在争吵着，我在一旁‘默默无闻’……”

“锅老师”每天走在学校沿河的柳树旁，走在蓝天白云下，走在清风明月里，心中常常在想：这些美丽的景物若出现在孩子们的作文中不知道是怎样有趣呢？于是她学会以孩子般天真的目光欣赏身边的一切。

“锅老师”开始一篇一篇地写童话，写作的时候，她想：我的学生们喜不喜欢看呢？

孩子们是她的小天使！

孩子们也是她的小老师！

每次下课，同学们走出门口，说：

“谢谢‘锅老师’！‘锅老师’再见！”

“锅老师”微笑着说：

“再见！”

心中在说：
“谢谢小老师们！”

2016 年写于苏州

最好的你们

要坚强,要勇敢,不要让绝望和庸俗的忧愁压倒你,要保持伟大的灵魂在经受苦难时的豁达与平静。

——亚米契斯《爱的教育》

二十七岁与二十七班,隔着十三年重遇十三岁

那天,二十七岁的我,穿着装模作样的白衬衫,拿着班级名单,走进二十七班的门口。

教室里满满地坐着你们(可能这是你们唯一一次这么安静地等待我,等待着未知的我),坐着这么多半大不小的你们。我高冷地举步上讲台,我故意没去看你们,但是感觉到很多道好奇的、畏惧的、新鲜的、稚嫩的目光齐刷刷地投在我身上,当我站定,才第一次抬头看你们。哎呀,你们并不是想象中意气风发的少年郎啊。第一印象中的你们一点儿都不潇洒,你们大多数还是小学生的模样,穿着很普通的短袖T恤,剪着很平凡的发型。表情也不生动,甚至麻木呆滞。眼神中没有属于青春的憧憬、斗志、狡黠、调皮。你们在并不明亮的光线中显得灰头土脸的。

忘记我忍住失望、大言不惭地说了一通什么大话了,之前,我在心里幻想了多少遍我们相遇的样子,一遍一遍地在心中默默念着要和你们说的话。

可最后,只记得一句:“在我心中,你们就是最好的。”

因为,你们就是我的学生啊!没办法啊!

第一次,我和你们五十双眼睛接触,坐在这里的五十个人,有着五十段人生经历;每一个十三岁都有着十三年的喜乐悲欢,每一个人都携带着自己的故事而来。我想,以后我们彼此会慢慢熟悉,我们彼此的生命会一点儿一点儿地交融,以后我会慢慢地走进你们的生命,慢慢去了解你们每一个动作、每一滴眼泪、每一张笑脸背后的故事。

当青春的尾巴遇到青春的刺儿头

相处的第一年,你们学习成绩不好,学习态度也不好,但还算很乖,呆呆的听话,很少会给我惹事情,即使做得不好时,在我忍不住的一通骂中也能够忍气吞声敢怒不敢言。这一年还算顺利,大家无惊无险地过去了。

今年,是第二年。我竟然变得对你们那么熟悉,从你们的坐姿我就知道你们现在的状态,从你们飘过的一个眼神我就知道你们要做什么,从你们低下去的脑袋我就知道你们的桌洞里有什么。每一个名字后面我都可以讲出好多的故事,你的家庭你的各科成绩你的朋友你闯的祸你搞的笑……

某一天,在清早的空气中,我看你们读书,一个一个地看过去,发现你们变得那么好看了。八年级的你们,眉眼日渐分明,形象变得光鲜起来,一举一动都是戏,光洁的脸庞如平静的湖面,里面却藏着不太深的心事,紧抿的嘴角也带着个性。你们中的每一个人都在我的心里鲜明活泼,故事一帧帧地灵动而深刻。

也不知道是从哪一场春雨开始,你们身上的尖刺儿一根一根地都长了出来,一个比一个的棱角更加分明。

你们不喜欢被批评,你们不愿被控制,开始使用各种流行用语,动不动就是"我靠""我去"……你们喜欢翻白眼,一脸不屑,遇到一些小问题就奋力反击,站在课堂上和老师对骂,一拳就砸在你同学的下巴上;你们不喜欢遵守规则,迟到、吵闹、不写作业,你们偷偷把手机藏在书包里在课间打游戏;你们喜欢个性飞扬,你们化妆、涂口红、将耳钉藏在披散的头发里,你们戴流行的手绳并且大声说"凭什么不能";你们不喜欢谈成绩,和家长吵架后就要离家出走,你们将有着鲜红刺眼分数的试卷一把撕碎,然后扔进桌洞;你们有自己的欲望,你们津津有味地谈论各位明星爱豆,你们传纸条、换情侣头像、沉迷QQ聊天、写纸条、谈恋爱……

你们倔强地相信自己,不问对错地执着地做自己想做的事情。

看着你们这些变化,我曾经气急败坏地责备、压制,我们彼此像刺猬对刺猬一样互相伤害,我每天焦头烂额地处理层出不穷的问题。那也是我很难熬的一段时光,我根本没办法接受和应对这样的你们。

后来,我才想到,啊,这就是青春啊!

是最好年华的你们,也是最难相处的你们。

我不是也有过这样的青春期吗?我是否真的懂你们?

慢慢地接近你，慢慢地懂你，慢慢地陪着你慢慢成长

如果我不能明白你们，我又怎么样能够爱你们？如果我不能理解你，我又能怎么样去帮助你们成为一个更好的你们？

我唯一能做的只有懂你们、陪你们。

于是，我和你们聊天，我常问："你觉得怎么样？""你怎么想的呢？""你有怎样的感受？"在你们这一场还生涩的青春中，我愿意做你们的聆听者。

谢谢你们也很信任我，你们愿意把自己的想法告诉我，我为你们说"我觉得自己好没用"而心酸不已，我为你明亮的大眼睛里猝不及防的眼泪而惊讶，我为你们年少的心灵装着那么多的心事而感动……真的，每一根刺儿下面是一座巨大的冰山。

其实，十四岁的你们还是很好的，在这个年龄段，你们也知道问题是什么，想改变的自然就去改变了。我就这样努力地站在你们的人生中去陪你们经历这些情绪的轮番上演，我尝试去理解体谅你们的做法，而且认同，然后表达我自己："老师看到……听到……我感到……如果是我，我会……"我只说出我自己的感受以及设身处地地告诉你们，比你们多十多年人生经历的我现在会怎么做。我不知道你们听进去了多少，至少这样一来，你们会更加看清楚自己，知道我愿意陪伴你们就已经足够了。

然后，如果你们认为我是对你们好的，你们愿意在乎我的感受我的看法，或许你们会有不一样的想法和做法吧？只有真正理解了、认同了你们，你们才愿意付出一些行动吧？

不愿意也没关系。慢慢来，走自己的路。

每一位十四岁的你们心里或大或小地都下了一场雨，你们或许会被淋得透心凉，或许会灰心绝望，或许会想大声呐喊，或许只想躲进最隐秘的小窝里自己疗伤……

你们要读初三了，这一场雨或许会更大，或许还是黑色的，但我只希望你们能够看到乌云上方的晴空。无论怎么样，其实我们都是一样的——我们都在一起，我在这里。

在我心里，你们永远都是最好的。

2019 年写于苏州

触碰,人世间的温情

去商店买东西。接过时手和那个收银员的手碰了一下,她的手还带着刚从微波炉拿出食物的热度,似乎还散发着关东煮的咖喱鱼丸的香味,可能沾上食物的油还有点儿滑,略显粗糙,感到有几道较深的褶皱。

哦,那是真实的另一副有血有肉的躯体。

突然想起,好久没有触碰到别的人了。

白天去上班,摸的是一张张纸或者吵闹的机器,握着的是写字的笔或进食的筷子;即使会与很多人打交道,我也都是出于礼貌,我都与对方小心翼翼地保持距离。

是的,不小心碰到了陌生人,心中会升起一种不自在的感觉,感觉就像有点儿被侵犯了,有点儿过分了。

现在的世界,让人们互相不敢触碰,污浊的空气、随处不在的细菌,甚至病毒,人们只能穿起警惕的保护衣,戴着口罩,备着消毒湿巾,时时刻刻洗手,拒绝一切直接的或间接的碰触。

而触碰其实是一种珍贵的温情。

上天赋予我们的皮肤以触感,我们可以感受春寒料峭、夏日炎炎、秋高气爽、冬日暖阳,丰富而敏感的触碰可以引起我们心情的细微变化。

通过触碰,温度可以传递,情感也可以传递。

触碰,是人与人建立关系的一种仪式。

“找啊找啊找朋友,找到一个好朋友,敬个礼啊,握握手,你是我的好朋友”,从小唱着这首儿歌长大,知道交朋友要“握握手”。

高中入学时,我和宿舍一位新同学被派去商场买日用品。走在路上,她突然就过来轻轻地挽住了我的手臂,一开始,我有些惊慌和不自在——本来就是两个陌生人吧。但我马上从对方身上传来的温度而感觉我的心也暖融融的,它得到了温暖的友情的浇灌。

商业谈判结束了,大家也会站起来握手,这就建立了双方合作的关系。

男孩女孩们向喜欢的人表白,然后牵手、接吻,建立了恋人关系。

触碰,代表的是亲密。

只有亲近的人、亲密的人之间才会常常互相碰触。

我们最爱妈妈,十月怀胎,我们和母亲朝夕相连,最初的、长久的、满满的触碰让我们心中种下了深深的亲情的根;

小孩子会不时要爸爸妈妈抱抱、亲亲;

上学时两个女生是好朋友,就算上个厕所也要手拉手一起去;

男生们也是,肩搭着肩去打篮球,见了面先你给我一捶我给你一拳,那是来自兄弟的问候;

恋爱中的人就像黏在一起了,依着、靠着,不愿意分开;

上幼儿园时,新老师见到新同学,会轻轻地摸摸他/她的头,小孩子会因害怕而哭闹,被这样的抚摸安慰后或许就会不再那么害怕;

长辈会拍拍他赋予期望的后辈的肩膀,年轻人会感到充满了力量……

人和人之间的许多真挚的感动都来自触碰。

那年,我孤身到苏州求学,举目无亲,靠少年宫辅导班兼职维持我的生活,心中自是彷徨无措。那天课间,突然一双小手握住了我还带着粉笔灰的手,这双手来自一个小女孩,她眼睛亮亮的,说:

"老师,你来!我带你看一样东西。"

说完,她拉起我就走。

那双暖暖的、柔柔的小手,没有丝毫的犹豫,结结实实地握着我的彷徨。看什么东西我忘了,但是这次手的触感一直温暖着我,原来我在这个陌生的城市并不是如此孤单的。

心的交流通过肉体会更快速,更深沉。

你沮丧、悲伤、痛苦时,谁轻轻地拍着你的肩膀?谁紧紧握着你的手?谁紧紧地把你拥进怀抱?

希望每一颗孤独寂寞的心都能被温柔包裹。

对于你爱的人,请你多多去触碰他们吧!出门太久了,回家后给妈妈洗洗脚,给爸爸捶捶肩膀,挽着妈妈的手去逛超市吧;一把抱住你的兄弟姐妹,像小时候一样比比臂力;好久不见的朋友,见面时捏捏她的脸,说一句"你怎么变得越来越美了?"或拍他的后背吓他一下,说一句"你又胖了吧?"

对于你爱的东西，也请去触碰它们吧，一次次地抚摸，它们会带上你的情感，会渐渐变成很像你的样子。

触碰，表达的不正是人世间一种珍贵的温情吗？

2016 年写于苏州

隔壁人家

我家隔壁住着一户人家，这户人家只有一个老头儿、一个女孩，陪伴他们的是一只老黄狗。

这听上去与小说《边城》里边挺巧合的，可世上的事情就那么巧合，老天要那样安排，人有什么办法呢？

我们大山里的人家，人们骨子里长成了大山般厚实的性格，心灵像那条孕育了一代又一代人的小溪般清澈透明。

我家隔壁那户人家，心眼儿就像这山，像这水，实实在在。虽说年壮的夫妇俩常年在外打工，可在家里的这一老一小，不！加上老黄狗算是“两老”一小，日子过得快快乐乐的。

那老头儿，七十多岁了，干瘦干瘦的，身子还很硬朗，就爱叼根草烟“吧嗒吧嗒”地抽，指头被熏得像黄土一般。至于老黄狗，自我出生起它就在，谁也说不清它到底有多老了。它每天撑着一副包着皮的骨头懒懒地卧在门口打盹儿，勉强地活着。那个小女孩，七八岁的模样，一看就知道是这山这水养育出来的。她皮肤黑黑的，一双宝石似的眼睛闪着精灵的光，汇集了山水的灵气。

每当太阳快要落下西山，小鸟儿在老鸟儿的呼唤声中叽叽喳喳地回巢的时候，在村口的大榕树下，老头儿总会蹲在一块大石头上，悠悠闲闲地抽着草烟，吐出一圈一圈的烟圈儿。他时而眯着眼抬头看看如血的夕阳，时而慢慢地从兜里摸出烟纸末儿，卷上，点着。此时，老黄狗也必定卧在他脚下，枕着腿，耷着眼皮，只有时不时地动一下的耳朵才证明它还活着。不一会儿，村里人家屋顶的炊烟相继袅袅升起，村口的小路便撒满了银铃般的笑声，孩子们放学了。这时候，老头儿会跳下石头，把烟摁灭，老黄狗也慢慢抬起它的眼皮。

“爷爷，爷爷，我回来了！”小女孩随着喊声出现了，蹦跳着跑到老头跟前。

“阿黄，你好啊！”老黄狗动一下眼皮表示听到了。

小女孩一把抱住老头儿的脖子。

"爷爷,老师今天教了加法呢。"

老头儿抱起女孩儿,从另一个兜里掏出一个果子或几颗糖果,剥好送到小孙女嘴边问道"什么是加法啊?"

"加法就是……唔唔……一个指头加上一个指头就是两个指头了。"女孩儿一边嚼着糖果一边用手比画着。

"爷爷,我要骑马马。"

"好咧!嘿!"

老头儿把小孙女提上肩膀:"马儿要跑啰!"

老头儿一路小跑,逗得女孩儿开心地咯咯咯咯笑个不停,背后升起了点点繁星。

晚上,隔壁这户人家透出昏黄的灯光,总会听到小女孩用甜甜的嗓音背诵她刚学会的古诗或唱她最拿手的歌儿,老头儿总呵呵呵地笑着,有时也学上两句……

昏黄灯光笼罩下的是满满的幸福。

本以为生活会像那潭清澈得一眼可以看到潭底鹅卵石的水一样缓缓流过,可生活总不会像你想象的那般美好。

一样的黄昏,一样的夕阳,蹲在石头上的老头儿依旧半眯着眼在抽烟。此时,他在想些什么呢?想他孙女今天算术得了几朵红花了?想今晚给孙女讲什么故事?他还能想什么!孙女是他的天,是他的命,他想的都是她啊!

如常,孩子们都像一头头小兽般笑闹着回来了,其中却少了那个小女孩。同行的孩子说小女孩"到溪边采野花去了"。在夕阳中似乎已睡着的老黄狗忽然挣扎着起来,发疯似的乱跑,撞到石头上倒下了,又爬起来一个劲儿地乱窜,矫健得像条猎犬似的,使人不敢相信它是几秒钟前那只老态龙钟的黄狗。老头儿脸一灰,撒开腿冲向溪边,如此速度,没有哪个小伙子敢说能跑得比他快。来到溪边,小女孩粉红色的书包躺在草丛里,上面粘着许多小红花,人却不见了。

我们全村人打着火把找了整整一个晚上,最后在几里外的小溪下游找到了女孩的尸体,她手上死拽着一朵残败的野菊花。

老头儿再也不抽烟,也不跟人说话了。他兜里天天揣着几颗糖果,蹲在村口大石头上,似乎是对自己,又似乎是对地上的老黄狗不停地说:"娃儿怎么还不回来?娃儿怎么还不回来?"

一年后,老头儿死了,死后第二天,在一大一小两座坟中间,老黄狗趴在那里,它也死了。

隔壁这户人家空了。

2008 年写于清远

公交车男孩

最近我常常会在公交车上碰见一个小男孩。

（一）

第一次，我刚上车就看到他一个人坐在车后排的座位上。我想，这么小的小学生，家长应该就在附近，只是没有坐在一起罢了，或许前面这个无聊地看着窗外的中年大叔就是他爸爸。

看到也没有其他空座位了，我就在小男孩身边的空座上坐下。

一路上近一小时的车程，小男孩一直静静地看着窗外，后来打起了瞌睡，慢慢地歪过头来，靠着我的手臂睡着了。我保持着我的右手臂不动，让他在摇摇晃晃的车中沉沉地睡着。

他身上有一股让人不太舒服的油渍味道，衣服应该是好多天没洗了。小脸蛋上也没有笑容。

不久，我要到站了，他仍旧没有醒。

我轻轻地推推他，他醒过来，茫然地看了看我。

我下车了。

（二）

然后是第二次。

早上，我仍然坐这趟车后排座位上，看到他远远地坐在前排座位上，圆滚滚的小脑袋，皮肤黑黑的，穿着蓝、黑、白相间的校服，双手握着前面的栏杆，鲜艳的红领巾很耀眼。他脸上很平静，没有他那个年龄的活泼与开心。

下午，我上车。他又坐在车厢最后的角落里。车到了下一站，小男孩突然站起来，像是自言自语，又提高声音地说：“看来，我要再乘一辆车了。”

“小朋友，怎么了？”

他挪了两步，说：“我们坐的是178路公交车吗？”

我说：“是的啊。”

“哦，那没有错。”

原来他以为自己坐错了车，在着急地犹豫着要不要换车呢。他身上的油渍味道依然很浓。小校服上脏兮兮的。

我指着旁边的空椅子说：

“小朋友，来这里坐？”

他坐上来，挪了挪屁股，说：

“我说怎么这辆车不一样了。”

“178路公交车有很多辆的，每一辆都不同。”

“有的同，有的不同，看车厢前方那小电视和今天早上的不一样了。”

“我今天早上看到你了。”

“我也看到你了。你在后面。”

哦，原来他也认得我。

“你放学了？”

“是啊，早放了。”

“你家长呢？”

“在家里。”

“你自己一个人上下学啊？”

“嗯嗯。”

“这么厉害？今年读几年级了？”

“二年级。”

“自己会下车吗？”

“会的，听着报站我就知道了。”

…………

（三）

然后，他开始认真地盯着小电视上的《猫和老鼠》动画片看。我打开了书。

他看完了一集电视，转过头看到我在看着书，说：

“我也来写作业吧。”

"车这么晃,你写不了的。"

"我可以的。"

他艰难地把蓝色的大书包挪到身体前面,掏出一本作业簿,然后拿出铅笔盒,身体摇摇晃晃地打开,拿出一支铅笔,转过身去,把作业簿靠在椅背上,小手紧握着铅笔,一笔一画地写起来了,每一笔都很用力。

我小时候也是这样写字的,学到"力透纸背"这个成语的时候,我以为指的就是我这种写字方法呢。

车不时摇晃,他的字倒没有写得歪斜,写完了一面,又收起来。

"留着回家写。"

我也快到目的地了,放好书。突然想起我肩包隔层里有一颗糖,是学生给我的,好想掏出来给他。可是我拼命压制自己的这个念头——不可以、不可以!你要让小孩子养成随便吃他人东西的习惯吗?或者你要让自己像一个坏阿姨诱骗小孩?于是我忍住了,没有给他。

"你在哪一站下车?"

"××小区。"

那就是下面第二个站了。我终于没忍住,把糖掏出来递给他:"小朋友,吃糖。"然后没有意义地补充了一句:

"我不是坏人,没关系的。"

他一看到糖,眼睛立即放光。

"谢谢姐姐。"

他伸过小手就握住糖,接过去后马上撕了糖纸,把糖放进嘴巴,开心地吃起来。

看到他开心的样子,我也很开心,不过,我又为他没有一点儿警惕心而感到担忧 。

看到他一直攥着糖纸,我说:

"小朋友,糖纸我帮你扔吧。"

他说:"我自己可以扔的。"

到站了,他背起大书包,小小的身子摇晃着下车,回过头来,对我挥挥手。

"再见。"我也说道。

(四)

看着他远去的背影,我突然想起一件事儿:他第一次在公交车上靠着我睡着的时候，我到站了，可他还在睡！说明他那次肯定是坐过站了！

哦，他那时怎么办？是怎么回到家的？被我推醒后，他听着所报的陌生的站名，意识到自己坐过站了，然后惊惶地下车？站在一个陌生的站台上，那时天已经全黑了，他是到马路对面再坐返程车？询问路人到他家那个小区怎么走？他沿着公交车相反的方向走了四站路？

黑夜中，小小的孩子怎么回家？

我回到宿舍，舍友们正在看电视节目《爸爸去哪儿》，大家讨论着哪个萌宝最可爱。看着一个个孩子在爸爸的怀里笑得灿烂，我又想起了他，一个不爱笑的、自己坐一小时公交车上下学的小男孩。

小朋友，你还好吗？请你要好好长大啊。

2016 年写于苏州

坐在路边的女人

我清晨六点出门,为找工作的事情奔波。坐在灰蒙蒙的公交车上,心中疑惧交加,一时叹胸中无墨,肚里少才,无计可施;一时怨世态凉薄,人情冷淡,无处容身;一时忧前途茫茫,时光匆匆,无路可走。

我乘的公交车被堵在红绿灯路口,我皱皱眉,心下更是烦闷,把脸转往窗外。然后,我看到了她,一个坐在路边的女人。

在这连日凉雨、气温骤降的清早,她驼着背坐在冷冰冰的路边绿化带水泥墩上,已经上了年纪,穿得却不多。向上缩起的黑色裤脚露出半截腿和橘色的袜子,脚下是藏蓝色布鞋,头上戴着一顶圆边格子布帽,帽子下沿露出一圈花白头发。斜挎着一个包,身边放着半瓶矿泉水。她双手交握,双目无光,神情萎靡,不知道在想着什么。

隐约看到她手里拿着一袋子的白玉兰花串。哦,想起经常看见的,一些年老的妇女在堵成一片的车流里兜售这种白玉兰花串,弯着驼得厉害的腰,一辆车一辆车地走着,往小车窗里递进去,手上下动着,眼里是哀求的神色,嘴里嗫嚅地说些什么。车上的人多是不买,心肠软一点儿的就摆摆手,不耐烦的就挥手吼她走,更有甚者,也不言语,只“啪”的一声把窗一关,也不怕夹了老人的手。不一会儿,绿灯亮了,车开动起来,佝偻蹒跚的老人在呼啸而过的车流里背影渐渐模糊。

想必这也是一位向堵车者兜售白玉兰花的妇女吧?车流不大时,就坐在路边休息一下,她早饭吃了吗?吃的是什么?那瓶矿泉水得多冷啊。

突然,想到了我自己找工作的事儿,我就算是卖白玉兰花,反正也饿不死!何必前怕狼后怕虎的,如果人世是苦的,那么又有什么可怕的呢?记起在台湾地区做交换生上课时,那位头发柔顺的男老师说:“若是我失业了,我就去天桥上摆摊测字，那又怎样！”

是的。命运才是主角，其他都是形式，一切都是合理的安排。

耐心过日子，不喜亦不惧。

而且，我是永远不至于在路边卖一串一两块钱的白玉兰花的吧？

就为了这个，我也应该感恩。

2016年写于苏州

嘿,亲爱的,我们来吵一架吧?

“你喜欢。”

“随便你。”

“你乐意。”

淡淡地说出这样的话,对于一段关系,无论友情,还是爱情,抑或亲情,都是一个类似冰雹的打击。

因为,这些话背后潜藏的话分别是——

“我不同意你,但是我不管你。”

“你做什么与我没关系。”

“你最好不要再烦我了。”

Ta 不屑与你争论,甚至连话都不想跟你说了,不在乎了。

只能是心冷了,无论是不耐烦、生气、失望,还是绝望。总之,这一段关系就亮起了红灯,有点岌岌可危了。

讨论、争论,会发展为吵架,或者冷战,虽然并不美好,却是一段关系发展后必经的很重要的一步。

兄弟姐妹之间如果没有争过电视看,没有争过玩具、衣服、棒棒糖,没有争过坐车头的机会,甚至大吵大闹、大打出手,争得天昏地暗,那么他们还算是兄弟姐妹吗?

两个好朋友,只有闹过冷战,当面直接或背后偷偷说过“再也不和 Ta 玩了”,甚至因对方背叛和出卖自己、放自己鸽子而恼怒,双方和好后才好意思再一次手挽着手或肩搭着肩去上厕所,才好意思赖在对方的床上吃薯片。

情人们如果没有吵过架,没有过你猜疑我、我猜疑你,你哄我、我哄你,那他们紧紧相依的身影也会少了点儿深邃的内涵吧?

我从来不相信一对长年相敬如宾的夫妻过得真的幸福,也不相信世界上真的存在完全客客气气的亲人或者始终彬彬有礼的朋友。

世上没有完全相同的两片叶子，人作为一个独立的个体，拥有自己独特的个性，在经营一段关系时，是的，要学会迁就、谦让、包容。但是不能一味地退让，有时候必须坚持自己的原则、尊重自己的心声。

维持一段亲密的关系，彼此就是要赤诚，袒露心声，各自做一个本真的自我，把自己的感受、想法，甚至是情绪自然地表露出来，于是，双方会有争论，有分歧会反驳，会不同意。这也是亲密交流的一种方式，一种更直接和坦诚的方式，这是一段健康关系的健康发展，只要不发展到恶语中伤，要减少火药味，适度控制彼此的情绪就好。

从争论中我们可以直接知道对方内心的想法，达到充分的精神交流，

我说："哇，这个真好。"你若不同意则请你说出来："哪里好啦？"那让我们探讨、商议、争论。

然后我们便会更加深入地知道对方的喜好和感受。只有了解了，才能理解，才能更加明白对方，这有利于双方以后一直走下去，让这一段关系有一个质的发展。

黑板前同学们为了一道题争得面红耳赤；菜市场门口争论说"今晚吃鱼还是排骨"的一对老夫妻；在雪糕店争论吃什么口味、文具店争论买什么颜色的自动铅笔的两个小女孩；在电影院争论着看爱情片还是悬疑片的情侣……他们常常让我驻足观看，只因为那一刻，他们的心在交换着节奏和温度。

最怕Ta说：

"你喜欢。"

"随便你。"

"你乐意。"

这样一来话题就只能冷冷地结束了，是的，这似乎真的很能堵住别人的口——像那些偶尔说出某句恶言恶语的人，就被你这样的话给噎住了，看起来你胜利了。

但是，那是你的朋友、爱人或者亲人啊，你何必要争取这样的胜利？

看起来似乎你是给对方自由了，但是这泄露了你并不在乎对方的想法，你也不想和对方分享彼此的想法了。实际上是你不想参与到对方的生活中，不想进入对方的精神世界里去，于是冷冷地自己关上了那扇原本能够让你们一起走下去的门。

让我们珍惜身边的人吧，让我们时不时来"吵一架"吧。

2016年写于苏州

巷子里的故事

(一)剪　发

时近正午,春天的阳光灿烂,暖融融的。

巷子里很安静,只有远近一两声电动车开过的声音,或者偶尔谁家传来的“刺啦——唰唰”的炒菜声,空气中顿时弥漫着烟火饭香味。

“头发长了,该剪了。”

老奶奶在围裙上擦擦手,洗好的碗碟在案上滴着水。

这几天气温回升,看来春天真的来了。老奶奶精神爽利,脱下笨重的厚棉衣,身体似乎也轻了不少,只是这长了一冬的头发已经遮到眼睛了。

于是,这个暖和的中午,吃过午饭,她招呼自家老头子一声——

“头发长了,该剪了。”

这些年头发都是互相剪的,又不求多好看,剪得短而整齐就好,何必去理发店花那个冤枉钱。

“嘶溜——”老爷子在厅上喝着茶,也不论是不是上好的茶,他刚搁下饭碗便总要喝上一杯。他跷着穿着红色棉拖鞋的脚,都怪老太婆偏买了双这样颜色的棉拖鞋。

老奶奶在灶上搁了一壶水,从卧室里找来剪子,顺手拿过一张蓝色的塑料布,搬了张板凳放在门口太阳下,剪刀放在板凳上。她对着墙壁甩甩塑料布上的灰尘,灰尘在阳光下不停地翻飞。

老爷爷走出来了,拿起了板凳上的剪刀;老奶奶系上蓝色的塑料布,坐了下去。

老爷爷并不高,坐着的老奶奶刚好到他胸口,他也不言语,左手揪起老奶奶的头发,右手撑开剪刀就剪下去,这么多年来他已剪成了熟手。

与他俩相伴的那只猫闻着饭菜香,悠闲地走回家。

“你头低一点儿。”

“不用太短,齐了耳就好。”

“你别动。”

老奶奶果然不动了,坐在阳光中,随意地交叉着脚,身上晒得很舒服,这样暖和的中午让人有点儿昏昏欲睡,于是老奶奶眯着眼任老爷爷摆布。

老爷爷被太阳晒得有点儿热,阳光耀眼得让人目眩,于是手持着剪刀“蹭蹭蹭”走进屋子里戴了顶帽子,嗯,这下看得清楚了。

邻居骑着电动车经过,车篮里放着刚买的菜:

“呦,在理发。饭吃了吗?”

“刚吃了,买菜?”

车开过去了,又安静了。

一绺一绺灰白的头发掉到地上。

“今年你头发倒白得更多了。”

“老了老了。”

屋子里灶头上有“吱吱”的叫声,烧的水开了。

(二)男孩和女孩

前面走着两个小孩子,一个男孩,一个女孩,女孩比男孩略矮,扎着马尾辫;男孩头发短短的,很活泼。

两个小孩向前走着,或是回家?或是一起去哪儿玩?女孩步子小些,走得慢了些,得迈开大步才能跟上男孩;男孩时不时也停一停,等等女孩。有时两只小脑袋凑在一起说着什么,于是两个小小的影子在巷子里亦步亦趋。

我走在他们后面。

小女孩手上拿着一个穿着粉红色裙子的白色小熊玩具,应该是她最爱的玩具布娃娃,是她形影不离的好朋友,或许她晚上抱着它一起睡觉?白天她把它装进书包里带去学校?常常和它说说话?喂它吃饭、喝水?

男孩拿着一瓶饮料,似乎是橙味的“佳得乐”,是妈妈买的,还是随手捡的瓶子?他不喝——或许里面是空的,或者装的是自来水?却扔着玩,往前一扔,便跑起来去捡;再一扔,再跑去捡。

男孩跑的时候,女孩便双手将玩具小熊举在头顶,也跑起来去追。

追上了,两个人又并肩走着。

男孩突然又不扔饮料瓶了，只是摇着、敲打着饮料瓶玩。

“你作业做完了吗？”

“晚上做也来得及。”

“我早就做完了。”

又不说话了。

走到一处，右首门口旁边长着一株红色的山茶，开得正灿烂。

“你知道这是什么花吗？”女孩又问。

男孩子瞥了花一眼，不在乎地侧着脑袋，又略一犹豫，才似乎有点不耐烦地说：

“那叫红花。”“花”字语气有点重和长。

想了想，又充满骄傲地补了一句：

“我以前在××也见到过。”铁证如山。

“哦，挺好看的。”女孩一点儿都不怀疑。

小男孩便得胜了，步子迈得更自信了。

继续走，到了一个路口，他们转入了另一条小巷子，我看着他们在巷子里越走越远，隐约传来——

“你明天来找我一起上学吗？”

“你得快点儿，我不等你的。”

“嗯，我让我妈妈调闹钟。”

上午的阳光把两个小小的身影拉长，山茶的红花反射着光芒。

（三）两只猫的午后

外面安安静静的，有微风。

现在是下午三点多，忙碌的世人仍然在忙碌。

两只猫儿吃饱了，懒洋洋地走出门来晒太阳。

其中的那只灰猫，从来都不慌不忙，似乎对一切都不屑一顾的模样，踱着自己的步子。

它一步一步悠悠地走到楼梯上，停住，拿眼睛扫了扫，似乎这地方还勉强满意，便放慢动作淡定地躺下，随意放着四条腿。

头还是半昂着，眼神中是七分与世无争，还有二分的睿智和一分的迷离倦意，它像是高山卧云的隐士。

那只黄猫也走出来了，它也脚步轻快，像是踩着一首歌曲的节奏，轻轻盈盈的，似乎下一秒就要优雅地单脚支地，撩起裙摆转个圈儿……

它毫无倦意，眼神清澈而神采奕奕，对世界的一切都充满好奇，树叶间那闪烁的光点，是偶尔飞过的一只蝴蝶，那都能够吸引它的目光。

它四处嗅嗅，寻找着好玩的事。

楼梯旁边的栏杆上，不知道是谁晾了一张格子床单；微风吹来，床单轻轻地晃动。

床单下方垂了两根系结的带子已拖到地上，也跟着风轻轻地摆动。

这可把正用手掌洗着脸的黄猫小姐吓了一大跳——

什么东西?!

它前半身机警敏捷地后仰，本能地躲避敌人最厉害的第一次攻击。

咦? 没有动静的? 敌人呢?

黄猫狐疑地瞅瞅，是地上那一根轻轻摆动着的东西。

这是什么东西?

黄猫伸出雪白的爪子迅速地点了一下带子——它在试探呢，可还没真正触碰到带子，它将爪子立即缩了回来。

带子没动。

似乎是并不可怕的样子啊?

哈哈，你这小样儿，还想吓我?

这时，又有一阵风过，两根带子被吹了起来，简直都快离地了。

哎呀，妖怪!

黄猫又着实吓了一跳，连尾巴都竖了起来。

可带子又软软地落到地上不动了。

嗯嗯，不可轻敌。这是伪装。

带子又许久不动。

黄猫下了决心，谨慎地轻轻地往前探了探。

带子还不动。

黄猫又拨了拨。

突然，带子又随风轻轻地拖动起来。

哼，你这是玩儿呢?

黄猫有些生气，重重地按住拖动着的带子。

带子立刻不动了。

好，这才乖。

黄猫似乎挺满意，松了手。

带子突然又动弹了一下，黄猫马上用爪子将其按住。

不是叫你不准动了吗？还动！还动!!

黄猫真气了，拉住带子用力扯了一下。

可一放手带子还是软趴趴地趴在地上。

这到底是什么东西？难道是老鼠的尾巴？

黄猫低下头，张开嘴，用牙齿咬住带子拽了拽。

但带子兄还是毫无反应。

黄猫吐出了带子，侧着头瞧着，它既困惑又恼怒了——

这到底是何方神圣嘛？

这时候，灰猫还是躺在楼梯上，张大嘴打了个呵欠，伸了个懒腰。

头枕在前腿上，眯着眼，微笑地看着玩得不亦乐乎的黄猫。

（四）“你来看看！”

巷子的转角处，蹦蹦跳跳地出现一个小女孩，书包在背上“哗啦啦”地唱歌。

小女孩是个小学生，放学后迎着下午的阳光跑回家。

回家来当一个小孙女。

摇一摇门，是锁着的，她从脖子里掏出钥匙打开门，跑了进去。

不久，她又走出来了。

只见她一手搬着小板凳，一手提着椅子，胳膊下还夹着作业本和铅笔盒，慢慢挪动着小身体，磕磕碰碰的。

嘴上还叼着一只被咬了一口的苹果。

她坐下来写作业。

趴在椅子上，右手握着笔，左手拿着苹果。

苹果也顾不上吃了，她咬着笔头，正认认真真地想一道题。

她那扎起的羊角辫儿向上轻轻地翘着。

她的家，是普普通通的一户人家。

墙上是去年过年时爸爸新刷的白色水泥，爸爸还不小心地把钉在墙上的牛奶箱也刷了一道呢，墙上隐约有雨水流过的痕迹；

窗户还是她爸爸小时候的样子，木窗框里的玻璃已布满岁月的痕迹，但玻璃还是被擦得透明发亮，右下角夹着一个装着三朵粉红色玫瑰花的爱心小盒子；

铁门上都生了红色的铁锈，在一次又一次的开开关关中，爸爸长大了，妈妈进门了，孙女出生了，爷爷奶奶慢慢地老去了……

窗户外晾着一家人的衣服，在竹竿上荡漾着阳光，干干净净的，带着太阳的味道。

就像她们这朴素平凡的一家。

孙女还在埋头做作业，很专心。

她没有同班某些女孩儿那样高档的三层铅笔盒，但便宜的铅笔照样可以解出一道道题目；

她没有名牌的衣服，但照样穿得暖融融的；

她是一名普普通通的小学生。

这时，巷角转出了一个人。

一个老奶奶。

蹒跚着腿，微微佝偻着背，挽着个篮子，慢慢地在下午的阳光中走来。

老奶奶手上牵着一只金色的气球！气球在她的头顶跳跃着。

“气球！”

小女孩发出一声欢呼，便放下了笔，向奶奶跑了过去——那是她的奶奶。

小女孩跳起来去够绳子，她要夺气球。

“别扯别扯，要飞走的。”

奶奶把气球给了孙女，嘱咐她拿好了。

孙女仰着头看金色阳光下金色的气球，太漂亮了。

“怎么会有气球的？”

她把气球的红绳子用力地绑在了自己的左手上，这下它还能飞得走？

“市场有人派,我拿的。”

“去市场买了什么菜?”

说着,小女孩便抢过了篮子。

“别乱翻,小心将豆腐碰烂了。”

孙女歪着身子提了篮子走回家。

奶奶走进屋去,搬张椅子出来,又进去打了盆水出来。

孙女已经捡起掉在地上的铅笔,继续做作业。

可她的心已经随着左手上系着的金色气球起舞。

奶奶坐在旁边,刚要弯下腰洗菜。

又突然想起了什么似的,叫了孙女的名字——

“你来看看。”

她直起腰,从兜里掏出几张纸片。

或是这几个月的水电费清单?或是谁派给老人家的宣传单?

“看看上面写了什么?”

孙女接过来,趴在板凳上看。

或是迎着阳光有一点点儿刺眼?或是有些字不认得?

她低着头,低到脸就要贴着纸了,手按着纸片,认真地审视。

巷口里吹来了风,奶奶怕纸跑掉了,也伸出手帮她压着。

孙女伸出两只小食指,戳着纸上的字,一个一个地读出来,遇到不认识的,就说——

“×,×,×,不知道什么,×,×,×不知道什么……”

奶奶不由得笑了——

“这么多字不认识,你书怎么读的啊?”

奶奶一辈子没有读过书,锅大的字不认识一个。

又叮嘱一句——

“好好学习啊。”

…………

金色的气球仍在飘扬。

(五)“看好我的宝剑”

老人终于熬过了寒冷的冬天。

她抬头看看太阳，明白这是怎样的不容易，寒冷、病痛、无能为力，只能苦苦地熬着，睁着眼艰难地等到了天亮，又一点点儿地挪到天黑。每一分每一秒都是那么漫长。

但现在好了，终于熬过来了，春天来了，呼……终于还是来了。

又麻又痛的腿脚又可以舒展在春天的空气中了；昏昏沉沉的头在温柔的春风吹拂下终于清醒了些；春天的太阳照进了她衰老的生命，焕发出新的生机。

吃过早饭，太阳很好，她也想离开日日夜夜躺着的床，想出去看看，看看自己曾经奔走过的世界，看看这一条走了千千万万遍的巷子……想去晒晒太阳。

在儿媳妇的搀扶下，全身穿着厚厚的棉衣棉裤棉鞋，她颤颤巍巍地走出门，很慢——她那老朽的生命经不起摔打了，所以她走每一步都得很小心。

她终于坐到了巷子角落的一张藤椅上，坐在了这漫天春阳中了。

有些微风，于是她还是戴着毛线帽，抱着个暖水袋。

家里的猫——那也是一只老猫了，是老人把它从小猫崽养到今天的。

它也安静地缩着腿，卧在一块水泥板上，眯着眼。

阳光很温暖，风儿很温柔。

老人知道这样的时光很美好，也很宝贵。稍纵即逝。

她静静地坐着。

这时，她的小孙子（或是重孙子？）跑了出来。

那是个虎头虎脑的小家伙。手提一把木剑，虎气十足地跑出来。

他小小的身体里积攒了一整个冬天的活力与生机，随春风一吹，便迫不及待地要爆发出来。

“啊——”他大喝一声，自己舞起剑来。

在巷子里左右腾跃，卖力地踢腿出拳，时不时对着水泥柱猛砍。

他表情严肃，认真而专注。

到时给小伙伴们看看，看谁比较厉害！看他们不全得崇拜我，哈哈……

角落里的老人依旧静静地坐着，但眼睛里有了笑意。

甚至还微微笑着说了声——

“好！”

小男孩自己玩了好一会儿,身上热了,脑门上出了汗。
他停下来了,或是想进屋脱衣服,喝口水。
他看了角落里坐着的老人,就把木剑塞过去,
“看好我的宝剑。”
说完就“蹬蹬蹬蹬”地跑进了屋。

老人握起了那把剑,双手托着,她怕摔坏了那把剑。
平淡无聊的生活中竟然碰到了一把剑!
这是小男孩对她的重托,她必须谨慎些。
她低着头端详着,口里喃喃地说:
“这么长啊……”
“得十几寸吧……”

小男孩很快又出来了,手里拿着塑料的刀和枪。
他又要开始自己的巡回武术表演会了。

春天真的来了。

(六)“上来!”

女人弄伤了脚。
有些严重,左脚的大拇指,轻微骨折。

“也不知道你怎么弄的,没长眼睛……”男人训着女人。
女人在一旁单腿站着,有些狼狈,有些委屈。
谁叫自己老是不小心呢?
唉,总是那么粗心,没结婚前,当她还是女孩子的时候就已经是丢三落四、马虎大意的,所以常常会倒点儿小霉、吃点儿小亏。
结婚了,当妈妈了,她那咋咋呼呼的性格还是变不了。

面对男人的怒气,她不敢出声。

受伤后不但痛，而且治疗要花钱，还会增添许许多多的麻烦。

“幸好只是个脚趾头，要是……”男人还在训斥。

结婚虽然还没几年，但男人是不如谈恋爱时温柔而有耐心了。

以前他从来不会跟她大声说话的，婚后果然变了很多啊，发型也剪成了中年大叔一样的平头，整天穿着这样的牛仔裤、灰色的外套、平底布鞋。

“舒服就行啦。”他老是这样说，都不知道“为悦已者容”嘛。

女人单腿站着，把受伤的脚放到支地的腿上，老老实实地挨着训。

受伤的脚不能穿袜子，怕压着骨头。而现在春寒料峭，不能穿袜子的脚有些冷，一旦冷起来就会不自觉地发抖。

而且她站久了脚有点儿酸，伤脚还隐隐地痛着。

于是她有些站不稳，身体老是摇晃。

男人本来还在说，但及时伸过了一只手将她扶住。

女人站稳，抓住这一瞬间的空隙，赶紧说：

“去晚了要排队的。”

男人本来还想说些训斥她的话的，但听了女人的话后便止住没说。只是瞪了女人一眼。

女人的长发在春天的风中轻轻飘动，橘色的衣服衬得皮肤更加洁白，女人还是像谈恋爱时那么年轻漂亮。

男人侧了侧身，背对着女人，弯下腰，双手撑着膝盖，没好气地说：

“上来！”

女人看着面前的背，眉毛一扬，嘴角露出了微笑，听话地趴了上去。

男人背起女人，

“重死了。”

“又笨又胖。”

女人不说话，在他的背上偷偷地笑。

男人怕女人那穿着的一只鞋掉了，顺手将它脱下来拿到自己手里。

男人怕女人小腿乱晃碰到伤处，于是用双手反扣背后，抱着女人小腿来背——这花的力气当然更大。

虽然没有汽车载你，但有一个宽厚有力的背；

虽然老是闯点儿小祸，但甘心跟你过一辈子啊！

（七）“回家吧”

“回家吧。”

两位老人一脸病容，苍老而憔悴。步伐滞重缓慢，他俩紧紧地相互搀扶着从医院走出来。

老爷爷满脸病容，戴着惨白色的口罩，头上戴了一顶毛帽子，厚厚的黑色羽绒服仍然掩盖不住他瘦弱的身体，腰背无力地驼着。

老奶奶一脸的担心和疲倦，花白的头发凌乱着，眼皮浮肿。

他俩艰难地拖着双腿走着，目光无神……

生、老、病、死，生命的残酷从不曾放过谁，这是必然的规律。你我无力无奈，心痛悲愤却永无出口。

衰老的躯体承受着生命的剥夺，正如当初接受生命无私的施与一样。

他俩如同待在风雨中飘摇的一只小舟上，知道没有彼岸温暖的港口，终点还是这黑暗冰冷而惊涛骇浪的海面。

但是他俩驾驶着这一叶生命的小舟，仍旧前行。

他俩仍旧紧紧地携着彼此的手，两人的身体紧紧靠在一起。

以彼此的力量互相支撑着。

身旁传来温度和暖意，传来坚定的力量。

这一辈子，从他俩相遇后，不知道多少次这样彼此携手度过了。第一次羞涩地牵手？结婚时郑重地拉着的手？孩子出生时激动而忐忑相握的手？此后，风风雨雨中，有过手拉手快乐地奔跑，手握手幸福地相视微笑；也有过激烈的争吵，甚至曾经到过要分手的地步……

但此时此刻，两鬓斑白的他们，被病痛折磨得憔悴不堪的他们，仍然紧紧地相互依靠着，用力地挽着手走在一起。

走在回家的路上。

携手一世，相伴终生。

儿女们有各自的生活、事业和精彩；美味的食物再也吃不动了；昂贵的物质无法享用；名与利，辉煌与耻辱，在病痛的面前也通通苍白了。

回家了，回到那个或许不算舒适的小屋。

吃饭，吃药，躺着，靠着。

起码，身旁还有一个老伴儿。

（八）骑马马

"哦呵呵呵呵呵……"是一串男人的笑声；

"咯咯咯咯咯咯……"是一串小孩的笑声；

"啪嗒啪嗒啪嗒……"是皮鞋踩踏在小巷子的声音。

一个男人用肩膀托着他的孩子，紧抓着孩子的小手，快速地迈着轻盈的小碎步跑起来。高瘦的背影随着石板路延伸……

小孩儿高高低低地跳动起伏，骑着马马，被逗得笑个不停。小孩的笑声肆无忌惮，发自全身心的笑一连串一连串地从他嘴巴里钻出来，变成跳跃的音符，敲击着斑驳的白墙，清脆有声。

男人的笑声带着好玩儿，即使他已是个当父亲的人了，或许这还是他第一次做父亲吧，当这一个粉嫩粉嫩的小家伙睁着清澈的大眼睛看着他时，他有些不知所措，更加没学会板起脸孔当严父。他简直就有点像玩儿似的养小孩，他学会了柔着声音来哄，不耐烦而又无可奈何地生气，他伸出双手演示飞机飞行满屋子地冲撞，他趴在地上给孩子当马，他撅起屁股与孩子一起玩弹珠，他跪在地上和小家伙玩小汽车……

从小孩儿身上他遇到了小时候的自己，此刻父亲似乎变回了那个从前的小男孩，踩着皮鞋的脚又变回光着的小脚丫，"哒哒哒"地奔跑；已经学会用利害关系看待一切世故的眼神又渐渐变得清澈、无辜而有神；满脸疲倦的纹路因为笑容的扩大而舒展。

热情、活力、好奇、肆无忌惮……

在外面的世界里认真努力扮演着大人，回到家见到自己的孩子，他才能将伪装下真实的自己释放出来，出来透透气，大声地笑一笑。

把干净天真得像春天嫩芽般的孩子扛在自己的肩头，召回了逐渐迷失的自己，一起骑马马。

奔跑、大笑。

（九）"不要拍我！"

我右手撑着伞，左手拿着相机。湿漉漉的雨天，在狭长的小巷子里边走边拍。

前面走来两个举着一把伞的好朋友，搭着肩，靠在一起，有说有笑地走来，走近，断断续续听到他俩谈着其公司的事情，然后掠过，只剩下，“笃、笃笃……”渐行渐远的两双高跟鞋敲击着石板路的声音。

伞下的空间不多，能够容得下所有亲密的情绪、烦恼和感受。

走过一个门口，不经意间回头看看。却见一个小女孩探出头来，朝我看。

周末，下着雨，不能出去玩儿而被困在家里，作业做完了，家长却不许她看电视，无聊中的她只好对着门外发呆，外面是灰蒙蒙一片的天地。

不知道此时此刻她的那颗小小的心里正在想着什么。

刚好此时我路过，在那个窄而长的黑漆漆的半掩着的一扇木门前走过，我是属于朦胧的天地里那一片亮灰中的，慢悠悠地踱着步走过，停下来，举着相机拍照，嘴角似乎还带着笑。

她可能就亮了眼睛，像是在荒岛中找到了一个玩具，轻快地踩着好奇的步子，扒着门框，探出了脑袋，眼睛盯着我。

我刚好回头看到那一双带着探询的眼睛。

好奇和热情可以让每一双眼睛染上神采，何况是小孩儿那双清澈无瑕的眼睛！

忍不住举起手中的相机拍了一张。

她似乎有些害怕，低下头，缩回门框里去。

我觉得自己做得有点不好，于是对着她友好地笑。

她又探出那缩回去一大半的头，看到我讨好地对她笑，眼神躲闪着我。

“小朋友，你好。”

“你在拍什么？”她似乎是鼓了勇气才问出来了。

“拍你啊。”

“不要拍我！”

她心中可能正浮现着平时家长说的各种关于骗子、坏人的事儿。但她说出来时，脸上带着笑意，微微看到酒窝。就像我小时候在小河里与小伙伴们玩泼水大战时，一边喊着“不要泼我”，一边在被水弹击中后大声地笑。

“没关系的，你笑一笑嘛。”

我又把相机举起来。

她真的很配合,扬起了头。眼睛里写满的是信任与真诚。

“好看。”我举起了大拇指,朝她挤了挤眼。

“嘻嘻。”她好像觉得很好玩儿,但马上调过头,一闪,蹦蹦跳跳地走进屋子深处。

哦,小女孩最后好像还是眨了眨大眼睛的。

下着雨,周末,灰蒙蒙的天地,因为这眨了一下的眼睛而亮了起来。

(十) 灰雨天的红

下着雨,巷子里寂寥惆怅,静悄悄的。

只有檐角的雨水滴进水洼里发出的“滴滴答答”声……

就连这一份安静也是浸在水汽中,带着潮意。

小巷两侧是粉墙黛瓦依旧,连同电线、电线杆、黑色的窗口,与灰蒙蒙的天宇融为一体,融进了水墨山水画中,晕开……

然而在这安静的黑白灰背景中,忽然出现了一点红。

那是巷子另一头的远处,一点暗红。

是一个披着红色雨衣的人,微弯着腰背,步伐有点儿匆忙地向前移动,走得却又不是太快。

身影在水淋淋的小路上留下倒影,倒影也是红色的。

我走近,才知道那一点红不是一个人,是两个人。

一个人用轮椅推着另一个人。

推轮椅的是个中老年男人,看样子应该在五十岁上下,肩膀上斜背着一个大挎包,倾着身子、低着头推,然而雨水仍然湿了满面。

坐在轮椅上的是一位年迈的老爷爷,一脸憔悴,花白稀疏的眉毛上挂着晶莹的水珠,微张着嘴喘气。

他们两人共用着一件雨衣,是红色的双人雨衣。

老爷爷穿的是前面,腿脚身体严严实实地罩在雨衣下,温暖而又充满安全感,只有半只土黄色的鞋子露在雨中。

后面的男人穿的是雨衣的后半面,他自腰向下一半的身体无法被遮盖,裤脚上是逐渐被侵略的一片暗色水痕。

他仍然稳健而有力地推着轮椅向前。

我在他们后面几步远的地方跟着走。

前面走过一个人,似乎认识他俩,似乎又不认识他俩,高声问了一句:

“怎么下着雨出来?”

“没办法啊,”推车的男人没抬起头,尽管已经满脸的雨水还在流淌:“犯病了,就算下暴雨也得出来看医生啊。”

然后像是对着那人,又像是对着后面的我,更像是对着自己:

“老爷子九十五岁了,老人啊。”

最终他们拐出了巷子,右转,走进漫天的水汽氤氲中,一点点儿走远。

只剩下那一点红,远去,远去,消失了。

又似乎还在。

(十一)“你快点啊!”

这是一对孪生兄弟。

他们相约来到这世上。

兄弟俩有着同样的眉眼嘴巴,穿着同样的衣服,留着同样的发型,戴着同样鲜艳的红领巾。

但是有着不同的性格,

一个活泼机灵,一个安静沉稳(这让我想起了小鱼儿和花无缺)。

急性子的那个跑在前面回到家,一甩书包,掏出皱巴巴的作业簿,龙飞凤舞地做完了家庭作业;

慢性子的那个则先把椅子、小板凳搬了出来,压平作业簿,苦思冥想着每一道题,实在想不出来,就问刚下班的妈妈。

按捺不住的急性子早就上蹿下跳地在旁边催他——

“快点儿! 快点儿!”

“去弹玻璃珠!!”

"去玩铁甲金刚!!!"
"去赛车!!!!"
"去看动画片!!!!!"
遵守规则的慢性子当然想去,但作业还没做完呢。
急性子自然被妈妈责骂了一顿。
"再吵就揍你一顿!"
于是他站在旁边老老实实地看着他的兄弟认认真真地答题。
心中在呐喊:
"你快点儿啊!"

尽管他很急着想去玩儿,但他还是等着他。

突然很感动。
一直羡慕孪生子。
自生命产生之初就相互陪伴着,一起荡漾在妈妈的肚子里,未成形的手脚相触时已有了相通的灵犀;
努力降生、啼哭,最早听到的可能就是对方发出的声音;
轮流吃奶、睁眼,看到的第一个人也就是对方——另一个自己的模样;
来到一样的家庭,一样的爸爸妈妈爷爷奶奶,一样的小衣服,一样的奶瓶,一样的小床;
于是,他们开始了有另一个自己陪伴的人生。

成长中彼此会有嫉妒、吃醋、摩擦、争抢、吵架、打架……但不像朋友,一生气了就真的可以"再也不理你了",他俩不可以,还是走回同样的家,睡在上下床或左右床,甚至是同一张床,依旧分不清是谁的袜子,爸爸或妈妈一声令下:
"你们两个帮我去小卖部买包烟!"
"你们两个帮我去小卖部买袋盐!"
他俩又必须手拉了手或者揽着肩膀出门。
他俩有很多机会闹矛盾,也有很多机会和好。
更重要的是,他俩有很多时候都需要对方的陪伴,上学的那一条路、上课时被老师抽查、不会做的作业、家人提出的要求、亲戚的宴会……快乐可以分享,困难可以分担。

所以他俩在吵吵闹闹中依然亲亲热热地成长。

或许他们以后会走向不同的路——

一个成为"搞笑大王",一个是"闷葫芦"?

一个成绩优秀,一个成绩在班上中游徘徊?

大学时一个报了经济管理系,一个却去研究哲学?

毕业后一个找到了一份薪水不错的好工作,后来还自己创业;另一个却徒步旅游去了,穷得叮当响?

后来,他们结了婚,分别娶了性格不同的女孩,生了性格不同的儿女?

然后他们人到中年,一个有了啤酒肚,一个还是瘦竹竿,他们依然相似的脸庞上分别带着各自的烦恼和迷茫,但依然能坐在小庭院里就着花生米喝酒;

再后来,他们老了,带着各自的精彩和沧桑,还能一起提着鸟笼在公园里杀盘棋?

…………

血浓于水,血缘是什么都不能代替的。

至少至少,他们曾经一起形影不离地度过人生中前半段的美好时光。

这就足够幸福了,因为,有个人,会对你说:

"你快点儿啊!"

他想快点儿和你一起玩儿。

他等着你。

(十二)小桥头的小面店

来苏州的第一年,我在读书之余到一个辅导机构兼职做语文老师。

一大早起床,坐一个多小时的公交车,去上一上午的课。

到了中午,我拖着饥肠辘辘的躯体沿着小河觅食。

闻着一阵飘来的香味,远远看到前面小石桥的桥头那所房子的屋顶升起缕缕炊烟。

"好香啊。"吞了吞口水,里面传来了收音机播报午间新闻的声音。

没有任何的招牌，这只是哪户人家在做午饭吧？

我走上了小桥，装作不经意地路过，趁机扭过头去看一眼。

咦？一眼看到挂在门口对面墙上的价目表。

是间店！面店！！

我像是捡到了一份天上扔下来的礼物一样惊喜地走了进去。

小小的屋子，只摆了四张桌椅。一个临河的窗户，不大，可以见到水波荡漾，斜斜地倾泻着阳光。一扇门通往后面的小厨房，门上挂着素色的门帘。

店里只有两个人埋头安静地吃着面。

一位老大爷坐在价目表下面的椅子上听着收音机，见我进来，就说：

“小姑娘，吃什么面？”

我一直喜欢苏州人这样的称呼。

我微微抬起头看价目表，并不贵，多是面，苏州人爱吃面的。来了一两个月了，还没吃到正宗的苏式汤面呢。

焖肉、爆鱼好像是最有特色的……

面巾面这个名称好好玩……

咦？素交、素鸡是什么东西？

好吧，看看是什么？

还有一句画了笑脸的提示——“可以自由组合”！

“我要素鸡面。”我怕自己吃不饱，于是加了个荷包蛋。

“红汤还是白汤？”老爷爷问。

吓？还分红汤和白汤？两者到底有什么区别？但是不好意思问，可能红汤是有点辣吧。于是说：

“红汤吧。但不要太辣。”

“哈哈哈……”老大爷竟然爽朗地笑了，“谁告诉你红汤是辣的啊，小姑娘？”

接着也不再管我，扭过头掀开门帘对里面喊：

“红汤素鸡——”

我红着脸递钱过去。

老大爷却没接。

“吃完再给。不怕你走了。”

又加了一句——

“待会儿你就知道什么是红汤了。哈哈哈……”

我找了个角落坐下,陪着一起听收音机。

不一会儿,门帘掀起,一位老阿姨端着一碗面走了出来:

“小姑娘,你的面来了——”

我一看,浓汤中整齐的一团细白面条,洒着葱花,六分熟的荷包蛋,几块像是油豆腐的搁在上面。

“这是素鸡吗?”

“是啊!”老阿姨说,“当然不是真的鸡肉哦。”

我咬了一口素鸡,原来是一种豆制品,浸透了卤汁,健康美味。

苏州面名不虚传。后来上过《舌尖上的中国》电视节目的所谓的“正宗苏式汤面”,也不过如此。

“辣不辣?哈哈哈……”

以后每周兼职的那一天被我定为“吃面日”,每次都去这家小小的面店吃一碗面,把白汤、红汤、所有面都吃了一遍(最后发现我最爱吃的还是爆鱼面)。我与这对老夫妻慢慢地熟悉了,每次去坐在价目表下的老大爷都说:

“小姑娘来了啊。”

老大爷负责招徕和收钱,爽朗又热情,他见我看墙上的地图,就一直介绍附近哪里有好玩的、好吃的;听说我是当老师的,就说:

“对小孩子要严厉才行。像谁谁谁……”

老奶奶一直在后面小厨房里负责煮面。她一个人忙不过来,也怕累着,所以每天只准备那么多的面条,只够卖个一二十碗,每到下午一点钟就擦桌子收工了,来慢了想吃都吃不到。

我只教那个辅导班的学生一个学期,后来就不再去那个地方了。最近一次刚好在附近,便走去了再想吃吃面,发现小面店紧紧关着门。

哦,是的,现在是下午,店不开的。

下次中午经过这儿一定过去再吃一碗“红汤素鸡”。

(十三) 看　报

从前的时光,简单、不慌不忙。

自从前时光里走过来的人,也是一样的。

比如,不懂也不喜电脑、手机,还是喜欢翻翻报纸;为省一点点儿电费而借着天光倚在门口看报纸。

老大爷倚在门边专心地看着报纸,被岁月熏染成墨黑残破的门框,门内同样黑漆漆的屋子,一身黑色的衣服。

像是一尊塑像,又像是一张定格的黑白照片。

最显眼的是那一头花白的头发,那一张白里透着微黄的报纸,还有那一堵雪白的墙。

墙的延伸处还有一树明媚艳丽的紫玉兰花,又名木兰、辛夷。

花还没在的时候,巷子已在、人已在;花开花落,一年又一年,巷子老了,人也老了。

世界的变化迅猛无比,以往天方夜谭的景象竟实现了。这一切的光怪陆离让人迷茫,老时代里走来的人没有经历的基础和心理准备。

然而,花有花的开法,老人有老人的活法。

那是从一颗种子就决定了的;那是从孩童、少年、青年、中年……许许多多时光的瞬间就决定了的。

所以,有些习惯是不会改变的。

比如,依然喜欢听收音机,那曾是他们最珍贵的家什;

比如,依然要挎着菜篮子去市场左挑右选、讨价还价——冰冷的网购总少着些人情味;

比如,天未黑就不点灯,水只用刚好够用的,每一张废纸、每一个废瓶子都有二次生命,不完全是为了节俭,更多的是扎在根上的信念。

他们一辈子都是这样活过来的,他们一直活得很安定、很放心,他们还将这样活下去——

以一颗安安静静的心认认真真地读一份报纸……

年轻人们双手捧着手机走过,低着头刷刷刷地淹没在信息的海洋中;

花白头发的他倚靠在门框上,读着他的报纸……

(十四) 藏书羊肉店里的时光

巷子口有一家羊肉店,名曰“藏书羊肉”。

苏州西郊,太湖东岸,穹窿山下,有一个小镇子就叫藏书镇,传说是为纪念西汉时期吴县(今苏州市吴中区)人朱买臣把书藏在山石间发奋苦学的事迹。

而更为扬名天下的却是“苏州藏书羊肉”,以“不腥不腻,汤色乳白,肉酥而不烂,口感鲜嫩”风靡江南。

每至秋冬,散布在苏州古城的巷子里一家家大大小小的藏书羊肉店,总飘着浓郁的羊肉味,食客络绎不绝。

那天,时值冬令,风已瑟瑟。

又冷又饿,我推开了巷子口这家藏书羊肉店的门,便被温暖和肉香所笼罩,要了一碗羊肉汤面,二十元,坐下来等。

窗边已经坐着两位五十岁上下的伯伯,两人面前摆着一盘热气腾腾的熟羊肉,还有酒,两人对饮,闲谈。

午间并不猛烈的阳光从玻璃窗里照进来,流淌在布满岁月痕迹的脸上。

这是一对老友吧?

店主人是一家三口,夫妻俩在厨房里忙进忙出,小女儿也在帮忙点餐和收钱,对着厨房喊一句:

“汤面一碗。”

女儿大概上小学五六年级的样子,扎起马尾,围着围裙,撸起袖子,已是一位熟手。

但毕竟只是小孩,有时要拿着钱进去问妈妈得找多少零钱。

妈妈就训斥一句:“书都念到哪里去了?!”

吵闹中,有人推门进来了,又是一家三口,爸爸妈妈带着小女儿。附近就是我兼职的辅导机构,大概这位女孩儿也是刚下课过来吃午饭的吧,她爸妈还问着刚刚上课的事情。

落座后,爸爸扭过头对着正在找钱的店主女儿说:

“小姑娘,来三碗羊肉面。”

那小姑娘走过来,说声“六十元”,然后瞄了一眼客人的小女儿,那小女孩留着披肩的直发,头上戴着粉红色的发带,别着一个闪闪发光的发卡。

她俩是同龄人。会不会是同一所学校的呢?

不久,羊肉汤面上了。

店主的一家三口还在不停忙碌着，他们应该还没来得及吃午饭吧。

那边桌子上，爸爸给妻子、女儿递筷子，妈妈把碗里的肉夹给女儿，女儿大口吃，还在说着课堂上的趣事……

羊肉汤面的水蒸气，氤氲着藏书羊肉店里的时光。

（十五）水边的老人

不知道他坐在那里多久了。

从我看到他的那一刻起，他就坐在那里；直至我离开，他还是坐在那里一动不动，连姿势都没有变换一下。

背景是一排斑驳的墙，苍老的藤条攀爬在年久失修的白壁上，部分墙面剥落，露出暗红的砖头。墙上的窗摇摇欲坠，墙角野草丛生，厚实的麻石地基已被水汽熏染得看不出原来的颜色……

老人坐在那里，一头稀疏的白发，挽起袖子的手撑住膝盖，微驼着背，坐在水边的石台子上，眼睛始终出神地盯着缓缓流动的河水……

与这面沧桑的墙融合为一体。

人老了，要操心的事情越来越少，便渐渐对一切失去了关心。

经历着衰老的折磨，能够如此不病不痛地活着，已经别无他求了。

在这个午后，他对着河水发呆。

他在想些什么呢？

大半辈子过去了，他经历了多少人生大事？遇到了多少人？

酸甜苦辣、欢喜悲忧？

或是什么也不想。

没有力气想了，没有心思想了。

日子过着过着也便习惯了。

坐着坐着，看着看着，日子也就过去了。

过完了一天，又过完了一天，还剩下多少日子呢？

此时此刻，不再说野心，不再说大志，甚至连柴米油盐也不必说了！

老了，虽说还可以有各种各样的精彩，见过九十岁跳伞的、到南极洲旅游的，但那总是少数或异数。

春天不做秋天的事情，老年，犹如冬天，是该收起来的时候了。

生命的波澜总会平静，激情也会平淡。

失去好奇、失去热情，无限的心事也已经揣摩过千万遍了；如今只剩下静静地等待那一天的到来。

心如死灰？油尽灯枯？

虽然都是很残酷的词语，但很多时候，到了结果的地方一看，原来都是那样的残酷。

然而不着急，也不害怕，人生，像一条路，走着走着，到了头……

我站在那儿看着，我希望会从那扇门里出来一个人。

或是他的那位同样白发苍苍的老伴儿，说："快来把药喝了。"

或是他那有了银丝的小女儿，推着轮椅过来，说："爸，咱去走走？"

或是一位虎头虎脑的小孙子，扑进他怀里："爷爷，买糖！"

世上，能够敌过永不停留的时间者，敌过自然之铁规律者，敌过煎熬苦痛者，莫不过是情也。

留得真情在。

那样，我们来世上一趟，终究还是打了一场胜仗。

（十六）井

要是选一种代表小巷子风情的物品，我或许会选井。

走过巷子，总见到一口口鲜活如生命的井乖乖巧巧地趴在巷子里。它们散布在老城的每一条巷子里，同受着日晒雨淋，和普通老百姓们亲亲热热地待在一起。

老奶奶，一脚踏在井沿上，双手拽着井绳，一下一下有些费劲打起一桶水，呼了一口气，心结结实实地跳动着；

年轻的妈妈从装满水的盆里捞起昨夜孩子尿湿的被单,使劲地挤出一串一串闪光的水珠,那水珠晶莹得如同她额头的汗珠;

日日张罗操劳的妇人提着一家子的衣物,挽起袖子、挽起裤脚,坐在井边的板凳上,弯着腰、低着头,干净利落地"刷刷"地搓洗,然后归去,晾晒开满满一衣竿的阳光;

夏日里,调皮的孩子抱了心爱的玩具,一屁股坐进井边的澡盆里,举起小半桶水,从头往下冲,"哗啦啦",玩具小鸭子浮起来了;

头发花白的老伯,两只手各拎着一桶水回家去,一路上滴滴答答洒出了两条蜿蜒的长长水痕;

热情爽朗的大爷,提着装满菜的篮子,滔滔不绝地讲述着这"双口一井"自"光绪年间就有了"的悠长历史……

…………

水,生活之源。

凡有井水饮处,并不一定皆能歌柳词,但一定会有人家,有一日三餐,有酸甜苦辣,有悲欢离合,有鲜活的生活。

我亦喜欢逛园林,总也可以在不经意间发现一个个已然废弃的小巧水井。

它们大多数闭锁在黑暗中,至少是被密密的铁丝网封起来,探头往里一看,只见那幽幽水光,以及井边一丛不甘心的野草青绿。

曾经长在繁花似锦的后花园,曾照过小姐的惊鸿一影,粼粼水光潋滟着满满的幽闺深情;

如今它们匍匐在来往游客的脚边,如同受伤的小兽,把失意心事深埋,只剩下一只忧伤的眼睛,无神地对视苍穹,非但天光云影不能徘徊其间,甚至连飞鸟儿的身影也抓不住一个。

如果说巷子里的井是活泼泼的粗野丫头,那么园林里被封闭的井则是被囚禁的佳人了。

水井确实是能见证很多时光的。

(十七)门边的玫瑰

玫瑰静静地等在那里很久了。

它原本是那样的鲜艳欲滴,它觉得自己是整片玫瑰园、整个花店里最美的一朵。

算那个男生眼光不错，选中了它。

后来，它被一个男生握在手中，在一扇门前一次一次地徘徊。

最终男生将它往墙上的缝隙中一塞，竟落荒而逃。

它还记得他逃走之前既难为情又憧憬的羞红的脸以及扑通扑通的心跳声。

它看着男生匆匆离开，心里不禁偷笑：呵呵，没胆量的家伙！看我的吧，我会把你这个胆小鬼所有的小心思告诉这家主人的。你等着哦！

于是，它骄傲地仰起迷人的脸庞，也在等待着。

它在等着这扇门被打开，走出一个女子，伸伸懒腰出门来取当日的报纸。

然后在不经意间发现它，眼睛一亮。惊喜地拿起它来，闻一闻它积攒了一辈子的芳香，眯起眼睛，嘴角上扬；然后她拿出那封短信，现在就压在它身下的这一封短信，由头至尾读完。

那时它肯定也会听到她扑通扑通的心跳声，看到她脸上那一抹羞红。

呵呵，那样它就可以完成使命了，那是身为一朵玫瑰最神圣的使命。

它继续等待着，太阳下山了。

夜晚的巷子更安静，它的幽香缥缥缈缈地游走。它做着一个甜蜜的梦睡着了。

清新的晨阳铺洒天地，它醒来了——

这是哪儿？哦，是的，我还在那位小姐的门边呢。她快出门了吧？

它微笑着等待着那一刻。

太阳渐渐炙热，它的心也越来越焦急。

哦，这是我最美丽的时刻，我脸上晶莹的露珠还没有干，请你快点儿出来吧！请不要错过了这样的完美！

门依旧悄无声息地紧紧关闭着。

日至中天，它很干渴。

这里没有甘甜的水，只有酷热的太阳和那一扇冷酷的门。

她依旧没有出来，她也就没有看到我。

真不幸运，然而并不是一切都是完美的。我可以做出一点点儿让步的。只要你出来拿起我，我便可以原谅你。

日落了，它还是等待着——

坚持住！我仍然要保持我的红，她总会看到这样的红的，如同那一刻同样红的心啊。

一天又过去了，它有点儿坚持不住了。它已经枯萎了一点点儿啦。

屋子里的女子呢？或许去旅游了？或许出差了？

心中不由责怪起那个笨死了的男生，难道他不知道他那心爱的姑娘并不在这里面吗？

突然又有些忧伤，哦，可怜的人。

它逐渐枯萎，一天又一天地——

我快死了。或许这是一个凄美的爱情悲剧，等女子归来，只能看到我不美丽的模样，然而，因为这样的凄凉，一切才刻骨铭心啊。

然而，女子不会永远不会来了吧？

不要啊，即使是干枯的花瓣，也请让她看一看吧。

拜托！

玫瑰闭上了眼睛。

它最终被葬在这一条窄缝里，逐渐被灰尘掩埋。

（十八）“走，上学去！”

周一到周五的清晨，阳光刚灿烂起来，城市才刚刚醒来。大街小巷，不少人家的门口，走出两个身影，他们打开家门，大的回头向小的招呼一句：

“走，上学去！”

清晨的阳光将这一大一小的身影拉得长长的，略显沉重的书包挂在大人的手臂上，鲜艳的红领巾在小孩的脖子上跳跃，二人的身影张贴在走过无数遍的青石板路上一寸一寸移动，路旁的青苔仍在闪着露珠的光芒。

大人沉稳地走着，或紧紧牵着小的手，或时时提醒小的一两句，既要提防着过往车辆，又要小心别被路面磕着碰着；

小的却走得随意而心不在焉，或又半惺忪着睡眼，扯着大人袖子不情不愿地走着的；或是肚子还饿着，想着小卖部里的点心而咽下口水的。

文静的小女孩，想着今天的辫子和发卡有点儿不满意，都怪时间紧张，走得匆匆忙忙，妈妈或奶奶总有些马虎，所以小女孩嘟着嘴巴；

飞过的一只鸟儿,路旁的小花、小草或小动物,巷口的叫卖声……都能把她吸引得时而抬头,时而低头,时而停住脚步观望;

小心思里可能正默默盘算着刚刚飞驰而过的电瓶车上那个好像是自己的同学?不知道今天漂亮的英语老师会穿哪条裙子?同桌有没有带贴纸来?上次她说要送我一张的……

更有调皮的小男孩,走得像与谁专门作对似的,一会儿踮着脚左摇右摆走在路旁石基上,一会儿从这块石头跳到那块石头,一会儿向前猛冲一阵,一会儿蹲下来拣一片树叶……

被催促呵斥了,他就一会儿要水喝,一会儿又半撒娇半嘴馋地央求——

"给我买烧饼吃嘛!我要吃芝麻味的!"

路程稍远的家庭,家长得动用交通工具——或自行车,或电动车,送小孩上学。

自行车后架上绑着一张小椅子,或还张着一个遮挡阳光、风雨的小帐篷。那小孩儿便规规矩矩地坐着,有些无聊甚至昏昏欲睡,前面骑车的大人小心地骑着车又不能与小孩儿聊天、讲故事,小孩儿只好自己默默地咬两口零食,玩玩自己的手指。

如果瞄到前面走着的正是自己的同学,小孩儿便像发现新大陆似的整个人精神起来,大喊——

"宋浩阳!"

把那走着的宋浩阳吓了一大跳!

又有家长开着电动车的,孩子便叫嚷着要站在车头。

"风大!"

"我不怕!"

于是家长只好给孩子戴一顶小帽子或戴一只口罩,让其站在车头,两手抓住电动车的后视镜,"威风"一回!

但是冬天就不可以这样了。孩子只好乖乖坐到电动车后头,本来底座就矮,小孩也矮,让人越发觉得小孩的小了。家长严肃地吩咐——

"脚不能乱动!"

"手抓稳了!"

于是出发,一路上耳边风声呼啸,景物后退,不一会儿便到了学校,这时小孩的头发也向后翘着,小脸蛋儿也被吹得有些麻木。

终于到了学校门口,家长把书包给小孩儿背上,忍不住又吩咐——

"好啦,进去吧!"

"好好学习啊!"

"注意……"

"不要……"

"记住……"

小孩却早已奔着熟悉的同学去了,蹦蹦跳跳地进了教室。

这一条上学之路,一天一天地走着,他们从开学走到了期中考试,然后又一天一天地走到了期末总复习,从一年级走到二年级、三年级、四年级……

这一条上学之路,一天一天走着,小孩儿从天真儿童慢慢走着走着变成了蓬勃少年;大人慢慢也就增添了不少岁月的沧桑……

只有那声声的唠叨不变。

这一条上学之路,仍然一天一天走着。

(十九)巷子的背景

走进巷子,如果是个晴天,你肯定会被那满满当当晾挂着的衣物吸引住目光。

江南人家临河而居,剔除"小桥流水人家"的诗意外,不得不懊恼那氤氲水汽、森森潮意;而江南偏又常年多雨,尤其是初夏基本都会遇上烟雨黄梅天,有时阴雨连绵竟至数十天。一早起来,推门一看,若遇大晴,喜出望外,赶紧刷刷洗洗、搬搬弄弄,必定能晾就晾、能晒就晒,恨不得把屋顶掀开,把整个家里里外外挂在太阳下彻彻底底、干干爽爽地晒一晒才好。

而房子不高,巷子不宽,晾晒衣服得亮出"奇招"。有的人家二楼凌空平伸出一个铁架,有的人家门前高高地竖着晾衣柱,乃至屋檐下、窗台前、墙壁上、树上,甚至废旧电线上,还有的横七竖八地拉着铁线、搭着竹竿……

巷子里充斥着凌乱的线条美。

于是男人的衬衣汗衫跑鞋、女人的长裙洋装高跟鞋、老人的棉衣棉裤棉鞋、小孩的口水兜帽子袜子，牛仔裤、T恤、夹克、手套，还有厚厚薄薄且大大小小的棉被、被罩、被单，家庭用的拖把、雨衣、围裙、抹布，甚至一只泰迪熊布玩具……嗬！好家伙，密密麻麻、拥拥挤挤地挂了满满一巷子，绝不浪费一处阳光！

人走过，得低头弯腰、左闪右避，不小心便会被背角拍了一下脸，或者被衣角打了一下背。风一来，赤橙黄绿青蓝紫一起飘动，长被单最是兴奋，摆动身子，带着一串衣服拂动，地上光影跟着晃动……

百姓离不开衣食住行。衣服，蔽体取暖，人人天天所需。每天出门，去经历光怪陆离的世界，走各种各样的路；去见各种各样的人，做各种各样的事。如果穿上一身舒服、干爽、清洁的衣服，那是生活最基本的底气了。

看着沐浴在金色阳光下的这琳琅满目、五光十色的衣物，这实实在在的人间的小繁华，便可感受到最真实的生活气息。

若家里添了宝宝，门口便打阵仗似的晾满尿布、小衣服、小被子，从中便可看出这家人的希望与欣喜；

若家中有个小姑娘，那可爱的公主蓬蓬裙、画着Hellokitty的T恤衫、粉红色的袜子显示着它们的受宠；

若家里有个男孩，晾挂着的球衣球鞋，黑色或蓝色的背包，都散发着青春的气息；

若家中有位勤俭的老人，墙头上还搁着刚洗过的昨日买菜用的塑料袋，还有那瓶瓶罐罐的豆子、粉丝、梅菜，挂着的腊鱼、腊肉……

巷子里的故事，以那横七竖八晾挂着的衣物为幕布而展开……

（二十）门前种菜

门口或者砌一行矮矮的砖石，围成一个长方形，填入从河边挖来的黑泥；或者更图省事，直接搬来一个泡沫盒子——轻便又不易被雨水泡坏——同样装上泥……这样一来，每家每户的迷你花圃或菜圃便成了。

这块小地儿大多用来种菜和种花，种的皆是坚强的植物，而不是需要精心护理的娇弱品种，菜如番茄、油菜、辣椒、秋葵、葱蒜，花是菊花、桂花、吊兰、杜鹃花，都是极为普通的，如同巷子里平凡的老百姓，能长长久久、生机勃勃地生长。

于是，门前那一小块地方，一年四季便都绿油油的了，每个季节换了当季的蔬菜，间或开着鲜艳美丽的花，吐露着芬芳，就更好了。

家人进出，不管在外面受了委屈还是奔波操劳，回家撞见这样旺盛的生命之色，身心不知不觉为之一振，从外面带回的愤怒浮躁和一身疲劳，以及心中诸多烦忧惊惧，便慢慢消融，世外风尘也能拂去一些。呼出一口气，回到家了。一切都好。

巷子里家家户户门前的这一块盈尺之地，方便、实用、美观，不但是为了美，也是为了生活。不只是生活，又是生活的艺术。

试想，一日三餐，锅碗瓢盆之间，洗米的水、敲碎的鸡蛋壳，不要白白倒掉、扔掉，用来浇花肥菜；

煮一碗面，菜圃里摘了几个番茄洗净，待面汤沸腾了，吩咐小孙子去门口折几根葱，回来切成葱花，往面条上一洒，碗里便有红有绿，端上桌来；

吃了晚饭，夕阳西下，东邻右舍的三五婆媳便坐在这绿色和花香中拉家常，猫儿和狗儿趴在绿荫中发呆、假寐……

人来自大自然，与植物本同源，彼此呼吸与共，息息相关，多种养一些植物在家里家外，犹如找回了久远的朋友，内心的空总能填补一些。

因为蓬勃的生命就在身边，相依相长，感染生意。

2016 年写于苏州

故乡

始终深情地凝望着我

多雨的岭南

这几天，苏州一直下着雨，滴滴答答，时紧时慢，整座古城浸润在雨中，水雾朦胧。这场雨已经下了好几天了，却还没有停的意思，苏州果然是座水城。

我撑着伞走在往常的路上，经过校内的那个秀美的湖，湖里的水已经满溢出来了，淹了那座罕有人迹的小木桥，水面的红莲在雨中依旧浮着，却不知漂向何方。总有白鹭在其中梳妆的小河也喝饱了水，水面差不多与河岸平齐，河面上一朵朵小雨花雀跃地绽放，让人想起“潮平两岸阔”的诗句。河岸边的垂柳像是姑娘淋湿了的头发，结成一绺一绺，淌着水珠，却也不再是临水照镜子，而是吻着水面了，或是掬水浣衣了。柳树下的夹竹桃有粉白的和艳红的，在雨中瑟瑟发抖，映照着浅碧色的湖面，呈现着一种清冷的美。

学校炳麟图书馆六楼古籍部上面那个美丽的玻璃圆形穹顶，晴天会斜斜漏进橘黄色阳光，如今竟然滴滴答答地漏雨了，地板上摆放着接雨水的红色的、深蓝色的塑料桶和脸盆。图书馆一改往日肃穆庄严的气质，因充满人情味而变得亲切了。负责清洁工作的阿姨们埋头拖着地，同学们甩着一把把滴水的雨伞进来，留下一行行湿淋淋的脚印……

于是，顺着雨中江南一行行湿漉漉的脚印望去，我不禁望见了我那悠悠的故乡，那田间泥泞小路上一行行深深浅浅的脚印，那个多雨的岭南，那个珠水流长的岭南，那个水汽氤氲的岭南。

岭南多雨，雨季长。

春节过后不久，还不到三月，雨已经淅淅沥沥地下起来了，从立春开始，下过雨水、惊蛰、春分，一直下到清明、谷雨。于是乎，在细如牛毛的春雨中，天地忽然一片新绿，农人们要春耕了，孩子们要上学了。春天的雨温柔，毛毛细雨似晓岚薄雾，房舍如影掩纱，灰迷迷一片；又细细碎碎的，像是奶奶挑谷种那样，吹一吹，扬一扬，一粒一粒拿捏着。

岭南入梅时间早，大约四月就开始不断地下雨了。杨梅我吃得不多，可是年年都要经历那一段阴雨连绵的日子。前后总计差不多一个月的时间吧，天地只管着阴沉沉地洒着水。梅雨像是一位幽怨的妇人，偷偷哽咽抽泣地哭了一天又一天，直哭到墙壁也能冒出水来，墙皮一块块软了，卷起来，剥落；常常一觉睡醒，往被面一摸，潮潮的，布满小水珠；阳台上挂满了怎么都晾不干的衣服。

梅雨下完，岭南就算正是进入夏天了。仲夏时雨下如川，夏天的雨像是活力充沛的孩子，蹦蹦跳跳地一场接着一场下。原本应该亮晴的天，一刮风，不知哪里飘来一朵乌云，雨说下就下了，狂风暴雨呼啸而来，席卷残藉而去。待到雨过天晴时，天地如洗，山明水秀，世间万物都泛着闪闪的光，熠熠生辉。池塘水满，一两只欢快的鸭子像是过节，钻出水面甩一下满脑袋的水花；空气中仍有新鲜微凉的水汽扑面而来，残剩的雨水在屋檐口滴滴答答……

尤其是在农忙晒谷的时候，时时刻刻都得提防着下雨。农人们得全家人处于备战状态，还挂着毒辣辣太阳的天空，可以在十分钟内下起雨来——“下雨啦，收谷啦——”大家抄起家伙，抢收那摊了一地的谷子，扒的扒、扫的扫、装箩的装箩、担的担、扛的扛……在闷吼着的雷声中干得满头大汗；黄豆大的雨毫不留情地下起来了，像枪弹一样一遍遍横扫，总有一两家的谷子被浇湿的；可就是在人们还没喘过气来，还在咒骂着老天爷的时候，太阳又得意扬扬地出来了。

岭南的夏天，老天爷总喜欢玩这样的恶作剧。农人们祖祖辈辈还是得看天吃饭。

岭南的雨季要到十月才算结束，可是，即使已经是深秋了，老天爷也时不时不服气地再下几场雨，让人们不敢忘了雨的存在，为萧索落寞的秋增添一份伤感的味道。进入冬天，即使是过年前后，岭南人往往也能尝到“冷雨”的滋味。

长长的雨季真的是有点儿烦人，唉，多雨的岭南啊。

我就是在这样多雨的岭南长大的。

在那已经逝去久远的时光里，我撑着爷爷买的大伞，从背后看只露出两条短短的、光着脚丫的小腿，旁边奔跑着的大黄狗“阿黄”，被淋得像是水里捞起来的一样，却仍然围着我绕前绕后跑得欢。

我要去我家菜地找我的奶奶。

我深一脚浅一脚地踩在泥泞的小路上，喜欢看着黑的纯净的软软的泥巴从我的脚趾缝中挤出来，像是挤牙膏似的。

我身后的背景是安静的小村，倾斜的屋顶，一撇一捺，还弯起滴着雨珠的檐角；暗红色的瓦片像鱼鳞似的，一片枕着一片，井然有序；砖砌的墙，抹上灰泥，呈现出暗淡又朴素的颜色，墙角上已经有蔓延上来的水痕，爬着暗黑色的苔藓。

村边一方方水汪汪的稻田，破水而出的禾苗一棵棵还瘦瘦小小的，远方墨色的大山、灰白色的电线杆、偶然停在电线上的小燕子……全都映照在水里，像是水面上也有一个世界似的。

稻田里零零星星地有几抹农人的身影，像是晕开的墨，融进了这朦朦胧胧的水的天地中。农人们戴着大草帽，身披一件塑料布，在两肩中间紧紧地系个结，扛着锄头，在长长的田埂上走来……或弯着腰补禾苗，脚上穿着一双长及膝盖的大水鞋，黑色的，很厚。爷爷也给我买过一双红色的小雨鞋，可是每次当我踩进泥团里的时候，总是拔不出了，或者拔出了脚，鞋却依旧留在泥里。于是我也不大穿了，一直喜欢光着脚踏水。

踏着水一边玩着，一边来到了我家鱼塘边上的菜地，奶奶戴着竹篾编的帽子，披着一张带红点的白色塑料布，一锄一锄地翻着地，或者弯腰摘今晚的菜。我扔了大雨伞，大跨步跑起来——岭南的孩子，或者说岭南农村的孩子，像我，从小长得壮实，即使常常淋雨（读小学、初中时几乎是从没拿过伞，日头晒，凉雨淋），却也极少受凉生病，茁壮地生长着——在雨中踩着松软的泥土跑，一步一个深深的小脚印。奶奶见了就喊了：

“踩到我的瓜苗，看我不打你！”

我捡回伞走到了菜地边上的鱼塘，蹲在塘基上，躲进大伞底下，老老实实地看鱼。很多鱼都游到了水面，在一轮轮的涟漪中伸出头来大口大口地呼吸，好像在说：“憋死我啦，终于可以呼口气啦。”鱼塘里还有几只刚长全毛的黄色的小鸭子跟着鸭妈妈高高兴兴地在水面上游着,红色的脚掌,红色的扁嘴巴,"呷呷呷"地叫着,忽然一头栽进水里,倒立着,露出屁股和两只小短腿,再探出头来,甩甩头上的水珠,一副忍不住得意的样子,似乎是为自己刚才的精彩表演而骄傲。

看了一会儿,奶奶喊:"还不走？小心掉进塘里被鱼吃了!"

于是跟着奶奶回家,擦去身上的水,换上干净的衣服,喝炉子上煮了一上午的热汤——常常是菜干猪骨汤。

下雨时,大家都闲着,尤其是老人和孩子,于是大家走到某一户人家的屋子里,聚在一起打发时间。我们称之为"过家"。

门外是雨幕密密的天空,青草池塘处处蛙,屋檐下持挂着滴着水的衣服,有时屋里生一炉火,上面煲着汤,火里煨着番薯,老人们围着炉火坐,剥着南瓜子,或者吃着番薯干、地豆,可以从距今已经久远的事情,东家西家慢慢地讲起。说着说着,有的满头白发的脑袋慢慢耷拉下来,打起瞌睡来。

小孩们也在一起打闹。

平时爱在外面掏鸟窝、跳飞机,可是到了下雨天,出不去。

不过,即使这样,小家伙们也有法子玩,一起找来了些旧书,把纸撕下,折纸船,有时船上还写字,什么"一帆风顺"之类的,然后就在屋边的沟渠上放漂。我们那边村子里屋前屋后都有排水的沟渠,连接家家户户,从自己家门口放的船可以漂到下一户人家的门口。小孩们就喜欢这样玩,纸船上写了些给谁的悄悄话,漂下去,喊他去看。

除此之外,捉迷藏更是大受欢迎的游戏。

一人当"鬼"(猜拳输了的)负责去捉人,其他人躲好。大家各出奇术,藏在自以为最难找的地方,可是总能被"鬼"找出来。只有一次例外,有一个小孩藏到了放在阁楼上的寿木(为他奶奶准备好多年的棺材)里面,那里谁都不敢去找的,于是他等来等去没人来找,自己竟然躺在里面睡着了。我们遍寻不到,于是投降了,大声喊叫他,让他出来,算他赢了。可一直没人响应。我们慌了,也惊动了大人们,大家帮忙一起找,怕他掉进河里或池塘里淹了。

隔了好久,他才迷迷糊糊地从寿木里爬起来,大家松了一口气,家人用拖鞋底把他打得大哭。

夏日里，雨后傍晚的乘凉，也是一件很美妙的事情。大雨洗去了一整天的焦躁郁热，说不定太阳还会露出点儿夕阳的余光来，在天边铺出一大片浅红深紫的晚霞，随意挂一条淡淡的彩虹。吃过晚饭的村人们拿着一把自己做成的用布条镶边的葵扇，悠悠闲闲地来到大地堂上乘凉，看着太阳落山，看着星星升起，草丛里的虫子叫起来，水田里的青蛙叫起来。拍着大葵扇，赶着蚊子，彼此间有一搭没一搭地说着些闲话。孩子们在周围追着萤火虫跑，小伙子们拿了手电筒去“照”田鸡，回来煮一锅香喷喷的田鸡粥，乘凉的人们就等着这一顿夜宵呢……

下雨的夜里人们总是睡得特别香。人们真是枕着雨声入睡的。虽然我们村子里芭蕉种得很多，滴答滴答的“雨打芭蕉”听起来是很美妙，但是我家窗下并无芭蕉，反而有一片竹林，潇潇洒洒淅淅沥沥的“雨打竹叶”声总是能够让我入梦。尤其是雨打瓦片，像是一颗颗圆珠子叮叮咚咚，就在头顶上清晰可闻，那声音一遍又一遍地回响在我许许多多个睡梦中。

晚上天空即使打雷，一道道闪电照亮了我那铺着竹席子的小床，我也是不怕的，因为白天的燥热一扫而空，微凉的夜里盖着小被，自己的这一方小天地那么干爽和安全，安安稳稳的，心中充满幸福感，闭眼微笑着听，静静地睡着……

如今，这样的回忆似乎也沾染了水汽，湿漉漉地藏在记忆里，氤氲模糊了一片。而今，雨依旧，可那时的事那时的人，再也不会有了吧？

窗外的雨声依旧。哦，是了，端午节就在眼前了，不知道我那岭南的五月龙舟水，下得可欢？

2016年写于苏州

鱼　塘

又到年末，忽然想起，家乡的村子里又该到网鱼的时候了吧。

（一）

岭南多雨，故多鱼塘。

一方一方露着晶莹水面的水塘，排布在每个村头村尾，像是一只只明亮的眼睛，深情地注视着苍穹，眼眸深处埋藏着每一朵云飘过的痕迹，每一根草摇动的挑逗，每一个涟漪的悸动……

还有，那一个个蹦跳着的小小少年的身影。

鱼塘，在我的童年记忆里也占了一席之地。

我们村边上就有一个鱼塘，就在大地塘——农忙时晒谷、晒地豆、晒番薯，农闲时玩耍、乘凉、聊天之地——的边上，还挨着一大片水田和那条永远流淌的清澈的小河。

鱼塘边种着青绿高高的象草，是给鱼塘里的鱼吃的。象草长长的，弯成一个弧形，像孙悟空当齐天大圣时头上那威风的两根翎毛；它边缘很锋利，钻进去玩儿时或者扯来玩儿时，手上、脸上或身上一不小心就会被割出一道口子，但庄户人家的小孩儿谁不是每天会添三五个伤疤的？这根本不算一回事。所以每次经过时，手总会忍不住伸过去扯一两条象草来玩，有时就是随手撕着玩，有时做成一个圈戴在头上，有时插一根在书包里，那象草露出一大截，随着书包的小主人奔跑而颤啊颤……

我们那帮孩儿最常玩的是“射飞箭”。因为象草中间是硬硬的，将其两边撕开一点点儿，用左右手的拇指和食指（右手在上，左右在下）夹住两边，把中间对着外面，然后一只手朝前、一只手往后，快速拉开，象草中间硬硬的那块就会像箭一样飞出去，直击“敌人”！虽然攻击力不大，射在身上一点儿也不痛，但是小孩子们都觉得发射动作太帅，很像真的弯弓搭箭，有的还可以连环发射，于是，小家伙们常常在上学放学路上不停地摘象草来互相攻击，或者比比谁射得更远，你追我赶，小家伙们玩得很开心。

不过，这时候如果遇到鱼塘的主人，总会被骂几句的。

（二）

关于鱼塘，还有不大不小的几件事情。

有一次，一群小孩儿去鱼塘边玩，无非就是捉捉蟋蟀、用泥块扔向水面之类的，玩结束回来，却发现玩伴少了一个，少了的那个小孩的奶奶急了，扯着嗓子喊遍了整个村子，村里的人都陪着找，仍没找着那孩子。有人说：“会不会掉进鱼塘里了？”于是，那个小孩儿的奶奶扛着个晒谷时用的“耥板”，一边“呜呜”地流着泪，一边说“无阴功咯”，走到鱼塘边一下一下地打捞，旁人拉都拉不住，捞了有一个多小时，直到有青年人强制地把她扛回家里。这时候大伙儿才发现，在床上睡得正熟的那个小孩不正是她的孙子吗！原来小孩儿玩着玩着困了，自己跑回来睡大觉了！那奶奶立刻一巴掌狠狠地打向孙子的屁股，把孙子打醒了，那小子又痛又委屈地大哭起来。

这件事情发生之后，大人们更加千叮万嘱我们不能去鱼塘边玩。

（三）

到了每年腊月，岭南还并不很冷，而鱼长得正肥。

又到一年一度收鱼（我们当地人叫“拉鱼”）的时候了。

我从小喜欢吃鱼，奶奶曾说我是属猫的，所以到了网鱼的时候我总会特别兴奋，又可以吃到新鲜的鱼了，好几天前做梦都会流口水呢。

终于到了拉鱼那天了，塘水已经放去了大半，只剩下塘中心一洼浅水，我们小孩子早早地就跑去塘基上巡视，看看要开始了没。

这样来来回回跑了好几趟后，终于看到几个叔叔穿着橡胶衣服，扛着渔网出来了，咱们便满村子大喊：“拉鱼咯——开始咯——”

那时候正是农闲，大人们也没啥事，便都来看拉鱼。于是，鱼塘基便陆陆续续聚满了人，大伙儿或站，或随便拿个什么垫在屁股下面坐下，有的还揣了一兜刚收获的花生、红薯干来吃，把鱼塘整个儿围了一圈，像是看大戏一样。

我们小孩子在人群里钻来钻去，“人多疯”，更是如鱼得水。

只见鱼塘里首先有三五个男人下水，有人负责赶鱼，把鱼先往鱼塘另一边赶去。然后大伙儿张大一个巨大的渔网，扯着两头慢慢地拉过去。开始时大伙儿很轻松，只是朝前走，没有多少鱼。后来，鱼越来越多了，哗啦啦的水声越来越响，可以看到一条条鱼都顺着一个方向逃窜，挤在鱼塘一边。不一会儿，渔网上便挤满了大大小小的鱼了，这时渔网变得很沉重，岸边上不得不又下去好多人帮忙拉网。

这时，渔网里网住了一条条活蹦乱跳的银白色的大肥鱼！它们拼命地撞着网，做着垂死的挣扎，呼啦呼啦，噼里啪啦，像是一锅沸腾着的热粥。有一两条不太大的鱼从网眼里挣脱逃走，一扎子潜进已经浑浊的塘水底下压压惊；有些运动细胞更发达的鱼奋力一跳，跃过渔网，回到自由的水中，让人想起“鲤鱼跃龙门”。

“你看这条!”“看那条!”岸上的人们应接不暇，眼睛都不眨地看着这成千上万条银晃晃的鱼，议论纷纷，不停地赞叹着。我们小孩子更是觉得壮观极了，各自挑选着自己认为最大的鱼，互相比赛谁看到的更大！时不时会发现一两条超大的或几十斤重的鱼王，便会一起发出“哇”的一声惊呼!

一网拉到底，塘边有人拿着一个个大大的蓝色的塑料桶等着，把鱼一条条装进去。

这时岸边心急的人会指着看中的鱼，说:“这条给我。”那装鱼的便会抓着那鱼，高高一抛，那一条银白色的鱼划过一个完美的弧形，带着的水珠在阳光下闪着光。“啪”，鱼落在脚边，那人捡了起来，拿到鱼塘女主人那里称了重，然后买主用稻草穿过鱼鳃，打个结，便提回家，那鱼还在甩着尾巴。

拉一网还不够，再来拉一次，那漏网的鱼又在亡命逃窜了。第二网的鱼就少多了，而且也没什么大块头的鱼了。

这时，收鱼的车也早来了，装了一桶又一桶的鲜鱼便被人们抬到车上，运到市场上去卖。

（四）

收鱼人装了鱼，拉鱼人将第三网也拉完，我们就该跑回家拿“家伙”了！因

为,接下来才是重头戏,是众人期待已久的充满快乐的一幕,那就是:

打——横——塘!

这可是大快人心的好事情!因为这时候每个人都可以下塘去摸鱼,摸到什么都可以带回家。

“耶!”也不知道哪个人先下水的,男女老少全都哗啦啦地冲下鱼塘去了,岸边杂乱地放着一地五颜六色的刚脱下的鞋袜、外套,还有桶啊、盆啊,甚至是塑料袋。

塘里的水还是很冰凉的,黑泥滑溜溜的,大家挽起裤脚、袖子,一脚踩下去,弯着腰把手伸进水和泥里,还是会冷得直哆嗦!但大伙儿热火朝天地摸着鱼,像开展比赛一样,都想快点儿摸到鱼。

我在摸鱼上成绩太差,脚上就算游过一条鱼,但怎么也捉不住,只能朝身边的男孩大喊:“那边有一条鱼!”倒是鱼塘的各个角落里,时不时有人发出惊叫,又摸到了鱼!我弯着腰拼命摸,心中又羡慕又妒忌。我只能默默地摸那些不会逃走的石螺啊、蚬仔啊、蚌啊;或者用一种疏眼的篮子去捞些小鱼小虾,好给我家的狗阿黄、猫咪咪加餐!

无论大人还是小孩,感到有鱼游过,就“奋不顾身”地扑去,常常滑一大跤,摔成个“泥人”,周围的人就哈哈大笑,顾不上擦一下被溅到的满身满脸的泥浆,所以过不多时,大伙儿额头上便会冒出汗来,身上也没有多少干净的地方了!

我们兴致更高,摸鱼的动作再也不顾忌了,简直是肆无忌惮。有的小孩儿脱剩下个裤衩,坐在水里摸;有的两个小孩儿同时摸到了一条鱼,都用力握着,拉拉扯扯,谁也不肯让谁,直到谁的手抓不稳,一滑,摔一个“屁股蹲”,这才结束争夺战;有的小孩儿互相泼水玩、扔泥巴玩,要是不小心扔到大人,那爱玩的大人就会抱起小孩儿在泥巴里滚啊滚,直到将小孩儿全身裹满泥才算完!

“哈哈哈哈……”

整个鱼塘里泥浆飞溅,欢声笑语不断!简直成了年度摸鱼大狂欢!

也有悲剧发生,那就是每年总有一两个人不小心踩到锋利的蚌壳或者石头,脚上皮肉开了口子,流了血。

打横塘一直从早上持续到中午,最后估计鱼塘里只剩下泥巴了,几乎什么可吃的都被摸走了吧!大伙儿这才依依不舍地上岸来,头发上还滴着水,浑身滴着泥点点。风一吹,大伙儿都冷得瑟瑟发抖,提着鞋袜和“战利品”,一步一个泥脚印地回家去,边走边讨论、比较着谁的收获更大,村子的小路、小巷都印满了大大小小的泥脚印。

奶奶在家烧好了热水,我美美地洗个澡,换上干净衣服,这时,一大锅奶白色的鱼头汤和一盘洒上香葱、酱油的清蒸鱼就在等着肚子饿得咕咕叫的我了!

这天中午,满村子炊烟袅袅,到处都飘着鱼肉的香味。

年末网鱼、打横塘实在是咱们村子里的一大盛事啊!

可惜,如今再也见不着这样的情景了。

2015 年写于苏州

萤火虫

“小小萤火虫，飞到西，飞到东。这边亮，那边亮，好像许多小灯笼……”

小时候，夏天的夜晚很美。干干净净的夜空镶嵌着无数发亮的星星，月亮弯弯地微笑着，如水的月光在天地间流淌，我们那个宁静而黑沉沉的村子轻轻悠悠地漂浮在月色和星光中。

晚饭后，大人们散落在大地堂乘凉，或抽着水烟，或扇着葵扇；小孩们也在旁边嘻嘻哈哈地追逐玩耍。村边的稻田、屋边的草丛里此起彼伏地传来夏虫儿的鸣叫、青蛙儿的聒噪……

不知道什么时候，也不知道是从哪里，天空中飞起了萤火虫，先是一只，然后是两只、三只……不多时，便飞来了好多好多的萤火虫，在屋顶上、巷子中、草木间甚至在人们身边慢条斯理地飞舞着，给安静又热闹的夜晚增加了星星点点梦幻般的光芒。

“哇，萤火虫！”

我们小孩子先发现了，兴奋地尖叫，惊喜地要去捉。一把抢过奶奶的大葵扇，随手捡起路边的薄塑料袋，蹦啊、跳啊、笑啊，追着萤火虫屁股后面跑。

萤火虫却很淡定从容，依然毫不知情地飞舞着，好像一点儿没有发现这七八个“追击战士”，有时还不紧不慢地停在一片草叶上歇歇脚。

“嘘，别出声！”

那个领头的小伙伴停下脚步，把手指放在嘴边，示意左右的同伴保持安静，只见他踮起光着的脚丫，小心翼翼地走过去，边走边慢慢地抬起双手，合拢手指，微微弯曲，等到走过去了，猛地往草叶上一捂！

“嘿，还不捉到你！”

那荧荧的绿光便在他的手指间一闪一闪地亮着，他很小心地张开一条小缝，小伙伴们围了上来，凑过头去看。只见那是一只灰褐色的小虫子，长着两条细细的触角,一只圆圆的小脑袋有两只半圆的眼睛,油亮的硬翅膀下露出三对小脚,它还是不慌张地在小伙伴的手掌心爬着,肚子末端正发着幽幽的光,似乎没有刚刚在空中那么明亮了。有好奇的小伙伴伸手轻轻地摸了摸它那发着黄绿色光的地方,说:“咦,暖暖的。”

这小小的“俘虏”性情温和,并不急着逃跑,它什么时候都从容不迫,大方地让我们观赏。可就算它这样,大伙儿也饶不了它,把它关在透明的“监狱”——塑料袋或者玻璃小瓶子里面,揣在裤兜里,继续跑去捉下一只。

萤火虫又多又笨,不一会儿,“监狱”里便关着十个八个“俘虏”了。我们意犹未尽,奶奶们却不乐意了——

“捉那小东西干什么?! 跑跑跑,跑出一身臭汗!”

于是,小家伙们被拖着回家洗澡。

睡觉前,我们着迷地看着塑料袋里那像“小精灵”一样发着光的萤火虫,担心袋子系得太紧它们会喘不过气来,于是稍稍松开了袋口。结果,睡到半夜的时候,萤火虫会飞出来,在我的房间里飞舞着,后来落在白色的蚊帐上,依旧一闪一闪地发着光。

我困极了,即使看到了发着光的它们,我也不愿意起来再次囚禁它们,只是在梦里,还轻轻地哼着萤火虫的歌——

“小小萤火虫,
飞到西,
飞到东。
这边亮,
那边亮,
好像许多小灯笼……”

2016 年写于苏州

风　筝

突然地，苏州的春天毫无征兆地来了，柳条一下子冒了嫩芽，老树一下子绽放出了花蕾。又一天，天空中突然就飞起了一只只风筝。

我对于风筝的所有记忆并不多。

念小学时，我们学了鲁迅先生的散文《风筝》，看到的是鲁迅小时候关于风筝的回忆以及对弟弟的愧疚，还记得文章开头说的“蟹风筝”“蜈蚣风筝”“瓦片风筝”的名堂，很有趣。只是我小时候看到的风筝却都很朴素。

小时候，咱们村中的孩子都是会自己制作风筝的，除了我。

那时的村野儿童大概还保持着中国千古而来所有村童的灵巧好动，那时的我们摘一片竹叶就能吹出一串优美的音乐，掰一椏树枝就能做成弹弓，捡几根鸡毛就能做成毽子，用一团包装线就能翻出各种图案，小小一张的公仔纸可以一天天拍个没完，一根嫩竹枝，一个蕉荚，几颗榄核，甚至一堆小石子、沙泥，全是我们心爱的玩具。一年四季，我们从大自然那儿总能获得数不尽的乐趣。

春天来了，大人们开始忙着耕种的事情，小孩子们就赶趁着一阵阵春风做风筝、放风筝。

还记得风筝的制作方法——虽然我从来没有做好一个能够飞上天的风筝——做风筝的主要材料是旧报纸或者旧挂历纸，也有人用塑料纸的，但是结果证明旧报纸做的风筝平衡性好、飞得高！把报纸沿对角线对折，裁成正方形，一般一张报纸就够了，但是如果担心一张报纸太薄会被刮开一个大洞的话，还是用两张报纸吧。然后还要找来竹枝做支架，我们岭南多竹，竹子柔韧性好，是搭建风筝支架的好材料，所以能否削出两根既圆又细、既有韧性又均匀的竹枝条就是做风筝成败的关键了，削好的竹枝呈“十”字横在风筝中央，四头与报纸的四角分别对齐，然后就是用透明胶带将四角固定好。

对了，还有风筝的尾巴和翅膀——用旧报纸裁的长条做成，粘在风筝上。一般两条尾巴长而宽；左右各一“侧翼”则短而细。

这样子，就完成了风筝的主体了。当然，做风筝还有很多不同的花样，有的会张贴些闪闪发光的装饰物，有的还插上个草片什么的，那样的风筝飞起来会有“呜呜”声。

接下来是最重要的，也是最让大伙儿头痛的事儿，找线！

去哪儿找线呢？还不能是普通的绳子，太重太粗太脆弱都不行，有人试过包装绳，还有的小伙伴儿偷来了妈妈织毛衣的毛线，可是这些都不太理想，最后我们终于发现了一种非常适合的线！那时我们每家每户都会买化肥给水稻施肥、买饲料喂鸡喂猪，那些化肥袋和饲料袋上面都用一种细白棉线封口，那种棉线既细又轻，还很韧，轻易不会断掉！做风筝的拉绳正合适！可是一袋饲料或化肥的棉线并不是特别的长，要想把风筝放得高远，需要很多很多棉线呢！

于是，我们除了上学，每天就在家中每一个角落、村头村尾、路旁墙角，到处寻找，时时察看家中什么时候需要开启新的化肥或饲料了……有的小家伙啊，还试过偷偷扯开家中储存的、暂时还用不着的化肥袋或饲料袋口子上的棉线，还将里面的化肥或饲料撒了一地。大人知道了，当然又是一顿打骂！幸好那时是开春时节，化肥的用量还是挺大的，时常需要开启化肥袋，我们总喜欢抢着去开启，找到棉线的打结处，解开结后扯着棉线的一头用力一扯，“得得得得……”整条绳子就一溜地跳出来，可好玩呢！

放风筝的绳子总算凑齐了，把棉线的一头牢牢地绑在风筝十字支架的中间交叉处，剩下的棉线缠在一根棍子上。如果想要风筝飞得更高，绳子就得更长了。

这样，一个风筝总算完成了，万事俱备，只欠东风和放学了！

春暖花开，草长莺飞。在开春每个阳光明媚、春风和畅的傍晚，放学的孩子们小跑着从学校回家，跑得大汗淋漓，红领巾已甩到脖子后面了，书包里的铅笔盒“哐哐”地响着。回到家里，将书包一扔，拿起门后面的风筝就跑了出去！

来到就快开始春耕的田野上，小伙伴们迫不及待合作起来。一人一手拿着绕线的棍子，一手扶着线，另一人高高地托着风筝，一起跑起来。风筝腾空而起，那执线的小伙伴边跑边放线，时不时还得扯一下，这是极其考验执线人技巧的。在那一拽一拽之下，风筝就青云直上。我们在边上看着一只只风筝被放到天空中，看他们比赛谁放得高，谁的脸上就笑得最得意。这又是确立在小伙伴面前的威严与自信的一个好途径！

天上的风筝渐渐变成小黑点儿，有时几只风筝也会“打架”，纠缠在一起了，解不开的话，就必有“一死一伤”或者“同归于尽”；有时可能风筝绳子接得不牢固，也有突然断线“逃跑”了的，牵风筝的小伙伴儿使开始大声骂着，看放风筝的我们就幸灾乐祸地笑着，陪着主人一起朝着风筝落下的地方跑去捡——后来看了电影《追风筝的人》，我脑海中就想起我们小时候大伙儿去追风筝的情景——可如果有时放得太高，风筝就飘落到比学校更远的几个村子外，大家就只能望着那个黑影陨落而叹气……

那只能回家收拾材料，重新做一个了。

我心中羡慕地看着别人做风筝、放风筝，可惜我从来没做成一只风筝，于是我只能干些那种起飞时给别人托托风筝的活儿，换来别人将风筝放上去后赏给我拉拉风筝绳线的待遇。

这实在不能不算是童年的“污点”啊。

今年春日,在苏州的草坪上又看到许多放风筝的人,一个个塑料布做的色彩斑斓的风筝在天空上招摇。

没忍住,就买了一个。

在隔天阳光和煦而风儿还带着清冷的午后来到了独墅湖旁边的一片大草地放起来,在夕阳的光芒中,我跑得像个孩子,似乎就是那个童年时的我……

2016 年写于苏州

我始终以最深情的目光凝望故乡

我始终以最深情的目光凝望故乡
望向那白云生处
那大山脚下
那小河湾畔
望着那片生我养我的土地
在那片厚厚的寂静凄凉的黄土地里
深秋的荒草在寒风中颤动
枯黄的落叶铺满坟头
那里躺着我的祖父祖母
我最亲爱的人

我始终以最深情的目光凝望故乡
于烟尘滚滚中望见一张张风霜纵横的老脸
那只大鹏冲天而起
投下一片干净的阴影
对看南山的傲菊上载着一颗颗晶莹的露珠
那天雨后的夕阳照在林叶间
照着滴着水的竹杖芒鞋很美
蘸满诗酒的大笔一挥
墨汁迸溅渲染开去
渐渐地淡了、淡了

我始终以最深情的目光凝望故乡
那场没有名字的徒步旅行

不知道从哪里来
也不知道终点在何方
一场只知道向前走的旅行
千万年地走着
风餐露宿地走着
遇见什么
或者没有遇见什么地走着
没有观众没有表演者甚至没有自己
只是走着

我始终以最深情的目光凝望故乡
深情的眼眸里流出泪珠
滴落在时间那无尽的际涯中

2014 年写于苏州

读寄禅诗忆岭南春耕口占

（特嵌故乡“清远”二字）

澹澹青烟青岫远，
青篁欲湿清镜台。
篱间两燕忽飞去，
春水一行扛雨回。

2015 年写于苏州

艾草青青

人间四月天，花开草长，又是吃青团的时候了，苏州的青团子是油光闪亮的青色，圆头圆脑的，胖胖的，惹人喜爱。

可不知怎的，这个春天，我总怀念家乡的艾糍。

艾糍，是艾草和糍饭所做，艾草是南方乡野常见的，虽然只是小小一株，但其姿态潇洒，可辟邪除秽，可做中药，味道清香微苦，刚长出时是很崭新的青，做成艾糍后呈青黑色。艾糍也是圆圆的，蹲坐在一块块榄树叶上。这一方其貌不扬的糍团，是儿时的我一整个春天的盼望。

清明节前，看阿嬷挎上篮子，戴上竹帽，就知道她要去采艾叶了，我也撒腿跟着她去。在春天湿漉漉的长满青草、野花的小路上奔跑，一条小猪仔蛇被吓得慌忙爬进路边草丛里。阿嬷给我戴上的小帽早已被我甩在脖子后，小雨把我前额的头发打湿。那时的明前纷纷雨很温柔，让人带着一脸的晶莹，一点儿也不冷，我就像一株在田垄上忍不住想要拔节的小草。我一会儿去河边抓小蝌蚪，一会儿追一只美丽的蝴蝶或蜻蜓。偶尔抬头看去，在迷茫茫一片的山林和田野前，阿嬷披着一件发亮的透明塑料布，她弓着身子采艾叶的身影，很淡很淡，很安静，蒙蒙的一片。

再去摘榄叶，榄树高，阿嬷够不到，就招呼我一声。虽说我是女孩子，但我小时候上树掏鸟窝的事儿也做过的。

回家，挑拣一遍，清洗一遍，然后放水中大火煮沸小火熬烂，捞起冷却，细细剁碎成浆，放进糯米粉，揉匀。

天井上砧板“咄咄咄”的声音传来时，我坐在小板凳上剪榄叶，“咔嚓咔嚓”,去头去尾,清洗,抹油(防黏)。同时准备馅料,花生米锅上烘炒,到花生衣可以一捻就掉,白胖的花生米呈焦黄色,将其倒在一张纸(通常是墙上的挂历纸)上,对折,用啤酒瓶碾碎后,掺进白砂糖。我忍不住先偷吃一口。

然后就是做团子了,揉圆一个小团,稍压扁,舀进一勺花生与砂糖,再揉圆,放在榄叶上,排在刷油的托盘上。阿嬷做的每一个团子都一样大、一样圆,而我揉出来的都是歪扁不一,有时便弄朵小花、爱心什么的。

阿嬷说:“你心不定。”

小时候和爷爷奶奶一家也就三个人,做两大托盘糍团就够了。放进大锅里蒸,没多久,蒸汽升腾,满屋飘散着艾香和榄香,我就咽着口水看火。当我问了几遍“好了没”后糍团终于蒸好了,揭开锅,待白色水雾散去后,一个个颜色青绿得更好看了,饱满圆润,香气扑鼻。

我迫不及待地拎出一片榄叶,吹几下,咬最鲜的第一口,融进榄叶香的艾草味就在口中蔓延,融化了的浓糖包裹着香脆花生米,满嘴的烫甜香糯。

艾叶还有一用,晒干后捣碎,就成了艾绒,爷爷用来制艾条。阿嬷经常手脚病痛,于是就常用艾条来灸疗,捻紧一小撮艾条,摁在痛处,用香点着,艾烟袅袅,留香许久。火烫到了皮肉,阿嬷咬着牙,忍着痛,我伏身轻轻吹些凉风。艾条烧尽后,阿嬷手脚上留下疙瘩,不过据阿嬷说,原来的手脚疼痛真的减轻不少。

她说:“痛一下比一直痛好。”

其实很多事情,阿嬷小时候已经教过我的。

那年四月,我还在读大学,学校放清明假,我便回一趟家。只见阿嬷坐在轮椅上,看着又一个春天,眼里一片茫然。

于是我就决定这一年我来做艾糍,“阿嬷,你教我整,我去摘艾叶。”

“戴帽子!”阿嬷在身后说,我从门后取下阿嬷以前戴的竹帽,拍拍灰尘,我戴上也刚好了。我也像阿嬷从前那样,披着塑料布弓着腰走过那一条长长的田埂,如今刚长出的艾草很嫩,用指甲一掐,香味就出来了。我长久地弯着腰,想着当年阿嬷摘艾叶时会想着什么呢……

当我抱着一篮子艾草走回家时，那种最新鲜最清新的香就包裹着我，在那个最干净的春天里走来，无论以后我的心变成什么样的颜色，始终有一抹当时浸润出来的青色。

艾糍也做出来了，一样的青黑，微苦而甜，端去给阿嬷，她咬一口，只说："你做的不香，艾少了？"

阿嬷呀，你不知道吗？屋后的那条田垄，再也长不出从前的艾叶了，时光怎么掺进艾糍馅中呢？

我想，如今爷爷奶奶的坟头上也生长着一棵青青的艾草吧，它有一颗微苦的心和最清的香。

2019 年写于苏州

归园田居

晨兴理荒秽，戴月荷锄归。祖辈们日复一日年复一年的田园生活，认真从容地面对生老病死，何尝不是一种“愿无违”的诗意栖居？其中自有一种朴素绵长的力量与淡定优雅的风度。

——题记

时间忽然像晨雾弥漫的河流一样，让人过得渺渺茫茫而影影绰绰，许多纷繁杂乱的念头浮尘般缠绕，我如何能够打捞出一份内心的安宁？

又是一年冬天。

今日午后，阳光像十几年前那样温暖，隔着十几年的岁月伸过手去，我恍惚间仿佛回到了故乡那个安静的小山村。

一条窄窄长长的小巷，炊烟永恒地从屋顶的烟囱中袅袅飘出，阳光穿过烟气，从布满苔痕的屋檐上投射下来，稳稳地照在卧在门口的那条黄狗身上。黄狗轻轻地嗅了一下鼻子，挪了挪身体，复又睡去。狗的边上是一双穿着灰布鞋的脚，那是我爷爷的脚，他一头花白稀疏的头发在阳光中发着光，身上穿的还是那件灰绿色的棉袄，眼睛专注地看着手上的竹篾条——他在编竹箩。他那贴着旧胶布、露出老茧和血口子的手指飞快地上下左右翻飞，于是，扁长青白色的竹篾听话地一根根被编进来，排好队，箩筐渐渐成型。

阳光在他身旁蔓延，从他身上看开去，我看到了他愤而离家出走参军的少年意气，我看到了他在炮弹声中俯身去捡滚烫的枪的战争岁月，我看到了他在风雨中指挥人们截堵洪水的乡长辉煌，我也看到了他的两个儿子夭折时他脸上的痛苦，看到他在其父亲被定为地主恶霸成分时撑起一个家的艰难，看到他在灯光上看研究多年的中草药书的耷拉下来的老花眼镜……而如今，他只是一个平凡的老人，他回到了他出生的地方，早起，喝茶，撑着拐杖走山路，听收音机,赶集,编竹箩……半生跋涉、一身纷扰,生活的风霜在他身上渐渐尘埃落定,沉淀成他那淡定从容的灵魂。

“爷爷,你不嫌编竹箩烦吗?”我听见我的声音。

他抬起头看我,像我小时候一样,带着慈爱的微笑,他的声音是长在我的根里的:

“左一下,右一下,我又不着急,慢慢地编,很快也就好了哦。”

我看着我的爷爷,我已很久没有见到他了。

爷爷只是千万人中一个平凡的老人,在世界的这一个小小角落里做着自己的事。一下一下按顺序、慢慢做事情,一件一件去做该做的、能做的一切事,接受无法改变的一切境况,不矫情、不纠结,不抱怨,安守心中那片恬静的田园。

爷爷就像在告诉我:“我们一生的全部努力,不过是完成了普通的生活。”而这样普通的人生和平凡的灵魂,恰恰能使我们心安,心安即归处。

小巷,小屋,小山村,村前的菜园,一大片的水稻,那一条闪光流过的河流,千千万万普通人的岁月,延伸,消失……我相信爷爷还在那里做着他的事。那是守着爷爷一生的归园田居。

我梦里飘荡的魂魄忽又有了重量,沉实落到凡尘生活中——这也是我的归园田居。

2019 年写于苏州

番薯干

昨晚我梦见了奶奶,开口叫“阿嬷——”可我自己也觉得口生。醒来后我非常慌张,心中很疑惑,怎么这么久没有看到阿嬷了?

慢慢才想起来,阿嬷已经去世六七年了。

我也一个人在远离家乡的城市生活了六七年了。这些年,有点儿想不起来是怎么一年一年过的。好像故乡往事的痕迹慢慢因褪色而斑驳了,从前的我不知消散在哪一阵风里了,就连想起阿嬷的时候也似乎少了。

但是,阿嬷,我怎么会忘记你呢。

好想你。

前几日,母亲寄来了自己晾晒的番薯干,她知道我喜欢吃,特意将番薯干晒得黏黏软软的。绵绵地嚼着时,我想起了小时候吃的红薯干总是晒得很硬。

因为奶奶说,要吃一个冬天,晒干一点儿就好保存。

收番薯是在秋天。

放学后回到家,大喊两句“阿嬷——”,没听到她回答,我就知道她在村背后的地里拔番薯。我放下书包,立刻跑过去。暖暖的阳光里,蓝蓝的天空下,碧绿的番薯藤密密麻麻。奶奶就弯着腰戴着草帽在地的那头。黑色的泥土里躺卧着一行行大大小小的红番薯,在阳光里晒着。

其中有一种番薯,我们叫它脆薯,煮熟了不好吃,但是生吃却是极爽甜的。我拣了两个到旁边的小溪里洗干净,一边咔嚓咔嚓地大口咬起来,一边帮着拣些番薯放进箩里。拣满一箩,奶奶让我帮忙挑回家。爷爷给我编过一套小箩,还专门给我配上一条小扁担。于是,我挑了一小担子,奶奶挑一个大担子,我走在她前面，顺着田埂，晃晃悠悠地走回家，一旁的地里是一长一短两个斜斜的影子。

番薯在天台上晾晒几天会更甜，然后就可以煮了后晒番薯干。

我家有个小小的廊下，午后的阳光会从花格子窗斜斜地照进来，阳光照过的空气中飘浮着一颗一颗细小的灰尘，从空中到地上形成一条宽宽的光路。

有时放学回到家，就看见奶奶和几个老婆婆坐在这条光路之下，花白的头发散发着光，围着一个竹箩在剥番薯皮，旁边一盘盘剥好皮的嫩黄番薯还在冒着热气。靠墙的灶头上，两个大锅被既沉又大的木锅盖紧紧盖着，大锅口还被堵上了毛巾，锅里正咕嘟咕嘟地沸腾着，还冒着热泡泡，空气中弥漫的是甜甜的香味。灶里烧着一条大柴火，红色的火光烘得很暖和。

阿嬷说："快洗了手来剥番薯皮。"

我坐在阿嬷的小板凳上，她就端起一盘剥了皮的番薯到天台上，把番薯切成长扁条状，整齐地放到竹垫子上晒。

于是我天天跑到天台上偷吃晒得半干的番薯，那时候番薯半软不硬，是最好吃的。有时还装满两个衣兜，出去边逛边吃，并分些给小伙伴。

可是奶奶总要把番薯干晒到很硬，她说那样才能吃一冬天。

我吃了十多个冬天了。

到我上了高中和大学时，种番薯、拔番薯、挑番薯、煮番薯、剥番薯、切番薯、晒番薯都是奶奶一个人了。

倒是收的番薯干多了些，因为少了偷吃的我。

但每次回家，奶奶总给我装一袋子番薯干让我带到学校吃。

番薯干还是留给我的，我一点儿没少吃。

冬天来了，真的好久没吃番薯干了。

2019 年写于苏州

时间

慢慢显出泛黄的真相

七岁的孩子

七岁的孩子，
面朝着生命的鱼塘　一把一把地
用力地　扔着一年四季——
一圈涟漪，两圈涟漪，三圈涟漪……
荡漾的水照出你一脸的无畏无知。

七岁的孩子，
太阳下山　不见了蚂蚁，
为何你还一个人走着　谁也不理？
走在像蜗牛爬过那样静寂
又无聊的土地？
长着青苔的屋顶已经没有了炊烟升起，
你只能踢着不听话的石子，
在时光的巷子里流着泪回家写字。

嘘！
不要哭，不要闹，不要气！
我希望你是一个沉静的小孩子，
把天真狂野的心紧紧捂在你的小肚兜里，
正如你希望我是一个文静的女子
一样欢喜　一样痴。
然而，无论你埋下多少当作线索的小石子，
我再也找不到床底脱落的牙齿，
终于还是走失。

对不起,
我没有长成你渴望的美丽,
长大的世界身心俱疲,
没有白雪公主,也没有南瓜车的秘密,
普通的丑小鸭没有变身为美少女战士。

我不知道该怎么样才能哄好你,
像命运也不知道怎样才更有意义。
哦,亲爱的　七岁的你
永远要相信自己,
请不要怀疑——
当所有一切安静下来时,
我依然爱你。

2017 年写于苏州

关于开学的那些事

“不是这个！不是这个！”

七岁的我把蓝色的新书包用力摔到地上，书包上面印着的乒乓弹珠人在咧开嘴嘲笑着我！我心中愤怒和委屈一起爆发，顺势一屁股坐在地上，开始用手脚一起捶地。

“给我买美少女战士！！”我那小腿上已经蹭上了地砖的红灰，眼泪也在脏兮兮的泥脸上流出两道清澈的“小溪”。

刚刚停好单车的爷爷还没来得及弄明白怎么回事，奶奶就从房间里走出来，喊道：

“怎么了？！又哭！一日不停！”

“我……不要这个……”我已经哭得喘不过气来。

奶奶捡起地上的书包，拍拍包上的灰尘：“蛮好一只书包，为什么不要！”

“我要粉红色的！蓝色是男仔的！”

“蓝色好！耐脏！”

“我不要！”一看交涉结果有点儿险了，我又大喊起来，又开始用手脚擦地，脏手一抹鼻涕，脸上又黑了一道。

爷爷看了，把支起的单车车撑再次撑开：“我去换吧！”

奶奶吼道：“换什么换！要不要？不要就算！有个书包给你就算好了。干脆书也不要去读了！挑三挑四，从哪里学的？”

“啊——”我把地捶得咚咚响，把新到手的铅笔盒也一扔！

“你把地砸穿了也是这样！东西扔坏了你就不要去读书了！我去告诉老师你不去了……”

第二天，1997年9月1日，我背着那个大大的蓝书包抽抽噎噎地出门了。

奶奶把一个新的铅笔盒（里面两支铅笔、一个橡皮擦）和一个薄本子放进去，说道：“给你五毛钱，不准买‘热气’（指热性的）的东西吃！”

然后爷爷一把把我举起放到了大单车的后衣包架上,书包"哐哐当当"地响,爷爷脚一蹬,我们的"大水牛"自行车就向前走了,像是以前多少次带我去逛街的样子,而这次爷爷是要把我送去一个叫学校的地方了。

大单车上的小椅子已经解下了,我怕同学看到后笑话,所以我的小屁股被铁架磨得生痛。不过,我摸着口袋里的五毛钱,突然就开心了。

哈哈,我上学了!

平时话不多的爷爷,现在也嘱咐我:

"上课听老师话,比心机(用心)读书。"

"有事情,找老师。"

"放学了自己回家要小心,不要去河里玩。"

……

我没有回答,心里光想着待会儿班上除了自己村子的小伙伴儿之外,还有什么新同学,又盘算着放学后用五毛钱买什么好吃的。

路不长,虽然那时候觉得也不短。到了学校,爷爷让我在大单车上等着,他去交学费了。我张大眼睛看着来来往往的大人和小孩,有的大一点儿的像是高年级的学生走过,我吓得都低下头,生怕惹怒了他们;有的像是老师。啊!完啦!我更是脸涨得通红。心中拼命喊:爷爷,快点儿回来啊!

爷爷终于回来了。拉着我走到了最前面的一间教室。老师是我们同村的,她站在门口,对我爷爷说:

"四公,送来了?"

老师让我进教室去。于是,我爷爷就放了我的手。我一看,教室里面已经稀稀落落坐了不少先报到的小孩儿,大家都抬着头看我,我心中忽然既惊慌又害怕,扭头寻找我爷爷。

爷爷已经往学校外面走了,我的眼泪一下子就涌上了眼眶,但是面对那么多新同学我又不敢哭,就这样眼泪汪汪地看着爷爷高大的背影渐渐模糊了。

老师把我带到一个座位上,同桌的是我从小玩到大的我们村的敏仪,她喊了我一句:"玲玲。"我心里才定了些。

看到敏仪的书包是粉红色的,这使我觉得有点儿自卑。

老师开始讲话了:"以后上课,屁股不能乱动,不能与同学相互说话,手要放在背后……”

后来我常看到学前班上第一次课时，总会有家长偷偷在教室后面的窗口看。不知道，我爷爷那时候有没有偷偷地看我呢？

第一天上课，好像就是老师讲了一些上课时得遵守的规矩和在学校必须遵守的规章制度。坐了两堂课，我努力挺直腰，控制着想动来动去的欲望，心中忽然很懊恼，原来这就是读书啊！今后再也不能痛痛快快想玩就玩了。想到这儿，我心中似乎有一种失望甚至是绝望的感觉。

由于刚开学，即使是课间，大家也是一动不敢动，更不敢出去玩，甚至连上厕所都不敢，也不知道厕所在哪里。有人内急，就哭出来了。于是，旁边的同学去找老师。

以后，“找老师”“我告诉老师”，就是同学们最常说的话。

第一天中午放学，大概是中午 11 点钟吧。敏仪说她奶奶让我们等一等高年级的同村的哥哥姐姐一起走回去。我想到我奶奶好像也是这样说的，便点点头，与她一起等。

学前班和一年级的教室在一楼，其他班级的教室都在二楼。于是，我们两个就站在楼梯口等。铃声响了，高年级的学生一下子涌了出来，我们两个紧紧靠在墙上，聚精会神地看着飞快跑下来的同学，寻找熟悉的面孔，眼睛都看累了。但是，高年级的学生涌出来一批又一批，直到后面只剩下稀稀拉拉的几个人了，我俩都没有找到相识的同村人。

于是，我对敏仪说：“他们可能走了，我们自己走吧。”

于是，我俩离开学校，见到路边有家小卖部，可是我们大概因为还不知道回不回得了家而心慌意乱，于是就顾不上去买东西了。

路上没什么人，靠着记忆，咱俩一步一步走向村子。在一条分叉路上我们还争了起来，敏仪说这边是回村子的，我说是那边。于是我俩站在那里不敢乱动，心中责怪着对方怎么跟自己意见不一样。

后来看到认识的隔壁村子的小孩儿被他爷爷用自行车载着经过，才知道原来单车走的这一边才是对的，也就是说，敏仪是对的，我是错的。

我们追着那辆单车跑起来，后座上的小孩儿回过头来对着我们挥着拳呼叫着，我们不管他，只怕看不到车的影子后，因不识路而又不知道怎么走了。

两只书包一起欢快地叫，努力跑着去跟单车，可是终于还是因为跑得不够快，单车的影子越来越小，不见了。我们只好停下了，抹一下额头的汗继续走着。幸好后面的路比较直，离村子也近了，看到村口，我们一直悬着的心终于松了一口气，大冒险终于结束了，真是又紧张又刺激，我俩都高兴地跳起来！

我终于到家了，奶奶正蹲在灶前煮饭。

"咦？你怎么回来了？你怎么没和××姐姐她们一起回来？我刚刚去她家问了，她们还没回呢。"

"我没等到她，"我心中有点儿后悔没在楼梯口多等一会儿，接着说："我就和敏仪一块儿回来了。"

"你们自己走回来的？那么远！"

我心中又很得意："以后我都可以自己回来！"（后来奶奶还是去找了那些哥哥姐姐，让他们放学了一定要等"我家玲玲"一起回来。）

我扔了书包，向奶奶嚷着要吃饭。

"洗手洗手，都读书了，还不改！"

"今天老师讲了什么？"

"听不听得懂？"

"有没有什么事？"

突然间，我从奶奶带着敬意的眼神里感觉到，读书好像是一件了不起的事情，因为从今天起，我就开始比从未读过书的奶奶要厉害一点点儿了，以后会越来越厉害！

这就是我开学的第一天。

除了在我七岁那年开学是爷爷送我进学校的之外，以后的开学我都是自己一个人去报到，每次都带着些许期待和恐惧。结果发现我多少有点儿自作多情。

那时候我们报到那天主要是交学费，每次大概要几百元吧，交了钱就可以领新书了。

天刚蒙蒙亮，我便爬起来，比奶奶起得还早，我打开煤气，烧上半锅水，待水开了，扔两块米粉进去，然后放盐放油放鸡蛋，搅拌搅拌，煮开后盛起来，待稍凉一点儿我就呼噜呼噜吃起来。

奶奶也起床了，她用腰间那一根闪亮的钥匙，踮起脚尖，打开那个黑漆漆的大柜子。

“来。”

我捧着碗走进房间，抬起头，看见奶奶在上面翻找，一张一张点好钱，锁了柜，用席子底下的碎布紧紧包了，又从门角拿了一个塑料袋，将钱裹起来，再撕一张日历纸，给钱加包一层。然后将那鼓鼓的一包递了过来：

“钱丢了，就上不了学了！”

然后，奶奶反复叮嘱我将钱贴身藏好，放在内衣衣兜里，掖在裤子上，用手按着，一刻也不能松开！

于是，我紧紧按着腰间，惶恐地出门了，也不去找敏仪，也不抬头看路，只顾埋着头闷闷地走。

走着走着，便会偶尔走神，想着新的班主任会是谁，什么时候可以爬更高楼梯(二三年级的教室在二楼，四五六年级的教室在三楼)，还跟不跟那个谁玩儿了……当一意识到自己分心了，心中马上一跳，糟了！钱不会丢了吧？急忙伸手进去摸摸钱，一按，钱还在。于是便放下心来，继续走。

以后上学读到鲁迅的《药》中的一句：“按一按衣袋，硬硬的还在。”这时候，我总会不由自主地想起我当时的这个小动作。

快到学校时，会经过大队部，那里的小卖部里常常有人在打麻将，一个个胡子拉碴的泥脚男人，叼着烟，或许还喝着酒，突然吼一句“碰！”我忍着害怕，一手紧按腰间，低着头加快了脚步，匆匆地走过了，才敢大口呼吸。

好不容易到了学校，教师办公室在二楼。爬到二楼，首先瞄一眼办公室的门，要是门开着，有交费的人进出，那还好！跟着别人走进办公室，站到班主任的桌子前，等着忙碌的他/她发现我。班主任迅速抬起头看我一眼，又低下头写着。隔了一会儿，班主任问我：

“交学费？”

于是，我便把钱拿出来，一层层扯开，脸红得滚烫。班主任不耐烦地把卷成圆柱形的纸币用力拗直，用水杯压着，给我写收据。

可是有时候，办公室的门关着。我偷偷透过窗看进去，发现办公室里面有老师在，我心里嘀咕——班主任在不在？哪一个是新班主任？要不，问以往的班主任吧？

我心里噼里啪啦打着算盘，可总不推门进去！心中期待着有谁快点儿进办公室,让我跟着吧!我站在门口,内心拼命地挣扎,一边鼓起勇气对自己说:“这没什么大不了啦!”可紧接着又泄气了,唉,还是不敢。

那时候,教师办公室的门口走廊的阳台上有一个花坛,种着一株有些年头的红色杜鹃花,开花时,花瓣洒下来,很美,同学们去采。不过花坛里面挺脏的,有不少的纸屑和垃圾,还有老师倒的茶叶渣。

我怕自己在教师办公室门口惹人生疑,便面对那个里面并不怎么美的花坛,顺手扯下一片杜鹃花的叶子,对折后再对折,然后撕碎,扔进花坛里。

我的脚有点儿酸了,越加站立不安,站着不是,走也不是。

最后,往往是一位好心善良的老师发现了我。问:

“你怎么啦?”

我小声说:“交学费。”

心里想着:这个老师肯定觉得我很没用吧?心里在笑我吧?

那老师又问我是几年级的,然后对着里面办公室大喊一句:

“×老师,你的学生!”

声动全场,所有老师都抬起头来看我了。

好了,这下全部老师都觉得我是个傻瓜了!我绞着衣角,不得不独自走进办公室。我低着头走进办公室门,因心里发慌,我这才发现,到新班主任座位的距离又好像好遥远好遥远啊!

心中真不知道是解脱还是痛苦。

…………

开学,总是既期待又紧张。

2016 年写于苏州

我的考试生涯

最近我参加了教师资格考试。报名后，我买来六七本参考书，努力复习了一个月，天天整理各门功课的框架知识点，背，默，练。

终于到了考试的日子，那是一个星期日，天又阴又冷，我穿得有点儿少，不过幸好我戴着厚厚的红色围巾。早上5:40起床，花了一个多小时穿过半座苏州城，8:00前终于赶到了那所作为考场的中学，在依旧灰蒙蒙的天地间瑟瑟发抖地站在校门口等待学校开门。

一天考三门学科，第一场考试时我坐在教室后门边上，门开着，寒气侵入，我连笔都握得不牢，颤抖地答辨析题、简答题，在还剩四十分钟时开始写一篇作文，完成后检查，交卷。已经到了中午，我赶紧去找个小饭店吃上热腾腾的饭菜，又匆匆赶回来考第二门学科。幸好我发现了提供热水的地方，在抱着一壶热水之后，我的手终于定了，提前半小时交卷。然后在一个大厅里抓紧最后的时间复习，一小时后考最后一门学科。天已经黑了，更冷，埋头写语文教案、教学设计、教学目标……奋笔疾书一个多小时后终于停下因寒冷而不停颤抖的手，提前15分钟交卷，然后冒着漆黑和寒风去坐回家的公交车。

呼！终于考完了。

记得考场是一所高中，教学楼是漂亮的红砖楼房，教室里还贴着鼓励学生努力复习迎接高考的标语。坐在教室里面，当我考到心力交瘁时，抬头看看与那些年我高考前同样的场景，恍恍惚惚间我仿佛回到了高中阶段，记起我参加过的无数次考试。

除此之外，我好像好久好久没有参加考试了。在这之前我参加的一次考试就是为之消得人憔悴的研究生入学考试了。那是农历2013年的寒冬，考试那两天天气很冷，我坐在考场上颤抖着答题，把脑袋中能够用到的全部知识拼命地写下来。

最后一门学科评论写作考完，我走出考场，校园里的紫荆花落了一地，地面呈绚丽的紫红色。南国这任性的天气，花儿总是随便开落的，不管是春天还是秋天，甚至是如今的寒冬1月。

我觉得我整个人是空空荡荡的，双手插在衣兜里，一步一步地走回复习的阵地——图书馆，沿着校园里无比熟悉的路径。走得很慢，但又好像很快，一下子就走回到我复习用的桌子，复习资料堆放得依旧很凌乱，如同我那过去的几百个复习的日子一般。

然而，一切都结束了，无论结果如何，一切都结束了。

我默默地收拾复习资料，将一摞厚厚的书抱到我的自行车尾架上放好，很沉，很重。考研日历放在最上面，我看着上面鲜红的日期标注——4号5号，考试!!

呵，进入2014年了，2013年一年差不多都在复习，准备迎接考试。感觉我似乎是直接从2012年穿越到了2014年的呢。为迎接这一次考试，前后耗时很长，到了最后感觉我与之竟有骨肉相融、难以割舍之情。

是的，从小到大，我与考试之间似乎就有着牵扯不清的感情。

小时候的我，一个毫不起眼的山村小孩，不讨人喜欢。上学前班时就已参加考试。批改完试卷后发试卷时，老师从一百分的得主念起，一个一个名字响起，一百分的主人昂首挺胸地穿过座位，接受全班的注目礼走到讲台上去领考卷，身上仿佛闪着光。

而我的试卷总是会被扣掉那么一两分，甚至是三四分，在老师说“剩下的同学要向考了一百分的同学学习”后，我的名字不久就会被念起，我灰溜溜地领回我那被批有红叉的试卷，然后埋头更正，将改错后的题目抄十遍。

我心里想：“我为什么不是发着光而是在下面既羡慕又妒忌的那一个？”

那时我多么渴望骄傲地昂首挺胸地走向讲台领试卷的是我啊！

我的动力就是从这种羡慕和妒忌开始的，这也许可以说是榜样的力量，或者说是争强好胜之心使然。

是的，我好胜心很强，为什么别人能做到的我不能做到呢？我一定要做得比别人都好！

于是，我便勤奋学习，专心致志地对待每一场考试。

那时候，考试对我而言就是showtime，每一次考试对我而言就是一次机会，一次比糖果更有诱惑力、可以站到别人前面去的机会。

因为我从中得到的是自尊。

慢慢地我也成为名字被念在前头的人之一。

后来随着升上小学高年级，我便越来越少会有考试得满分的情况了。

于是，争最高分，赢过全班人，对我更具有致命的诱惑力。

于是，我对各种大考小考都虔诚得不得了。全身心投入考试——尤其是期末考试。放假前我总能领着几张奖状回家，让爷爷奶奶开心，接受亲戚朋友的称赞，感觉那真是很有面子的事情。

但是，小学的时候，同班有一个很厉害的女生，每次总分数都会比我高，印象中我再也没有得过第一，心中有不甘。

这样的不甘心越演越烈，每次考试都成为我超越那位女生的机会。

虽然并不是什么了不起的目标，但起码在那时超越她就成为我的学习动力之一。

我认为，无论在人生的哪一个阶段，生活有一股动力都是一件好事情。

然后，到了初中，到了全新的班级里。一开学我便在心里暗暗地盘算着：班上哪个是我的“对手”，哪个会对我争第一构成威胁。

考了几次试，我都是全班第一，每次考试点评，我的名字总是第一个被老师念起的。

那时我是爱上了考试，因为那就是我的舞台。

那时刚学了几年英语的我，每次考试前已经会在心中说——

Show time!

可是，到了初中，一个年级不再是只有一个班了，而是有十个班左右。我的成绩虽然在本班排名第一，可是一旦放到全年级去比，排名只能是第五左右。

更远大的目标在我心中开始酝造。

每一次考试我依旧小心谨慎，心中既惴惴不安，担心失去全班排名第一的宝座；同时又愤愤不平，希望自己好成绩在全年级的名次更靠前。

随着考试成绩起起伏伏，我的心情也跌宕着，在这种跌宕之中，我度过我的初中生涯。

全班第一的光环维持了我初中生涯的整整三年,而在全年级,我历次考试最好的成绩只排名第三。

转眼之间便到了高中。

高一时期,文理没有分科。

我化学不好。记得有一次,我把一张刚发下来的得了七十多分的化学试卷,折得很小很小,藏在衣兜里,希望它能消失,一个人跑到图书馆背面的台阶角落里,打开试卷,看着刺眼的分数,我号啕大哭。

那时我的考试成绩在全班排名第一已是无望,历次考试,成绩只在前五名左右徘徊。要不是担任班长的快乐支撑着我,我的高一生活肯定是很灰暗的。

高二时我们文理分科了,此后,我的考试排名情况好了一点儿,时不时地也能考个全班第一。只是我不是被分在重点班,心中想着重点班那整整一个班的文科生考试成绩全部比我强,我心中就有点儿酸楚的感觉。

可我马上又在心中发狠:重点班又怎么样?看我这个出自普通班的普通生怎么赢过他们!

于是我更努力学习。

偶尔逢到大考,我的成绩在全年级排名也能挤进前三十多名。

高三生涯很快就来了,我更加重视每一场考试、每一道错题,每被扣一分,我的心中都会很懊恼。

所幸历次考试我的成绩还算稳定。

高考我也算发挥正常,进入重点本科学校。

进入大学,很多人一下子都放松了学习,觉得辛苦了这些年,如今总该歇一歇了。

而我,习惯性地,仍然保持着高中时的学习状态。

对待每次考试,我仍认真得不得了。别人都是在考前两周才开始复习,而我,每堂课认真记笔记,课后认真整理笔记,临考一个月前抄背默教科书。

凭着较突出的成绩(因为艺术类的奖励奇少),我在大学期间拿了一次一等奖学金、三次二等奖学金。

以上我匆匆回顾了自己求学生涯中关于考试的记忆。

其实现在我心中有点儿觉得悲哀。

我才真的发现,其实我并不优秀,也谈不上聪明,只是笨拙地去学。即使取得一点儿成绩,靠的也只是笨鸟先飞,靠着机械盲目的努力,努力背,努力记,视分数为生命,即使考得不错,也只是一个考试型的人。

我是把考试分数排名紧紧抓在手里当救命稻草的人。

我用的是最笨的方法。

我对考试太用力了。

谁说过来着,真正学到的知识就是把学过的全部忘记后剩下的东西。

如今把所有知识都忘掉的话,剩下的只是考试前的焦虑和紧张,考试时的谨慎和心跳,考试后的空虚和期待,考好后的轻松和得意,考不好的失落和不甘。

那是一种深沉的爱恨情仇啊。

寒窗十几载,我究竟学到了什么?我一直引以为傲的勤奋和成绩,在时间的流逝中变得如此苍白无力。

我错过了什么?我的青春岁月被淹没在了一场又一场的考试中。

——说到底,我只是考试的一个仆人。我匍匐在它的脚下,乞求它赐予我价值和尊严。

我觉得自己活得真的是太单调和委屈了些。

一直很羡慕两种人:一种是不用怎么拼命复习,每次考试却仍然把我甩在后面的人;一种是对自己的学习成绩不太在意,考试分数一般般,却仍然抱着球呼朋唤友地去玩的人。

我永远成不了这样的人。我不聪明,没有安全感,哪一次考试前没有做好最充分的准备,我心中都会觉得不安,在考试前的一分钟我仍然不舍得放下书,在监考老师催促下才我把书放好。

高一年级我就听某位老师说过"背多分",背好了就能够得到高分。

这么多年下来,我的每一次考试也差不多是在死记硬背中度过的。

我的假想敌太多了,以为每一个人都会和我抢学习成绩的排名。

其实,如果对待考试能够放轻松一点儿,我只需要知道,每次考试只是一场与自己的战斗,对手只有自己。我只需要战胜自己,战胜往日那个对考题有更多不会的自己,战胜那个焦虑紧张的自己,战胜那个因自卑而没有安全感的自己。那样一来,考试也不失为一件好事啊。

如今念到研究生，掂一掂自己几斤几两，我才发现自己肚子里其实只有很少的东西。

二十好几岁了，我才醒悟，人生啊，并不只有考试。

考试只是生活中很少的一部分而已。

漫长的生活有着无穷的智慧，这是哪一张试卷都无法考察与衡量的。

然而，我还是要感谢考试，感谢那么多年努力考试的自己。是考试成就了今天的我。

我倾洒在学习方面的宝贵时光，那就是我的存在方式。

在为了考试的学习中，我也得到过很多很多的美好——

埋头在一堆书中，一阵风吹过来，书页翻动，扬起了我的头发和踏实的安宁；

苦思冥想后解开了一道难题，记起了一句诗的后一半，或拼对了某个英语单词，心中一阵狂喜……

发试卷时，看着学会的我都答对了，答错的果然是自个儿不会的，考出了自己的真实水平，知道了自己的欠缺。

收拾旧物，翻出一箱自己那么多年积攒的试卷，每一张上面鲜红的勾或叉，以及鲜红的分数，那对我曾经都是意义重大啊。

我把它们放好，仿佛回到那时的我，记得我努力的姿态。

透过试卷上面那跳动着的鲜红，我看到了一年又一年在书桌前努力的自己……

或许这就是那么多年学习的意义。

就是那么多年喜忧纠缠过的考试留给我的东西。

不管怎样，那也曾经是我生命中的一部分，那些时光中的我是真实存在的。

这就是我的人生啊。

我也爱那样笨拙的我。

2016年写于苏州

我曾仰望过的人啊，你还好吗？

——读八月长安《最好的我们》

越长大越孤单。

我一直以为，我们这一代人最美好的时光是中学时期，十几岁的我们，刚刚学会用黑白屏手机发短信，刚刚觉得用MP3听歌很帅很酷，刚刚知道QQ是什么……但是我们不会无聊、不会空虚、不会寂寞。我们有很多作业，我们曾偷偷地仰望过某个人，我们有一大帮同学嘻嘻哈哈地一起成长，我们一起上课下课做操吃饭上自习打球郊游开运动会排演节目，或哭或笑，或疯或恼，我们有布满整个天空的灿烂阳光。

但是，当进入大学或走进社会，我突然发现，怎么就只剩下我一个人了呢？一个人吃饭、睡觉、走走停停……

曾经无话不谈的同桌，曾经调皮捣蛋、搞笑的前后桌，曾经一本正经而又笑料百出的语文老师，曾经矮矮胖胖又拼命装作严厉的数学老师，曾经大大咧咧笑容憨厚的篮球队队长，曾经成绩很好爱穿裙子的文静女生……他们都去哪里了？

那些十几岁的单纯而聪慧、开心而忧伤的我们都去哪里了呢？

他们连同那栋老旧的教学楼，连同那一套明亮的蓝白色校服，一起在时光中消失了……

幸好，我们还有书。

一页页纸上，密密麻麻的文字像是咒语的密码，为我们打开了一条时光隧道，通向我们心底最柔软的角落。

记得，看完八月长安的青春小说《最好的我们》是在读大三时一个燥热的六月的午后，南方的夏天总是货真价实的烈日炎炎，从图书馆二楼的大窗子看出去，满眼是油亮的绿色，没有风，很静。我心里一片安宁和美好，耿耿和余淮长大后在一起了，他们都珍藏着关于那一段最好时光的记忆，真好。

我喜欢耿耿，一个卑微地努力着的高中女生，她拥有着十几岁女孩独有的灵性，时而自卑，时而骄傲，时而沉默，时而狡黠，她是那么真实，真实到使人怀疑那似乎就是我们自己。

我也熟悉余淮，那个无论是在哪一所中学哪一个年级哪一个班都会虎虎生气地存在着的男生，那个一笑起来仿佛就全天下都布满了阳光的神一般的人物。

他们就是我们，一如现在被“黑色六月”折磨得死去活来的中学生们，我们都曾经如此真实地存在着。

我知道，“耿耿”和“余淮”是有象征意义的。

“耿耿于怀”。是啊。

十几岁的我们对试卷上的分数耿耿于怀，对老师的一句评价耿耿于怀，对今天好朋友有没有跟你一起去小卖部耿耿于怀，对自己那么偷偷喜欢的人校服下穿的是什么颜色的T恤耿耿于怀……长大后的我们又对那些人那些事耿耿于怀，对那一段美好的岁月耿耿于怀，对没有说出口的话耿耿于怀……

谁能够不耿耿于怀呢？哪一个可以不在乎呢？中考、高考、前途、未来、亲爱的TA……

我仿佛隔着时光触摸到了我的中学时代。

那时我们争分夺秒地学习，提心吊胆地考试，下课的时候、做操的时候、排队吃饭的时候、挑灯夜读的时候，背下一个英语单词，解出一道数学题目，记住一个公式定理，默写一首古诗词，想一想TA笑弯了的眼睛，逗一逗身边的好友……我们就是这样挥洒着我们的青春岁月。

我们心中藏着对未来的期许和担心，我们只能用努力来告诉自己不要害怕。还记得读高一时，传说花妹洗澡只用三分钟，算算土尧的草稿纸卖了能请全班多少人吃雪糕，听过睡在我上床的郭悦做梦时在背英语单词，听说军爷曾经在绿色走道上因边走边背书而撞过灯柱……记得爆炸一直追寻的“天文梦”，记得小房子说一定要做一个有用的人，记得庭韵发誓要证明农村人也是好样的……

那时的我们拥有梦想，即使彼此不相同，但是我们都曾经用尽全力去追赶,像《最好的我们》耿耿苦苦地追赶数学老师的讲课速度。

谁不曾卑微地努力过?

谁不曾那么虔诚地信奉着试卷上红色的数字?

看着试卷上的失分,会对自己的粗心和懒笨无比懊恼;看到别人比自己高的分数,即使口中说着“你好厉害”,但其实心中会很沮丧,然后不动声色地拿起笔认真地抄着正确答案,将错题一道一道写进错题集……

即使是那些耍酷的男生,他们大言不惭地说“成绩算什么”,他们每次考试成绩排名垫底,他们在课堂上睡觉。但是其实他们在每次考试来临之前都会莫名心慌,他们也曾希望在家长会上让自己的父母骄傲,他们也曾正儿八经地翻开课本看书,可是一道题、不会两道题不会……连例题都看不明白。那时骄傲的男孩子又怎么会低三下四地去求老师同学解答呢?即使别人淡淡一句“这道题很简单啊”,都是会严重地伤害他们王子般的内心……

那年小聪对我说:“班长,我学得很辛苦。”她曾经笑得灿烂的脸上挂满忧伤,清澈的眼睛里闪着点点星光。十几岁的我们面对着多么沉重的压力,尚且稚嫩的肩膀承载了太多,来自家人的、来自老师的、来自自己的……不由得想起小敏打电话回家都会痛哭失声,想起岳勇独对繁星的身影。

迷惘,有点儿无奈,迷迷糊糊地埋头学习,我们曾围在黑板前拿着粉笔面红耳赤地争论过一道题目;我们曾为自己学习成绩排名的退步而忍不住在没有星星的夜晚哭出来。那些还没做完的练习册,那张曾经出现自己名字的光荣榜,那两天就用完一支黑笔替芯的日子……

原来我们都是这样子走过来的。

只要有一个耿耿,生活中就会有一个余淮。

十几岁的我们谁不曾如仰望太阳一样仰望过一个全身充满光芒的人?

中学的时候,总会有那么几个光芒万丈的人,他们或是那几个学习成绩总是排年级前几名同时又是每次竞赛的获奖者,或是那些球打得很好、歌唱得很好、舞跳得很好、琴弹得很好,会有许许多多人围着他们鼓掌欢呼的人,抑或兼而有之。那些帅气美丽的人,他们就像王子或公主,老师喜欢他们,同学崇拜他们,他们是连穿与我们同样的校服都能穿出高贵气质的那些人。

我初中时,曾经和同桌每天中午吃完饭坐在篮球场上看一群男生打篮球。有一个男生,应该是比我们大一届的,他很厉害,只要他在,他所在的队肯定能赢,三分球唰唰地进,带球、突破、转身、投篮、进球,每次进了球后他都会很帅地握拳,然后第一个跑回去防守。我们两个毫不起眼的女生坐在台阶上着迷地看,我觉得那时那个师兄的光芒是正午的阳光都不能掩盖的。此后当然也会去打听他是哪个班的,叫什么名字,是什么星座;再后来,他毕业了,我毕业了;再后来,没有了。虽然现在我连他的样子、姓名都忘了,彼此见了面也应该认不出来了,但是至今我仍记得那个师兄一身白色的球衣,高高的个子,手腕上套着黑色的护腕,抬起手擦额头上的汗水的样子,他那一个个动作像慢镜头一样在我的青春岁月中循环回放。

那时同年级中还有一个男生特别有才气,好像是因为他姓江而被人戏称为"江南才子"。这样优秀的人,要是个身高矮小、相貌普通或者性格怪僻,那也就算了,可是他偏偏唇红齿白,清秀挺拔,笑容温和,戴着黑框眼镜,更显得风度翩翩,儒雅得让人想到徐志摩。他经常代表学校参加作文比赛获得国家级奖项,他的名字常常被写在红榜上,还是什么少年作家协会的会员。记得我曾与他一起参加过一个演讲比赛,下面坐着黑压压的人,我吓得手脚发冷,头脑空白,不断念念有词地背讲稿,而他则坐在一旁气定神闲地看书。到了他上台,感觉世界都是他的,他一脸自信地俯视着观众,从容不迫,掷地有声。他的嗓音很好听,微笑很温暖。那一刻,我在后台看着他的背影,我就知道,我永远也学不了他,他就是那种叫"神"的学生。每次考完试,语文老师都会把他的作文当范文给我们讲,班上的女生口中在骂:"男生数学学得好就算啦,连作文也要几乎拿满分,挺变态的!"可是,当这位文质彬彬的才子翩翩地走过我们教室窗口时,无数女生不是都会脸红心跳地低着头还偷偷用眼光去追随着他吗?

那些是我们曾卑微地仰望着的人啊!即使不知道他们现在在哪里、在做着什么,或许他们现在只是朝九晚五、兢兢业业的小职员,是平凡得不能再平凡的芸芸众生。但是,在我们的中学岁月中,他们就永远是那个王子或公主,他们举手投足、一笑一颦永远都那么迷人,那样散发着永恒的光芒。

八月长安说:"十七岁看起来如此美好,那里会有一个清俊优秀的白衣少年,会有真挚的友情,洒脱的生活,甚至是那种不得不割舍的朦胧爱情和为考试叫苦不迭的烦恼……”

谢谢小说《最好的我们》,把我带回去了那一段澄澈明净的年少时光。

我无比思念着那时的我,那时的人,那时的事。

2014 年写于苏州

那年夏天，气温三十六摄氏度

——怀念我的高三

【蓝白色校服】

想不到，我的高三已经过去那么多年了。

昨日翻检旧物，找出了我的高中校服。

依然是记忆中明朗的蓝白色，校服上衣是白色的，只有领子是蓝色的，因为是纯棉，所以起着毛球；校服裤子的蓝，不是天蓝，不是深蓝，而是介乎两者之间吧；校服外套也是蓝间白，在手臂的位置有三道杠，背上是大书校名的拼音。

像所有高中生一样，我们都在抱怨着它的丑，曾经想过千方百计改造——

在纪律委员会每天一早的例行检查后立刻脱掉校服外套，露出自己的T恤（后来，纪律委员会改为不定时抽检，发现一人不穿校服外套则扣全班校纪得分，又加上被班主任训了一顿，此后大伙儿再也不敢钻此漏洞）。

把肥大的裤子拿到缝纫店，请师傅帮忙收紧裤腿，将其改为窄脚裤，看起来新潮了些（后来此举蔚然成风，年级长忍无可忍，终于在校会上严厉批评了此举，指出改装裤子的学生校纪成绩全部当不及格论处，同学们只能灰溜溜地去买新裤子）。

冬季在校服外套外面套一件马甲（学校规定厚衣服只能穿在校服外套里面，但是马甲露出了校服外套的手臂，此举勉强得以存活）。

剩下只能搞搞小动作，比如挽起校服裤腿，让上面肥大衣料垂下来，看起来像七分裤；折起校服上衣的两个袖子，看起来像无袖的；将校服上衣的下摆在身侧打一个结……

与校服的斗争从来都是以学生的失败告终的……

看着这当年最熟悉最温馨的校服颜色，我不由得扬起了嘴角，哦，我的高中。

恍惚间,我似乎又回到了那年时光。

回忆中首先扑面而来的,是一股闷热闷热的空气,和一声声枯燥地拉得长长的知了声——

“知了,知了……”

犹记得,那年夏天,最高气温三十六摄氏度。

一,清晨　气温二十二摄氏度

清晨六点,晨曦已经铺洒在整个 Q 中校园。

空气是难得的清爽,让人朝气蓬勃。

空中那还不太明朗的阳光,一丝一缕地,穿过象征着两棵树苗的校门口,穿过教学楼之间那一片空地上郁郁葱葱的老树,穿过依旧静默站立的孔子像,穿过一栋栋老旧灰白的教学楼,穿过有一圈破破烂烂塑胶跑道的运动场,穿过只有星期一升旗才会喷水的假山和金鱼池……然后轻轻地投射在空地上,水泥板缝隙里长着几棵绿草,几只小鸟儿在上面啾啾地跳跃着觅食。

鸟儿飞起,我穿过晨光,一身蓝白色的宽宽的校服——我总爱订大一码的校服,背着黑色大书包,步履匆匆,走向教学楼。

我看不到自己的表情——我是在为昨天没有完成学习计划而懊恼?为今天的月测而紧张?抑或一脸的平静甚至还面露微笑?

【教学楼】

当年那栋教学楼依旧静静地矗立在运动场旁边,它有些年头了。天花板上的白灰有些剥落,还有下雨时留下的一片片水痕,墙面上时常有浮起来的白色墙皮,无聊时伸手去一敲,会簌簌地落下来。楼的外表是碎石米墙体,也常有残破,连墙角也因被人们长年累月触碰,竟也被磨去了棱角,这么多年有多少人在墙角撞过脑袋?一条条走廊凸出来,是灰蒙蒙的水泥色。教室还是使用铁柱子窗户,窗框上锈迹斑斑,用力可以摇动。

这栋楼只住着文科班中的前十个班。

这栋楼虽然已经破旧,却让人觉得格外亲切,它像是一个经历过风雨的老人,每一个崩角,每一块剥落的砖墙,连里面的空气,都荡漾着一种叫作底蕴的东西,这大概是由历届师兄师姐积淀下来的吧。

不过,想不到,我们竟然是这栋楼最后一届的学生,它在我毕业的那年便被拆除,一共三层的楼轰然倒下,碎了一地,满目残砖断瓦,黑板和粉笔埋在里面,连同承载过的青春岁月……

随后建成的新楼高大亮白、整洁美观,浑然看不出来被它踩在脚下的曾经的痕迹。

又过了三年,连整个学校都搬迁到别处了,我们那栋楼的过往再也无人问起,也无人知悉了。

【孔子像】

我仍然在校园里快步走着。

已经走到了教学楼前的孔子像旁,孔子像不高,而且不瘦,头顶果然是凹下去的,底座镶着红瓷砖,其中有一块碑文。

看着那张我习惯抬头看的铁黑色的孔夫子肃穆的脸,我本来平静的脸上也浮现笑意。每一次我停住,微仰着头看着孔子像时,心中总会说一句:

“Hello,老大。”

这是我见到的第一座孔子雕像,即使后来无论是在华师看到的那个素白色的更为古朴庄严的孔子像,还是在大三那年 SCAU 也有了一座雕刻得较为粗糙的孔子像,或是是在台湾地区做交换生时拜访的台南那座历史悠久的孔庙中那个被烟火熏黑的孔子像……我总觉得 Q 中文科楼前站着的孔子像,才像真正的孔夫子,才是令我觉得最亲切最值得我崇拜的,虽然这毫无理由。

后来听说 Q 中搬迁后孔子像也消失了,不知道是被销毁了还是被挪走了?不知道我心中那座真正的孔夫子像如今站立在哪里呢?是否仍然一脸肃穆?

【倒计时】

绕过孔子像,我快步走上那五六个台阶,然后就可以看到右手边那个触目惊心的高考倒计时牌,上面鲜红的文字正经地写着——

“距离 2010 年高考还有 × 天”

我们语文老师“茱莉安”曾分析说:

“学校的倒计时上显示的警句为什么用‘还有’两字呢?目的啊,就是为了缓解考生的紧张情绪,想着‘还有’,还有时间,还有机会,还有希望。所以这个词语能激发人去拼搏努力,本来是高明的。可是呢,对于另一半觉得复习并不紧张的学生,或者有人围绕在身边爱护着、恐怕其受伤的来说,‘还有’便成了一个借口——既然还有,现在就不用那么拼搏奋斗了,反而生出了懒散。”

于是，基于这番言论，经过深思熟虑，我们班同学自制的倒计时中用的字眼设为“仅仅剩下”——这也是奇葩之举——希望紧张的同学看到楼下的倒计时能够放松，懒散的同学看到班里的倒计时能发奋。朱老师看到了一阵哈哈大笑，仍记得满面红光的他挺着将军肚仰头大笑的样子。

其实于我来说，不管是“还有”还是“仅仅剩下”都是惊心动魄的！重要的是其后面那个要人命的阿拉伯数字，那个从两位数到一位数的阿拉伯数字！看着那个数字一天天变小，就像是看着决定自己未来的时刻一天天逼近，当然也有同学说是距离“解放”的日子一天天接近。

楼下的倒计时牌好像在高考前的几天就被收起来了。

而班里的倒计时牌是在高考前两天，我们也要搬离咱们的教室了，我看了最后一眼，看到的倒计时警示牌上最后的数字定格在“2”，记得这还是作为班长的我写上去的。

擦了又写，写了又擦的倒计时终于完成了使命！

那一个个为之跳动的心灵呢？

【光荣榜】

倒计时后面，再走几步就到了教学楼的楼梯口。

面对着楼梯口，那里总会张贴着一张大大的光荣榜，上面是最近一次模拟考试成绩分别进入文科、理科年级前三十名的学生名单与照片，也有各科的“状元”名单与照片。

总会有那么一些人会一直在光荣榜上微笑，年级里每次考试成绩前几名似乎一直是那几个人。可是我依旧没有记住一个名字，看着那些意气风发或面无表情的脸孔，我总会握着拳，心里升起“谁笑到最后，鹿死谁手尚未知”的斗志和豪气。不知道鹿最后是死在了谁的手上呢。

时不时在光荣榜上会看到一些高一文理科分班之前同班的或在其他班而我认识的同学出现，这下，我好像连带自己也光荣了一点儿，心里很开心——

“厉害哦！”

记得我也有一次登上了那张榜，唯一的一次！

不是很靠前的名次，大概是在年级前二十名吧，我那小小的照片，也挤在角落里。

那时候，我天天经过光荣榜时，目光像是有根线拽着，必定会瞄一瞄光荣榜上的我。然后，心里会有小小的得意。但如果看到身边有认识的人经过时，我又会装作不在乎的样子，匆匆低头而过。

同学招呼着我："哎！看，你啊！"

我会说："没什么啦！"

"谦虚个鬼啊！"

是啊，谦虚个鬼啊！其实我心里是很在乎的，毕竟这是我努力的结果，所以每次经过，还是忍不住偷偷地看一下光荣榜上的我，如果没人时，我还会停住脚步，细细地欣赏起来，像个守财奴欣赏自己的金币一样。

至今我仍然清晰地记得自己那时在光荣榜上的样子，那是一张刚刚拍的证件照，照片上的我穿着蓝色领子的校服。我很喜欢那张照片上我的发型——简单的短发，刘海碎碎地铺在额头，清爽干净；神情平静，右边嘴角稍稍向上，刚刚有了一点儿笑意，面色也柔和了不少，还有了点儿清秀的韵味。

每当我和照片上的自己目光相对时，像是心灵感应一样，互道一声"加油"。

后来，在那个月的光荣榜被揭下来换上新的时，我本想要回我那张旧的照片来做纪念的，谁知找来找去，竟然在垃圾桶找到了，曾经风光过一个月的名字和照片最后还是葬身垃圾桶，这让我产生无限感慨和委屈。

【楼梯口】

教学楼楼下的楼梯闸门一般会在早上6:00打开，有时候我们要在楼梯口等一会儿才看到开门的大叔急匆匆地过来开门；偶尔他来迟了，只见他叼着一支香烟，一副刚睡醒的样子，趿拉着拖鞋，小步跑着，一头大汗。

"咔嚓！"一声，是他打开了拉闸。

楼梯里光线不是很充足，显得昏暗，每次爬楼梯上下冲时，朝阳或者是夕阳的一条一条的光线把我跑动的身影拉长，在灰白泛黄的墙壁上快速地掠过，感觉很像旧旧的电影里的画面。

我一步两级或者三级地"飕飕"跳上三楼。此刻心里在想着——

"快点儿，我的书正在等着我呢！"脑海中，辅导书、习题册变成一个个嗷嗷待哺的雏鸟儿，等着我去救它们的命。

冲到三楼时微微有些气喘，我们班是在三楼楼梯口的第一个课室，即高三(1)班，后面还有高三(2)班和高三(3)班，老师办公室在二楼左侧。

我抬起头，看到高三(1)班的牌子——

班牌下面是班主任的名牌，而且一般我们班还会挂着一面暗红色的流动"星级班集体"旗帜，每个月综合得分高的几个班可以获得，多是由我在校会上领回来的，看起来特别让人开心的红色。挂在我们班级门前应该至少有几个月的吧？

【教室】

我放下书包，从隔层中拿出钥匙，"啪"的一声开了教室的门，对着空气有些憋闷的教室轻轻说一句——

"早，又是我啊，我来了！"

教室里拉着窗帘，昏黑一片。

密密麻麻的桌子和书挤在一起，只留下窄窄的通道和椅子，凌乱中却又显出些许章法。黑板上还残留着昨晚晚自习老师讲解答题方法的粉笔字迹。黑板上方贴着高考标语，是几个鲜红的大字——

"再苦再累，决不言弃；笑对高考，决不认输。"

那是我写的。

后来，在标语的上面还挂上了一个廉价的粉红色的时钟，一秒一秒地踩着我们心脏的节奏跳动。

教室后面挂着另一张黑板，上面写着的是什么宣传标语及时常更替的黑板报，旁边是一个以红色头发男生为装饰的高考宣誓表，上面横七竖八的是同学们用不同颜色不同字迹写的誓言——至今，我其实真的很好奇我当时究竟写了什么誓言。

写到这里，突然想起我好像收藏了这张宣誓表的，那天搬离教室、整理考场的时候，是我把它揭下来收好的，于是我急匆匆地跑去我的旧物箱子里一番乱找，还真让我给找出来了！此外，我还找出了标语、班旗等一堆高三的痕迹。

我焦急地在宣誓表上寻找我的笔迹，找到了！看到了我用黑笔写着：

"只要努力，一定可以超越所有人！"

字迹潦草，不过干净利落。

是啊，那时的我那么狂放，眼睛里常有锋利的眼光。或许写下这句话也是我底气不足的表现吧，不过我真的很怀念那个浑身充满拼劲和狠劲的自己。

翻开后面,还看到自己用蓝色字迹写的四个字——“潜心治学”。

这下我那张牙舞爪的姿态收敛了。

我特别喜欢这四个字,这也是我在课桌右上角写的座右铭。

宣誓表上的字迹都已经开始模糊掉色了,那些信誓旦旦的我们、那些为自己未来祈祷的我们,连同这些字一样,慢慢消逝在时间的痕迹中了。

[PS:我那些高三(1)班的小伙伴们,谁想看看当年自己写了些什么誓言的话,可以联系我哈,我拍照发给你们。]

【革命根据地】

继续回到我的回忆中——

我把书包放下,熟练地打开了教室里所有的窗户,拿起粉笔擦擦掉了黑板上倒计时的数字,写上了新的数字,然后坐回座位上,打开了书。

我拥有一个固定的座位,被我称为“复习宝座”和“革命根据地”。

那时班里都是两人一起坐的,可是我们班上总人数是单数,恰好剩了一个人,可是谁也不愿意独自一个人坐——高三多么艰苦,有个同桌多好,可以并肩作战。

于是,这本是件难事,但有“愿挨”之人——我,因为我本来就不是很排斥一个人坐。

独自一个人更加能够拥有安静的环境和心境,本来高考也只能是自己的事。后来我向班主任申请了要把自己的座位搬到教室前门一进门的地方,也就是第一组的最前面一桌。

本来为了照顾同学们不同的视力和角度问题,班里的座位每两个星期都要调整一次,一、三组或者二、四组分别轮流调换,每组前面三张桌子和后面四张桌子分别也要调换。

特别是到了每次的月考,班里的位置都要按照考试时的要求单桌摆放,所以同学们的座位总是移动,挺麻烦的。但我的固定位置就很特别而又理所当然地避免了这些麻烦。

慢慢地坐久了,我不但对我的“革命根据地”产生了感情,而且也觉察到了我的座位的好处——

首先,一进门走三步就可坐下,简单方便,特别是完成一些班务,发现老师巡堂、跟老师沟通、向老师提问题都很方便。

其次，靠近讲台，老师讲课听得很清楚，而且看板书、看时钟都很清晰。

再次，旁边空着的座位，我可以用来放书和复习资料。

于是我慢慢地爱上了我的座位。

现在仿佛看到我正坐在那个座位上，右脚边是一箱课本、辅导书和笔记，用的是那种大透明箱，箱底有小轮子，可以将箱子从椅底灵活地拉出拉进的，那时这种箱子我们大伙儿几乎是人手一只。

我的左边是一个有着生了锈的铁柱子的窗户，其玻璃好像是蒙着蓝色的玻璃纸，透过玻璃可以看到对面的教学楼和楼下的树（高二的时候我们的教室就在整栋楼的最高层）。

窗台上放着我的水瓶，绕着窗户的铁条，我绑着一条绳子，绳子上吊下来一串夹子，一层层地夹着我的各科试卷和考试报，长长的一串，蔚为壮观。

我的桌面上从来不放过多的东西，我喜欢干净整洁的感觉，每一次只拿一本书在上面看，这样就可以很专心。

我的抽屉里放着笔筒、急待处理的试卷、计划本和记事本。

忘了我在高三是背哪一只书包的，总之，我的书包一向很大，它会安静地挂在桌子右边的铁钩上。

我已经坐下来了，习惯性地拿出一个小本子看看，上面横七竖八地写着“今日计划”，然后按计划开始一天的学习……

二，上午　气温三十摄氏度

太阳渐渐升高了，蝉声开始响起，空气中的热量开始肆虐。

同学们陆续地回来了，都穿着蓝白色校服，披着阳光走进教室，手里或许提着一袋早餐。

隐隐约约地还能听到Q中后街热闹的早餐档的声音，记得那里的小笼包每笼只要一块五，还有一块钱一份的炒粉或炒面；还记得我们班有十几个同学一起订了营养豆浆，每天早上要派人去学校后门拿；也记得由我和Mini、Turao三个人组成的早餐搭档，每个人轮流帮其他两个人买早餐……

进教室后，有人拿了书去走廊早读，英语、语文、政治、历史……

有的同学跟前后桌的同学聊天，扯着走读（晚上回家睡觉）的同学问——

“嘿，昨晚有没有看‘火影’……”

有人坐在座位上吃早餐,值日生开始扫地、擦黑板、写课程表、倒垃圾……

【早读】

一顿忙碌后,铃声响起,我们进入早读时间。

我们早读是轮流读英语和语文,语文课代表是 PKK,英语课代表是七元,他们一边领着大伙儿读书,一边提醒着还在吃早餐的那几位同学抓紧吃完,还一边记录着班级的出勤情况。

教室里传出了朗朗的读书声,真是一个美好的早晨啊!

大伙儿正读着书,班主任君姐便会闯进来进行突然袭击。

君姐是一个年轻的女老师。儿子也才三四岁,虎头虎脑的,有时她也会带儿子来学校和我们一起玩。君姐烫着橘黄色的短卷发,性格活泼直率,很受大家欢迎。华师毕业的,教我们历史学科,她的课讲得很好。

看到老师进来,昏昏欲睡的同学也挺直了腰,放开了喉咙读书,那些忠诚的同桌会推推正在玩手机或者补觉的同桌,当然也出现过同桌的两个人一起被老师敲醒的,如果前后桌都不警醒的话,玩手机的同学的手机被收缴了的情况也发生过。

读了半个小时后,要默写语文、听写英语,教室里便静悄悄的,只剩下头顶电风扇"呜呜呜"的转动声和"沙沙"的写字声。

写不出的人头上的汗流得更多了,就有人偷偷地在桌肚里翻书。

之后一般是自由读书时间,老师们也会陆续来教室查看。

他们慢慢地踱着步走过那一条条窄窄的书桌之间的走道,敲敲又趴在桌上补觉的同学……

在老师要走出教室门口的时候,遇到问题的同学便会追着老师出去问问题。老师便接过书,靠着栏杆上给其讲解……

【主课】

早读后,第一节课通常是主课,也就是语、数、英中的一门。

校方这样安排的根据可能是以为上第一节课时同学们精神都很充沛,用来上高考中占 150 分的主课最好。可结果恰好相反,第一堂课往往是大伙儿最困的时候。太阳升得很高了,不要钱地放射着光与热,空气中已经开始散发出燥热了,就算坐着不动,可全身都在微微地渗汗,大伙儿开始头昏脑涨。

尤其是上数学课,听着老师讲着题,大伙儿突然就发现黑板怎么摇晃起来了,黑板上的字迹怎么模糊一片,老师讲课的声音也是断断续续的了?

我们一个个便开始迷蒙摇晃，一下下地头垂下去——我们称这为“钓鱼”——等到头猛地一下掉下去，才突然惊醒，用力睁开眼睛、拍拍脸、挺直腰板，继续努力跟上老师的思路，可是不久之后，那不争气的头再次开始一点点儿下垂着……

放眼望去，全班至少也有十多个同学是正在和瞌睡虫做斗争的，同学们有的仰起头滴眼药水，有的往脸上喷水雾，有的擦风油精，有的喝柠檬水……

有的同学干脆站起来拿着书和笔走到教室后面站着听讲，渐渐地发现这种方法管用，站着果然一般是无法睡着的！

于是，同学们的座位上就逐渐越来越空了，教室后面排成了一堵人墙……

看到那统一穿着蓝白色校服的同学们，有高大的男生，有瘦小的女生，有扎着马尾的，有戴着厚边框眼镜的……这些对抗瞌睡的同学整齐地站成一排，左手拿着书，右手拿着笔，端正地站着，微仰着头，像朝圣者一样虔诚地看着讲台，时不时和相邻的同学小声地交流疑问……

如果以后我能拍一部关于高中的电影，这样的镜头我一定要将它拍进去！因为就算这样隔着时光地遥望，那时的我们依然让如今的我感动，我们曾那么认真、那么努力、那么庄重、那么神圣……

【问问题】

上完每节课后，都会有同学拿着U盘或者MP4上讲台去拷老师上课用的课件。课件很有用，尤其是英语、政治、历史这三门学科。

那个最早上去拷贝的同学会把PPT格式的课件转换成JPG图片格式的，我们那时的手机还不是智能机，部分同学有MP4，这好像还不能播放PPT格式的文件，只能查看JPG格式。

后面上来的同学便用U盘或机子在讲台上排着队，班级里的电脑只有两个插口，拷贝好了，后面排队的同学就喊一声电脑上显示的U盘昵称，让其主人认领。

至于数学课和地理课，在课间上去问问题的人会很多，讲台上围了一圈人；有时后来的同学还问不上，因为等到前面的问题讲解完，课间便所剩无几了。倘若前面同学问到的题目刚好是自己想问的或者是自己也不会的题，便也能津津有味地听着。

听一次还没听明白的，也不好意思再问老师了，只悄悄地问那些听明白了的同学或本来就会做的同学到底怎么解答……

有时候,甚至下一节课的任课老师走进来了,上一节课的老师仍被学生缠着不放,上一节课的老师便连连跟刚进门的老师道歉,边收拾,边对学生说上晚自习再来。

有时候,遇到大家都不懂的题目,老师看大家围得紧,或者自己也需要思考一番时,便会把该道题目做了记号,说留待下一节课上集体讲解。

有时候,老师看是较为简单的问题,也会说让××同学给你讲,提到的那位同学当然是数学成绩比较好的了,这一角色一般是由PKK同学担任。

于是到了后来,要问问题的同学都会先问问左右相邻的同学懂不懂,再问问成绩较好的同学懂不懂,被问到的同学也定会知无不言、言无不尽。如果遇到彼此都不懂的题目的话,双方才相约一起去问老师。所以我们班里的学习风气整体不错,大家互相帮助,互相交流。

尤其是在解决那些九转十八弯的数学题方面。

那一年里我们就是这样相互扶持着跌跌撞撞地走过来的。

知了的声音叫得更高了……

【课间操】

第二节课下课后是大伙儿做课间操的时间,每个星期一还得跑到楼下去参加升国旗仪式。在那首《运动员进行曲》响起的时候,正在解题的、正趴在桌子上的、正在问问题的都磨磨蹭蹭地赖着不下去。

记得我们班的生活委员水英会留到最后锁门——是的,去做个操也得把教室门锁了——当“进行曲”放到了某个转折的音符时,我清楚地记得那一小段的音符便是最后的通牒,这时候跑着下去是刚好赶得及做操的。于是教室里剩下的那几个同学就一起跑了起来,跑过走廊,跑下楼梯,跑起来的风把宽大的校服胀得鼓鼓的。

我这时候总是和水英一起奔跑着下楼,总是落后的她会一边叫着“班长,等等我啊”,一边追了上来……

课间操质量真是一般般,穿着同样校服的我们散布在校园操场上的各个角落那个自己固定的位置上,懒洋洋地摆弄着手脚,最后的跳跃运动大家简直只是踮踮脚而已,谁都不想自己刚平静下来的身体再湿透。

通常在课间操或升旗仪式结束之后会开校会,至于上面讲话的是谁,因为没有教过我们,所以毫无印象。只记得他/她站在升旗台上吐沫横飞地讲,哪位同学获了什么省级某竞赛活动的奖项啦。要是念到的是传闻好久、学习成绩总是年级数一数二的那个名字，待其走上去接受颁奖时，我们排在边上或后面的同学就伸长了脖子看看那个大神的庐山真面目，结果发现其也只是个普普通通的少年，甚至还显得瘦小。

在每个月的固定时间，校会上某领导也会宣读获得星级班集体称号的班级，获此称号班的班长或副班长就上去排队领荣誉红旗，傻乎乎地捧着红旗面对黑压压的人群，在照相时露出白花花的牙齿傻笑几下。

而校会上更多的时候是在讲什么注意安全、注意劳逸结合，或者贯彻教育局的新指示，我们无心去听，就从裤子的口袋里拿出自己的小笔记本，然后藏在前面同学的背后看起来，于是除了队形中第一个同学站得笔直外，后面多是低头看笔记的脑袋。

不管是做操还是升旗的时候，高三年级总会有一些学生脚边放着一本小笔记本的……

读到高三下半学期，也是在这样的课间，我们在操场上举办了成人宣誓仪式，在宣誓前我们就领了宣誓词小纸条，只记得宣誓词中好像有这么几句——

“我成人了……对自己的行为负责……在不久的高考里，竭尽全力，给自己一个光明的未来……”

其实同学中有十九岁的，也有十七岁还没到的，但那时大家都一律握着右手，举在太阳穴旁，对着左手拿着的小纸条一齐大声念。

【踢毽子】

课间十分钟是很宝贵的时间！

我们这栋楼没有厕所，所以想要上厕所的人便要飞快地跑下楼绕到背后运动场旁边的“宫殿式”厕所——这个厕所因有着金黄色的传统飞檐而得名；

我们这栋楼还没有饮水机，于是也要跑下楼到教学楼旁边的饮水处取水，如果有同学喝热水的话，就会跑到二楼老师办公室那台小小的饮水机旁排队等候，往往弄得一地水汪汪……

既不用上厕所，又不用喝水的同学，多数便选择踢毽子了。

踢毽子是当时风靡高三的一种游戏。

不知道这是哪个同学带头的，或许这么多年的高三都这样，我们竟然可以参加这么适合高三学生作为课间活动的踢毽子游戏，它——

时间灵活、是人都会、振作精神。

尤其是用来治疗上课打瞌睡、颓废没精神，有奇效。

很快这项活动便成为最受欢迎的游戏。

几乎每个课间，在楼梯的转角处，依旧可以见到十个八个同学围成一圈在踢毽子，不时传来一阵阵欢声笑语。

一般是那几个上一节课困得厉害的同学带起头，从教室讲台的抽屉中拿出毽子——抽屉里面还藏着无数个被踢坏了的毽子——三三两两对踢起来。

慢慢被吸引而加入圈子的人多了起来，甚至偶尔还有老师也来踢两脚，那个圈也越围越大了。

在一踢一接中，大伙儿的困意消失得无影无踪，手脚也舒展开了。在笑骂和斗嘴中，大伙儿暂时从繁重的学业中得到了片刻喘息。

总有那么一两个踢得好的姿势优美的同学，再远的毽子他们也能接得住，于是换来齐声喝彩。也有哪个笨手笨脚踢空了的，惹来一阵大笑。

有时哪个踢得力气大了些，毽子飞出一条抛物线，飞过了阳台，那旁边的同学来不及救回，便要跑到楼下去捡。

掉落的毽子也曾打到了路过同学的身上，我们便趴在栏杆上大声笑着道歉。

被打的同学也不恼，反而帮我们把毽子抛上来。可是我们毕竟是在三楼，抛了几次都在中途返回而又掉下去。

一次，倒是一个倚着二楼栏杆聊天的某同学眼疾手快地抓住了下落的毽子，再抛上来掉进走廊里的，这也是我们与其他班级同学之间极少的接触之一。

其乐融融。

直到上课铃响起了，大家才笑着回味着刚才谁可笑的姿势，走回座位开始上新的一堂课。

只是短短一个课间时间，大家都踢得气喘吁吁，满头大汗，但是彼此的精神状态好了不少！

【冲饭堂】

下了第三节课，我的肚子早已饿了，于是便拿出每日一只的苹果洗了，连皮一口口吃下，高三一年我都不知道究竟吃掉了多少可爱的圆滚滚的苹果。

也有同学拿出饼干等零食吃，大方地分享给前后桌同学，在经过一双双饥饿者的手之后，传回来的通常只剩下包装袋了，有时候甚至连包装袋也被扔了。

所以我们的第四节课通常是在肚子饿得咕咕叫之中熬过去的，大家开始眼巴巴地看着黑板上面的时钟，一分一秒地熬着，等待下课的铃声响起。

上第四节的老师偶尔"大发慈悲"，能够提早一两分钟下课，此时同学们就"如同大赦"一般！

因为在学校食堂吃午饭，错开高峰很重要，读高三的我们要不趁早、要不赶晚，谁也不想在拥挤闷热的食堂里排半小时的队吧！

不过，我们这栋文科楼是全校教学楼中最靠近食堂的，占尽地利！加上大家的肚子已经饿了，所以我们通常是赶早场进食堂的！

大伙儿会在下课铃响起的第一秒冲出教室。如果第四节是自习课的话，大伙儿就在下课铃声响起之前的十来秒冲出教室。时间把握很重要，太早了，经过二楼办公室时会被老师抓到！必须是在那个介于早退与否的模糊点上，最好是跑到二楼时刚好响起下课铃！

"十、九、八、七……三、二、一！"

总之，连课桌上的东西也不收拾好，书一推，笔一扔，提了饭盒，向着食堂撒腿就跑，"噼里啪啦、噼里啪啦"，大伙儿像离弦的箭一般，由少而多地连成一大串来，这支队伍被称为"冲食堂大军"。

因为我的座位在教室前门第一排第一个，更具有优势，地利中的地利！所以一听到铃声或者感受到铃声即将响起，刚刚还安安静静低着头算题的我，立马一个激灵，揣着饭卡，拎着饭盒，冲在最前面，一步三级地"跳"下楼梯，反应比兔子还快！

后面的同学如同得到信号，一起奔出教室，在身后猛追，在二楼或许会见到从办公室出来的老师，也顾不上站定问好了，只是大声响亮地大喊"老师好！""老师再见！"还没等老师表示什么，已经飞快跑走了，估计老师们都感叹，这群孩子饿得呀！只能看见一个个快速移动的身影像风一样向着食堂卷去……

拼命跑到楼下，从理科楼或者少数高二楼里也有同学奔出，浩浩荡荡的大军渐渐汇和，汇成一条滔滔江流！

那些旁边的或者倚在栏杆上看着这一幕的同学和老师，必然目瞪口呆，大叹一声——“蔚为壮观啊！”

学校食堂的饭菜虽然便宜，三四元可以吃一顿，但是饭菜质量并不太好，多油少肉，绿菜发黄，所以部分同学也会选择到校外去吃好一点儿的饭菜。不过我嫌麻烦，对吃也不讲究，只用十分钟便心满意足地打好了饭。

以前会将饭菜带回宿舍去吃，但自从我决定不午睡之后，我便把饭菜直接带回教室吃。

闻着诱人的饭菜从饭盒里飘出来的香味，饥肠辘辘的我咽着口水三步并作两步地走回课室。

路途中也常见到没忍住边走边往嘴里扒饭的同学，走一步，吃一勺，潇洒！

【午休】

回到教室，讲台或座位上或许还会有围着老师问问题的同学，有的同学掏出干粮来啃，也有趴在桌子上补觉的同学——困打败了饿！

我吃完饭后，觉得好累啊，整个人昏昏欲睡。如果此刻硬撑着直接坐下来也不舒服。于是我便拿了书到跟我们文科楼相连的旁边那栋教学楼的楼顶看书。那楼和我们这栋楼紧紧挨在一起，那边楼顶本来有一个铁闸门与文科楼隔开的，但铁闸门没上锁，所以我们常常过去的，从我们班出去只需迈个腿便跨过去了。

在那楼顶，从一边看去是Q中后门，许许多多的学生或三五成群或独自一人进进出出。各个小摊面前买卖热闹，在后街汇成一条蓝白色的河流，缓缓流动；在楼顶的另一边可以俯瞰校运动场的全部，运动场边上有一棵苦楝树，长得高高的，都超过两层教学楼楼顶了，树上长有一层层疏朗的叶子，树皮外有黑色的褶皱，有了些年岁了吧。

蝉最喜欢趴在这棵树的树干上聒噪地鸣叫，叫声嘹亮，不过在这样的夏日的中午，倒也能在这楼顶的一个角落投下一片清凉的绿荫。

我便站在那片树荫中静静地看书，慢慢也会有几个吃完饭的同学过来，各自找了个待惯了的角落看书，散散落落，却又各有各的模式。

站得脚累了，我便掩了书回到座位上。

中午教室里很安静，有些昏暗，厚厚的窗帘全部拉起来抵挡炙热的阳光，只有头顶的风扇“嗡嗡嗡”卖力地转着，几个走读的同学留在教室里趴着休息。

这时困意更浓，我便趴在桌子上沉沉睡去，虽然只能睡半小时，但也很香甜,能够做梦。

有时心中急躁时,我就喝半壶绿茶,或冲泡一杯浓咖啡来驱赶睡意,然后继续埋首书堆,努力奋斗。

燥热的中午时光便在安静的教室中安静地度过。

四,下午　气温三十六摄氏度

【热!热!热!】

午觉在满头大汗中醒来,已是13:00多了。

我们的教室是顶楼,直接受热,教室里更加热,都热到了极点,温度足足超过了三十六摄氏度,满是人的教室里更加闷热,真的是一个活生生的人肉蒸笼!

电风扇开到最大,低声哀鸣着吹出热热的风,感觉我们快要自动烧毁了。我们挤在一起,"吭哧吭哧"地喘着热气,虽然大家都坐着不动,但全都水淋淋地出了一身汗,像是一锅沸腾的水。

女生们全都把头发扎起来,还用黑夹子把粘在脖子或者脸庞上的湿碎发夹起来,露出光洁的额头和覆着汗水的脸。

戴眼镜的同学更难受了,汗水停在了鼻梁的眼镜托里,有的流进眼睛里,火辣辣地腌着眼睛,鼻梁上也红了一小片。

大伙儿都用小毛巾系在手腕上随时擦汗,男生们也用纸巾不停地边擦汗边记笔记。

有的边听着课边用课本或扇子拼命地扇着风。

在燥热中,大伙儿困意更浓,听着下午的课,有的同学坐着也能睡着,一边坐着睡,一边汗水还在其脸庞上往下流。

有的同学趴在书上睡着了,醒来汗水浸湿了书页,有人脸上除了口水印之外,还印上了自己笔记上的黑色字迹……

就这么被烘烤着度过漫长的下午三节课!

五,傍晚　气温三十摄氏度

只有到了下午最后一节课的结束铃声响起时,我们才常常呼出一口气。

天地间稍微温柔了点,夕阳西下,暑热渐收,橘黄色的光线铺满校园,洒在暗红色的塑胶跑道上,也洒在旁边的一株小草上,温情脉脉。

下课后,男生们三五人叫嚣去打篮球,前文所说的苦楝树旁边就是破旧的篮球场地,上面的水泥地已经坑坑洼洼,球场上的白线也已经模糊难辨。不过新的胶底球场已经被先来一步的高二的同学霸占着,困在书本里一整天的高三男生只好来到这些较破旧的篮球场。很快,球场上便传来了厮杀声、嬉笑声、打闹声。他们短发上甩出晶莹的汗珠,白色校服湿透了。有的换上了很帅的篮球背心,用护腕擦汗,投进球后肆无忌惮地捶着胸大喊大叫,谁知道在那里面藏了多少的憋屈和烦恼?

此刻,他们又变回了那一个个风华正茂、青春无敌的少年,不再是对着试卷深锁眉头、一脸深沉凑词拼句的高考生了!

女生们呢,背着球拍,随便找个空地去打羽毛球。

有意志的女同学中也有一直坚持去跑步的,绕着跑道一圈一圈地跑,夕阳把她们的身影拉得细长……

运动场上还有许多散步的人,和知己好友肩并着肩,慢腾腾地走着,轻轻地讲述着自己的心事,这一年、这些天关于备考的紧张,家人或自己给自己的压力,上次没考好的沮丧,对于未来的茫然不安……

就在这一天中最温馨的时光里,光线逐渐收敛,最后一抹余晖也消失在远处的楼顶上,蝉终于停止了它白天无休无止的鸣唱,天渐渐黑了……

六,晚上 气温二十四摄氏度

当夜的黑幕拉开的时候,教学楼中一扇扇的窗户就交替着亮起了灯光。

我吃完晚饭,洗了澡,洗了衣服,洗了白天的燥热,从宿舍走回教室参加晚自习。

【晚自习】

晚上是自学最好的时光,空气不再闷热,从树木中、草丛里反而飘出一丝凉气,慢慢地溢满校园,流进一扇扇窗子里,平静着那一颗颗稳稳跳动着的年轻的心。

晚自习时教室里异常安静,偌大的教室里安静得"掉针可闻",只能偶尔听见翻书声和写字声。

防噪音耳塞也不用戴了。哦,我的防噪音耳塞是两块橙色的有弹性的椭圆泡沫,在后街上花三块五就可以买一副,塞在耳朵里,连自己翻书的声音都听不到，不少同学都买了。不过塞久了耳朵会有胀痛感。

外面的虫子“吉铃铃”长长短短地叫着，也吵不了这一教室认真的学子，能够静下心来的时间真的是非常难得和宝贵的。

此时，外面的黑暗或者璀璨已与我们无关，我们的世界只剩下眼前我们俯头相对的书桌，翻开的某一页文字或数字……

只有当老师踩着轻轻的脚步走来的时候，走廊上才会传来其给走出教室提问的同学低低的讲解声……

即使是晚自习的课间休息，也没有人大声吵闹，自己静静地去倒水、上厕所，回来后坐下来仍旧看书、解题。

【关电闸】

晚上的校园光静如流水，时间滑滑地溜过去……

下晚自习课了，同学们收拾了东西一个个离开了，教室里的人渐渐少了，只剩下十几个人，接着只剩下五个、三个、两个、一个。

最后总是剩下我一个人。

像早上那样，我一个人低头在书桌上学习，突然抬头一看，教室里已经没有其他人了，或许连刚刚走的同学跟我招呼我都没有听到？

但我还是继续接着刚刚的思路，低下头演算。突然——

灯一下子全灭了，一片黑暗笼罩了我。

每次我都被吓一跳，不过马上便意识到这是怎么回事。

这是楼下大叔的最后通牒！

这个大叔要关楼下的铁门了，他先是大喊几声——

“关门啦——”

这是先把剩下的大部分人喊走，可是还有几间教室亮着灯，知道还有几个顽固分子，于是想出了把全栋楼的总电闸拉掉的办法，黑漆漆的你还能看见?!

然后又将电闸推起，以便你收拾东西、关门关窗、下楼梯。

果然，几秒之后，灯又亮起了。

我轻轻地叹口气，好，走吧。

刚刚在黑漆漆的那几秒钟里，我看着静悄悄的教室，月光好的时候，每张桌面都会泛起一层浅浅的银色的光芒，很美。

此时，我的心底会慢慢升起一股欣慰感，即使身体很累，但只要这一天过得充实,不懂的题被我弄懂了,我又背了好多个单词,做了不少题目呢!

学习有了进步,我的心里才会感到真正快乐。

于是,我收拾了书包,背在背上,关上那些还没关的窗户,关灯、关电风扇,掏出钥匙锁了门,走下楼梯,在满园夜色中穿过黑暗走向宿舍。

那时尚可见到其他教学楼的一两间教室还亮着灯,其中理科楼三楼每次都有那一间教室亮着,不知道教室里是一个怎样的"顽固分子"呢?

看到还有人在抓紧最后的一点儿时间努力,我心中便一样开心。

"走了,明早见。"

七,深夜 气温二十二摄氏度

回到宿舍,那是食堂旁边的三层小房。我住在第二层中间的一个房间,一个房间住十二人,左右各高高地摆着六张床。

风扇在呼呼呼地吹着。舍友们都洗了澡,或躺在床上看书,或几个人在聊天。

我匆匆又去洗了一次澡,再将换下来的衣服洗了,然后熄灯的时间便也到了。

【开夜车】

宿舍在统一的时间点熄灯,每次到点时,"啪"的一声,便断电了。

此时,挑灯夜战也就开始了。

我们宿舍里有几个人会"开夜车",虽然老师们也说了许多关于"开夜车"的不好之处,但还是有同学在坚持,例如我。

我也感觉自己白天的精神状态还不错,所以"开夜车"到深夜12:00应该是没问题的,便也成为挑灯夜战的一员。

开始时,宿舍楼一熄灯,总会有三四个床铺同时亮起了小台灯,映照着那人盘腿坐在床上用小书桌学习的身影。

不过不得不承认,其实盘着腿俯在床上用小书桌学习很辛苦,腿很快会又酸又麻,脖子开始痛……

我记得那时为了"开夜车",我还特地让爸爸做了一张小小的木桌子,很方便,腿也可以伸直,然后背靠着墙,就舒服多了。那张小桌子的桌面写满了反映我夜间复习时的各种小心情的语句,比如——

“困死了!”

“怎么这么难? 去死!”

“不做出来就不睡觉了!”

“婉玲啊,我们要努力啊!”

…………

小桌子右上角还写有“加油”两个大字。这真是一张非常有意义的桌子。

可惜的是,这张小桌子在我高考完搬东西回家时不慎被遗失,怎么也找不到了。

不过我们几个在床上“开夜车”倒也没维持多久。因为后来要在熄灯后按时睡觉的同学便投诉了,说亮着的灯刺眼,她们睡不好。

因此,有人想出办法——为了遮住灯光,躲在被子里看书。但被子薄了遮不住光亮,厚了的话,人钻在里面又热又闷,怎么受得了啊?

于是我们几个便转移了阵地,来到了新的战场——洗澡间。

洗澡间里镶着雪白雪白反光的瓷砖,我们便关了洗澡间的门,打开灯,在一片雪亮如同白昼中,各自看各自的书。

不过,洗澡间里有一个缺点,那就是有蚊子!

到了寂静的夜晚,蚊子好像更凶了。冷不丁地咬你一口,既痛又痒,就算你一巴掌打死了它,但留下的包还是痒得让你生气。

幸好洗澡间里有肥皂,随手抹一点儿到蚊子包上,那阵痒便好多了。

于是,“开夜车”的记忆就是——两三个穿着睡衣的女生,坐在一张矮矮窄窄的小板凳上,看着膝头上放着的一本书,一手拿着笔时不时地写一下,一手握着裸露的脚踝,随时赶蚊子,时不时地“啪”的一声打死一只,然后头也不太抬地从脚边的肥皂盒里沾点水抹一抹被咬的地方。

现在想想也真够好笑的,不过笑完后有点儿想哭。

我们那么拼命为什么? 其实“开夜车”效率真的不高,在劳累一天后,还能再记多少东西呢? 求得的往往只是心安罢了——

老天爷,看,我这么努力,这次月测成绩不提高说不过去吧?

看,婉玲,你很用功哦,所以不用害怕高考。

直至零点过后，卫生间里的几个人的眼皮都开始不停地打着架，慢慢地开始“钓鱼”了！终于熬不住了，这才一个个爬上床去睡下了。

头刚一靠枕头，十秒内就能睡着。我晚上总是做很多梦，不过醒来后总是记不住梦里的情景。

每次我在白天犯困的时候，都会后悔，昨晚干吗“开夜车”！抓紧白天更重要啊！

但是一到晚上，我又会忘了白天发狠要反省、要“改过自新”的事儿……

【结局】

在高温下身体和心情不断地“煎炸烤焖”中，高考终于来了。

终于等到你？是完了？还是解放了？

在高考前几天，我那颗紧张的心反而平静下来了。

该来的总会来，准备了那么久，早已熟悉了考纲中那些看起来很恐怖的内容，与考试也就像老朋友一样了。

考试前一天，我校用作考场的教室要封闭了，我们得把书全部搬走，还记得搬书的那一天，场面真的太壮观了！

教科书、辅导书、习题册、周报、试卷、单词书、公式书、作文选、笔记本……

每个人拥有的书均比自己的体积还大，杂乱地堆放着，果然是“书山”啊！

我忍不住想，把它们全部拉去废纸收购站，应该能够卖不少钱吧？

清理了教室后，学校在图书馆开辟了一个阅览室作为我们高考生的自习室，学校图书馆平时不怎么有人去看书，开玩笑，备考的书都已经看不完了！只有《读者文摘》和《青年文摘》比较受欢迎，因为语文老师说里面的哲理可以运用到作文上。

在临时的自习室里看书的人好像是很少了，大家都干吗去了？那时我只顾着做最后的检阅和冲刺，完全忘记了身边的同学都在干什么，很多同学回家复习了。好像也有在学校附近租宾馆复习，还有些也不知道是怎么样放松的。

我对这些都没有什么记忆，也忘了高考前一晚宿舍里是什么样子的了，总之，那几天真的过得很迷糊，像梦幻似的，浑浑噩噩的。

只记得我没有失眠，像平时一样，睡得很好。

高考第一科考语文。那天早上，我和七元从自习室里出来，还互相检查了一下文具。

我们走到孔子像旁边的树底下向班主任领取准考证(班主任怕我们弄丢,此前统一交上去了)。

语文老师朱老师微笑着站在那里,每一个同学都过去和他握手,他不时说一句“加油”“不要怕”,有时也不说话,只是笑着。我过去和他握手,他握得很用力,似乎想要把更多的力量传给我,我心底也似乎增加了更多的力量。

然后我们走进了考场。

考场设在高二那栋楼里,我的考场在二楼,楼梯口左转那个教室,我依稀记得我的座位在教室里第二竖行第二或第三个位置。

我无心去看同考场有没有同班同学,只是安静地坐在那里,把文具整整齐齐地摆放好,记得文具盒中有一瓶绿色的风油精。

开考了,我一做起题来便忘了身在何处,一题接一题地做下去。

记得作文题目是“与你为邻”,我脑子里嗡地响了一下,毫无思路,但我还是强作镇定,按照平时写惯的议论文套路去写。

风油精在考英语听力前抹了抹,带进考场的一小袋洋参片根本没被打开过。

记得考完回宿舍后大家都有默契地闭口不谈考试,只做着平常做的事情,洗脸刷牙洗澡洗衣服,似乎这也只是无数个平常日子里的一个。

记得考试的那几天食堂的伙食好像变好了,还专门提供“高考餐”,其中有一道菜是枸杞蒸鸡肉,还有免费的紫菜蛋花汤……

就这样,高考那几天一晃就过去了。

跟漫长的备考日子相比,考试似乎并不算什么,谁也不知道我们已经完成了人生中很重要的一个转折点。

在最后一门学科考完的那一刻,我甩着因做题而写到发痛的手指头,心中只剩下一片茫茫然,不知所措……

真的?就这样……考——完——了……

【后记·老师们】

一直记着高三时给我授课的那些老师。

记忆深刻的老师除了班主任,还有语文老师朱老师。

朱老师是一个挺有个性的中年男老师,我们私下里帮他起了个英文名字"Julianne",也有人呼他"朱老总"。他教的是我最喜欢的语文课,他大学时念的又是我理想中的中文系,所以爱屋及乌,我很喜欢朱老师。

我总是很努力去学语文,记多音字和错别字,背古诗,做阅读,写作文……我的语文成绩还不错,有一次,朱老师还在班上朗读了我的作文,并说——

"这是咱们大班长的代表作了!"

有一次模拟考我语文才得了一百一十多分,朱老师就说——

"你的语文成绩竟然也会低于一百二十分?"

很感动他对我的肯定。

朱老师很反对设置重点班,曾对我们说:"你们普通班的同学要考进前五十名(重点班五十来人),让那些所谓重点班的同学瞧瞧厉害!"

朱老师很感性,有一节课讲作文讲到自己的母亲,当说到他母亲因双脚走不了路,靠着两个板凳一步一挪地走路时,他竟然泣不成声,范文也读不下去了。

朱老师很直爽,有时也很幽默搞笑。一次正在上课,他突然停下来说:

"不行了,我得去解决下面的问题。"

然后他转身出去了,我们愣了一会儿才明白过来,发出一阵爆笑。

朱老师分析试卷时总爱说:

"这还用说吗?都讲了几百次了!"

然后会再"几百零一次"地讲一遍。

语文学科可以用来讲解的内容本来就不多,多是靠积累,最多也只是分析试卷。而且,同学们的晚自习总是奉献给英语、数学的多。所以朱老师算是紧张备考工作中较轻松的,但他还是会常常来教室里"巡视",腆着肚子背着手在教室里踱一圈,无人理睬他,他又踱着慢步离开,口中说:

"好寂寞啊。"

让看书看得焦头烂额的我们失声而笑。

但最后没想到,我的语文高考成绩竟然并不理想,真的就低于一百二十分了。至今想起还觉得有点儿对不起进考场时与朱老师的那次用力握手,心中有愧。

数学老师是陈老师,她是一个很有经验的老太太,头发已经花白,但身体强健，既活泼又开朗，时常和我们一起踢毽子。

我们班女生跟她相处得很好，经常有人找她晚上去运动场散步并让她排解心事。

她讲课讲得非常认真，也讲得很清晰，我们听完后，思路会被一下子打开。数学高考我考到了高分，真的要好好谢谢陈老师。

在大二那年暑假我们高中同学聚会时陈老师也来参加了，还与大家一起去唱卡拉 OK，陈老师飙了一首《青藏高原》，风采不减当年。

我们的英语老师叫 Tracy，还记得每节英语课上课前我们高喊的——

"Good morning, Tracy."

Tracy 是一个年轻的女老师，烫着橙黄色的短发，带着艳红色的眼镜，看人时会从红眼镜的上沿射出视线来。她身上也总是穿着颜色鲜艳的衣服，化的妆也偏浓，穿高跟鞋，所以每次她来，她的高跟鞋音会先预告。她上课总要带着扩音器，板书很漂亮。

地理老师是传说中的校长夫人，扎着马尾辫，戴黑色的眼镜。

似乎大家对她的教学能力颇为质疑，曾经想要联名上书，要求换掉她。

我记得高考前，一天晚上在阅览室里她还给我细心讲解了一道题目，然后很高兴地说——

"这道题很典型，你掌握了后天上战场就没问题了！"

政治老师，啊，我竟然把政治老师给忘了，她好像是 3 班的班主任，讲话语速很快，爱穿连衣裙。

【再后记】

我是听着单曲循环播放的 Allan Taylor 的"*Some Dreams*"来写这些超过万字的细碎回忆的，耳畔歌者低沉而有磁性的嗓音随着悠长深情的旋律，一遍又一遍地唱着——

Some dreams are big, some dreams are small.

Some dreams are carried away on the wind and never dreamed at all.

Some dreams tell lies, some dreams come true.

I've got a whole lot of dreams and I can dream for you.
If not for me, if not for you,
I'd be dreaming all day. I wouldn't know what to do.
I'd hang around, I'd lost my way.
I'd put off what I couldn't do for another day.

有些梦想很大,有些很小;
有些随风而去,不再想起;
有些如同谎言,有些成真。
我做过了很多的梦,却总是梦见你,
如果不是因为我,如果不是为了你,
我会整日做梦,不知所措;
我会团团乱转,迷失自我;
并且日复一日,蹉跎万事。

听着听着,我心中织出了满满的旧时岁月的味道,满满的感慨。

那年我们十七八岁,在镀上怀旧光线的年月里,为自己的未来拼搏。

那年我们那么紧张地准备高考,那么在乎自己是否解对了一道题,那么重视那个鲜红的分数。

那年我们一起读书、一起上课、一起打瞌睡、一起踢毽子、一起打篮球、一起开夜车、一起考试……

竟然就这么过去了吗?很多人甚至再也不去想起了?

各奔前程而去的我的那些曾经的同学们啊,我多么想念你们,想念曾经的自己,想念那个炎热的夏天,想念在那个夏天里冒汗努力的时光。

那些就是我的高三,我的拼搏,我的梦想,我的青春啊!

那些整齐的读书声越来越小声,渐渐不闻了;那些埋首书堆间的身影也越来越模糊,消逝成白茫茫的一片了……

只剩闷热的教室里头顶上依旧嗡嗡嗡嗡转动着的电风扇，和教室外一声长一声短的知了声……

只记得，哦，那年夏天，气温三十六摄氏度。

2016年写于广东清远

请叫我研究生！

一、前言

这句话是大学时某日坐在自习室的我，低着头看书，头昏脑涨，腰酸背痛，太阳穴和眉心隐隐作痛，艰难地抬起头看着眼前一堆堆翻得凌乱的书，忽然一阵哀戚涌上心头，感觉好辛苦好辛苦，然后悲愤地用红肿且长着茧的手指头，紧紧握着我那支笔杆断掉又用透明胶缠好的钢笔，在日记本的空白页上，用力地写下来的，最后那个惊叹号还把纸页扯开了一个长长的口子，发泄着我心中的大爱大恨！

那时我咬着牙，在心里说，等那一天，等那一天我拿着苏大的录取通知书，对世界大声说，狠狠地说：

“请叫我研究生！”

二、“嗨！亲爱的，我在这里呢”

今天，苏州大学2014级研究生拟录取名单公布了，我打开网页，点开链接，下载，打开文档，一个名字一个名字地看下去，古代文学专业录取名单排的位置并不靠前，在我看了很多个搔首弄姿的名字后，我终于看到了——“郭婉玲”，它静静地站在一堆名字中间，五号的宋体，字不大，平凡普通得差一点儿就会被淹没，但是它就真的在那儿，安静地，在那儿淡淡地微笑着看我，仿佛轻轻地眨了一下眼睛，说：

“嗨！亲爱的，我在这里呢。”

我鼻子一酸，眼眶温热，捂住嘴巴，差一点儿哭出声来，你在那儿就好，你跟着我那么多年，我终于让你在那儿堂堂正正地站着，真好，真好。

在保送研究生时，我好不容易拿到了学校的名额，我只给苏州大学寄出了申请材料，然后天天焦急地等待，按F5键一次次地刷新网页，最后看到了“苏州大学2014年接受推免生名单”,上面“文学院”一栏空荡荡的,一个被录取考生的名字也没有,那一片空白空得让我荒乱、白得让我心痛,“郭婉玲”这个名字没有站在那里,当时它一定躲到哪里哭去了。

然后,2013年10月10日,我在研究生报名表上看到了它,有些怯懦,有些茫然。

2013年12月25日,我在刚打印出来的准考证上看到了它,贴有同样自信地扯起一边嘴角笑着的那张高考前拍的证件照。

2014年1月4—5日,我把这个名字一笔一画地写在一张张研究生初试的试卷答卷上;2014年2月17日,我登陆查分系统,输入这个名字,然后看到在她得旁边站着一个凝聚了我一年,哦,不,是二十二年心血的数字——三百九十二,它也微笑地着看我,似乎在说:“虽然我并不漂亮,但我是你的。”

2014年3月27日,苏大公布研究生复试后录取名单,我看到它依旧静静地站在第四的位置上,不张扬,也不卑下。

而今天,我终于又看到了你,静静地存在。

在这一年里,我到底经历了多少纷乱的心绪,遇到了多少繁杂的艰辛,我到底以怎样的姿态存在着,渐渐地我已记不甚清楚了。时间张牙舞爪地要慢慢地让那个我隐没——直至消失,让人以为那只不过又是时间长河里无所谓的一下轻轻点水,涟漪荡开去再也寻不出痕迹,仿佛无事发生,但是我不会让这发生的,我不想让她不见了——那个在自习室认真看书的我,一天又一天努力的我,一直坚持的我,那时是多么艰难、多么茫然无助,又是多么坚韧强悍、多么充实与安静,我不会让那个我消失的,我不舍得,我怎么舍得呢,我要在我的文字里记住那个曾经的我,让日后的我伸出手,隔着时空,温柔地抚摸着那年那个我的头,一下一下,说一声:

“亲爱的,辛苦了。”

三、我的考研生活

清晨,我会在手机音乐响起第一个音符时醒来,抓过手机,一点点儿睁开眼睛,机械地按下“消除闹钟”,瞄到手机屏幕上显示——5:55,我抱着被子倒回床上静静地再躺五分钟,等到手机在6:00第一下震动时果断地睁开眼睛,坐起来,爬下床,迷蒙地穿上拖鞋,在舍友们一阵均匀的呼吸声里摸索着黑暗走到阳台,拧开水龙头,把脸伸到冰凉的水中,大脑在瞬间清醒。

看到外面是一片深沉的夜色，深深浅浅的宝蓝色夜空，有时几点孤星无聊地闪烁着，或许还会看到埋在云朵里的月亮，对面汇景新城一排排楼房小小正方形的窗口明明灭灭，左边那栋女生宿舍楼走道上的灯亮着，前面广园高速公路上一盏盏站得笔直的路灯一点点儿地蜿蜒到远方，楼下的紫荆树在校道两侧昏黄路灯的直射下笼罩上一圈模糊的光晕。

我在这寂无声响的黎明里，飞快地刷牙、洗脸，最后朝阳台上的镜子里看看自己这张新一天的脸，我认真地扬起嘴角，朝自己笑一笑。

上厕所，换衣服，拎上书包，出门。

走过长长的走廊，打开手机上"酷狗音乐"，找到"考研英语历年真题录音"播放，听完一篇完形填空题，就走到了一楼那间杂物房——我的秘密基地，我站在一堆破旧的桌椅上，担心从那里会突然钻出一只老鼠，却假装镇定地捧着试卷，跟着录音压低声音读历年阅读理解课文，天花板上的那根日光灯管投下惨白的灯光。现在想想，那是多么悲壮的画面，如果有人偶然闯进来，他/她肯定会被我吓得半死。

读完四篇课文，走去敲宿管阿姨的门，在阿姨嘟嘟囔囔的抱怨声中怯怯地出门，顺便把手机上的录音换成"2014 年考研英语红宝书 · 单词"。

我推着单车绕过校道，早起的校工正在一下一下有规律地扫着道路上的落叶。偌大的稻香园里寥寥无几地坐着几个吃早餐的人，我和大家一样默不作声地喝完一碗皮蛋瘦肉粥、吃了一个肉包子。

然后骑着自行车过"黑龙江"，上一个坡，过岑村桥公交站，再上一个更陡的坡，穿过林学院前面那一排散发着清香气息的树，来到我最喜欢的那条校道，小鸟们依旧像孩子一样叽叽喳喳地叫着。两边参天老树像一个个早锻炼的老人家，佝偻着背稳稳妥妥地行走在晨光里，翠绿翠绿的树叶铺洒满天。晨曦的第一缕阳光从树枝间漏下来，在我脸上投下深深浅浅的光影。转了一个弯，便可以看到满地黄绿色落叶没有来得及被清扫的白玉兰路。路过粉红与橘黄色的西点屋，几个上早班的人正在排队买面包。

我再奋力骑上那条素净的路，便可以看到图书馆了。那位守门的大叔应该是熬了一个通宵，正在门口甩胳膊甩腿。左边空地里，一位身穿飘逸的白色练功服的白发老人正跟着自带录音机的音乐打太极拳。我走到右边的石凳上，放下书袋，拿出《中国古代文学作品名篇选读》，在斜倚着一丛竹子的栏杆旁边，朝着刚升起的朝阳，朗读起古诗词来。

8:00,图书馆开馆,我冲到二楼小说书库里左侧第一排靠窗的位置,放好书包,拿着我的粉红色的保温瓶去门口装热水,冲一杯滚烫的咖啡,在焦香的空气中打开英语辅导书,埋头做阅读理解题……

两小时后,10:30,我推开椅子站起来,上厕所,去小阳台慢慢地吃掉一只红苹果……

11:30,图书馆的温馨提示会轻柔地响起:"亲爱的读者朋友,请你注意保管好随身携带的物品……"——哦,原来已是中午了,我赶紧把手头上一个阶段的活儿做完。

12:00,我收拾好桌面凌乱的书籍,把下午的复习资料整整齐齐地放在面前,站起来,去吃午饭。我双手插在衣兜里,耳朵里的耳塞播放着 FM93.3 电台,正午 12:05 张悦楷播讲的长篇小说《西游记》准时开讲。走下图书馆门前那一条长长的楼梯时,刚好是梁君诺在唱主题曲《西游永记》:"……那弼马温经典无可媲美/斗法极尽流利/坎坷悲中带喜/自细八戒已是我的知己老死/让西游的神话倾倒世代绝艳似花/让西游的神话潮流里翘首眼下……"歌曲竟带点儿励志的味道。然后便是熟悉的"原文再续,书接上一回……"我在孙悟空和猪八戒的斗嘴与唐僧的"善哉善哉"中微笑地走到绿榕园,在"大众美食"窗口排队。前面一般排有三四人,轮到我时,我对打饭阿姨竖起食指,说"一两饭",再点一份一元的素菜和一份三元的荤菜,刷了卡,捧着饭盆到"老火靓汤"窗口排队拿一碗最喜欢的"鱼头豆腐汤",没有这种汤的时候我也会将就喝一份"玉米猪骨汤"的。然后来到我的固定座位,用二十分钟吃完。

走出食堂时总会遇到门口那个我从来没帮衬过的文具小摊。抬头一看,中午的阳光有些耀眼,穿过树丛星星点点地照下来,叶子绿得更炫耀了,我也从不带遮阳伞,在白晃晃的阳光下,依旧静静地走回图书馆去。在书库的一个个高大的书架之间慢慢地散步,那难道不是最浪漫的散步方式之一吗?我看着一本本挤满书架的书,古代的、近代的、现当代的、中国的、外国的;诗词、散文、小说、文学理论;精美的、华贵的、朴素的……它们微笑着看我走过,像是接受检阅一般。我心里想,什么时候能跟你们促膝畅谈该多好啊!困意一点点儿浓了,走回座位,摘下眼镜,趴在书堆里沉沉地睡去,有时竟还能做梦,做一些见到绿光和树影的梦,然后悠悠地自然而然地醒来。看看手表,刚好是睡了半个小时,不多不少,我的生物钟让我惊讶。醒来后,我去洗手间洗了脸,再用热水泡一杯咖啡回来,开始复习文学作品和文学评论。

下午的时光过得特别快,我总是在埋头看书时,突然发现日影已西斜,竟已到了黄昏。我伸个懒腰,到了吃晚饭的时间了。这时候,我会听歌,听一些平静的歌、沧桑的歌,至今那些旋律我仍记得,记得喜欢循环播放苏打绿的《相信》,一遍又一遍地轻声跟唱:“我会永远相信/开始掉下的泪/你和我的世界/痛褪去更清晰/我会永远相信/不完美的完美/不管什么世界/距离不是距离……”这带给我巨大的力量,让我从很多的犹疑虚无中提醒自己要相信,相信自己、相信未来。有一次,我听着听着,在华灯初上的暮色中竟然默默地流出了眼泪。记得《田径之歌》中真的是刘翔的声音在唱:“Run Forever/To be the winner/And you know what to do/Just to do/And want you know……”刘翔一直是我的精神力量。记得也听五月天的《咸鱼》:“我没有任何天分/我却有梦的天真/我是傻不是蠢/我将会证明用我的一生/我如果有梦有没有错/错过才会更加明白/明白坚持是什么……”一开始我为歌词而笑,听着听着也会触动内心。还有李宇春的《和你一样》:“谁能忘记过去一路走来陪你受的伤/谁能预料未来茫茫漫长路你在何方/笑容在脸上/和你一样/大声唱/为自己鼓掌/我和你一样/一样的坚强/一样的全力以赴追逐我的梦想……”这让我记起读高三的日子。

晚上,我的内心会很宁静。外面的天空黑漆漆的,熟悉的那三棵紫荆树也隐没了身影。我一页页地翻看文学史,一笔一笔地记笔记,时光就这么消逝过,了无痕迹。

21:50,图书馆闭馆的音乐柔柔地响起,仍然是那种我跟着哼过无数遍的旋律。等到22:00,那个短头发的管理人员来下最后的“通牒”:“闭馆了!带好自己的东西,明天再来!”我迅速地用一分钟收拾好东西,走出图书馆,习惯性地抬头看看夜空有没有星星,常常看到的是半隐在薄云中的白月亮。走下楼梯,看到单车停放处我的自行车孤零零地在那里等我。看着别的车一辆一辆地被主人牵走,它心里有没有一点儿焦急呢?不过跟了我快三年了,它也应该习惯了这么一贯的等待吧。我心中会有一点点儿感动,悄悄地说:“车儿,我们回去吧。”

骑着车,一路下坡,穿过空无一人只有路灯昏黄寂寞的校道,有一点点儿害怕,所以骑得飞快,像是逃跑。回到宿舍,不过22:10左右,带着书到早晨我读书的那间储存室,晚上那里看起来更恐怖了。我不动声色地坐在一张半倒的书柜上看书,这时才感到疲倦,身心沉重,特别是脖子和肩膀又酸又痛,但心中还是开心的,起码证明我今天好好努力过,看得进书而一身疲惫地回来,总比轻轻松松却一无所获地回来要好。储存室里有时真的就传来几声"吱吱"的老鼠叫声,令我不由得毛骨悚然,但幸好老鼠从来不曾露面。

22:30,最后的闹钟响起,我又逃跑般奔上五楼,回到宿舍,洗澡、洗衣服、洗漱,收拾好明天穿的衣服,对着还在热烈讨论着星座运势的舍友们说:"我关这边灯了哦。"爬上床,雷打不动地在几分钟内睡着。夜夜有梦,醒来就忘记。

这样的日子,我过了起码有两百天,想不到一天天下来,我竟然就坚持了两百天。

四、我的考研根据地

1. 图书馆

华农的图书馆是我的第二宿舍,我的最美好的学习时光都是在图书馆度过的,我熟悉通向我的座位的每一步。开始见到图书馆大楼时,便能看见那一块刻着"图书馆"三个大字经常有人在那里拍照留念的大石头。我曾无数次经过它,有时还会一笔一画模仿上面的书法。抬头看到的是那一条长长的楼梯及楼梯旁永远坚韧的杜鹃花。走上十几步,右边是密集书库,门口那一棵鸡蛋花树花开花落,树下是并没有水流过的石桥。旁边还有秋日里散发出阵阵清香的桂花树林,颇为清幽。到了图书馆前,最喜欢的是那一丛翠绿翠绿的竹子和斜倚着的在春天会开火红火红的花的木棉树。走进门口,左边懒散地坐着那个心情喜怒无常的守门大叔,右边是同样随心情而决定让不让你进的门口关卡,我多次被它拦截。径直走上二楼那条楼梯,墙壁上镶着黑色肃穆的瓷砖,有时我闲着的时候会轻轻敲击,它们会传来空洞的声音。二楼的小说类图书书库那黑色金属拼成的名字掉了一个字母,门口那个热水箱总有人不顾警告而把水瓶放在上面——我也做过这样的事。走进书库是那一架架让我既爱又敬的书籍,还有那个经常流连的待整理书架。我选了那个靠窗的固定座位,坐在那里可以看到窗外那三棵紫荆花树,春天的枝头开满繁盛的白花、红花,灿烂之极。在窗口隐秘的地方还有我在无聊时写的小小的"恋凌专座"四个字。

2. 阅览室

我在教五七楼启林南分馆中度过我考研的关键时期。每天早上我几乎都是第一个到馆,并在门口用书袋占着第一的位置。偶尔也会有一个女生比我来得更早,让我不甘心。然后,我跑到外面靠着圆形的栏杆读书,下面是安静的圆形花坛。我有时也会到圆形栏杆的另一边,捧着杯热咖啡读政治,栏杆下是像游乐园的过山车一样滚滚而过的车流。快到八点时,我便走到我几乎定点的座位上。那时,排列着等候进馆的队伍已经很长很长了,一直排到了墙壁那里还转个弯绕回到电梯口。然后那个头发很长的或者另一个扎很多辫子的女老师,抑或那个身高大概有一米九的男老师会匆匆而来开门,那个男老师有时会跟我打招呼,说:"又是你第一啊。"我微笑,提着书跟他走进阅览室,排在后面的大军也汹涌而至,半小时内把所有位置占满了。我的专座是那个最角落的座位,旁边是被立式空调挡掉了一半的窗户,我到座位上做的第一件事就是推开窗户,清凉的晨风便一下灌进来。身后是一本本期刊,其中有我看过的《小小说》,另一边是乱七八糟地堆满学生书籍的架子和架子上的一盆盆绿萝。正面墙上挂着一台走快了的钟。我每天午睡醒后满目都是透过吱呀作响的门和四周窗户射进来的亮光,外面的饮水机出水口处常有别人喝完茶倒掉的残败的菊花。

3. 教五 203

2013 年暑假,图书馆、阅览室的考研自习室全部关闭,我在教五 203 度过了复习的黄金期。在那个最前面的角落,摆放着一张我向同学借来的书桌。右手边墙壁上挂着标语——依稀记得是什么"唯有坚韧不拔之志……方能成就一番大事业"之类的。书桌前面紧贴着的是我天天面对的那一堵墙壁,上面还有几点我不小心甩上去的墨水,墙上贴着我的"今日计划"。左手边是一个到我脑袋高的窗台,整齐地放着我的复习书籍,通过那扇窗户偶尔有一阵强风吹进来,扬起灰旧的窗帘,时不时还下大雨,溅进滴滴小水珠。书桌右边是我自制的垃圾筒,除了放着早上我喝完的豆浆瓶之外,其余都是废纸。教室后面是稀疏坐着的同学,有考研的、考公务员的,更加努力的是准备参加司法考试的。教室外面是那几株挺拔优雅秀丽的白玉兰树,很喜欢它们铺洒着的叶子,有一棵树上还有一个鸟巢,每次我打水经过时总留意那里有没有鸟儿出没,却一直没有发现,可能那只是一个被废弃的鸟巢吧。外面的走廊上,依旧会有朗读英语的人。

4. 考研自习室

我的考研自习室里的位置是我 5:30 起床才去占到的,至今我对那一场激烈的抢位大战记忆犹新啊。还是"早起的鸟儿有位坐",我顺利占到自己喜欢的有风扇的靠窗的角落座位,还帮两个同学抢到了理想的座位。我的座位的绿色椅子是活动的,很不方便,于是我便在身侧压了一箱书,天天倚着我的书学习。座位前面是顾炎武的名言"天下兴亡,匹夫有责"的标语,境界全出啊。前面的黑板上有同学热心的考研倒计时和"谨防被盗"的提醒,左边窗台上是落满灰尘的不知放了多久的书本,应该是"考研前辈们"留下的。就连讲台上也驻守着两位女生,有一位还把电风扇带来了。自习室里到处是高高的书堆,比高三更加"高三"。窗外是大马路,经常响起大卡车重重碾过的声音。由于这里充满炎热的气流,以及不时响起的噪音,我在考研自习室并没有待得太久。等到天气越来越热后,我终于忍不住把座位让给了我一个考公务员的同学,我搬到了上面七楼有空调的阅览室,偶尔我还是会回去看看努力中的"研友们"的。听说我们考研结束后,考研自习室就装上了空调,以后的师弟师妹们要努力去占位哦!

我带着我的水瓶和我的书,展开了与我的考研复习根据地共存亡的生活,我天天隐居其中埋头苦读,下定决心去过一种寂寞艰苦的生活。我选的都是靠近窗户的座位,因为我喜欢偶尔抬头就能见到或湛蓝或灰蒙蒙的天空,有时白云正优雅娴静地飘荡;有时颗颗雨珠狠狠砸下,织成一幅密密的帘布。而我低头看着书,时光从身边匆匆略过,一种沉静和安定在枯燥而漫长的学习中深深沉潜在我的心底,给了我最真切的安慰,即使还会时时焦灼,但在根据地里的奋斗让我过得充实,那里的每一分每一秒都充实着我的灵魂。

五、那些默默一起的研友

我还记得那一群一起考研的人,在阅览室早早地分别用书包、水瓶、雨伞占位排队,大家都希望可以坐上图书馆阅览室里面那个自己固定的座位,然后散落在七楼各个固定的座位上读书。有人不断重复地念一个单词,有人叽里咕噜地大段大段读英语,有人在背大家都熟悉的政治,还有人在朗读自己的专业课,什么"树木""粒子""市场准入",而我则是读完政治,就背诗词。大家的声音此起彼落,在一片杂乱而神采飞扬的读书声中等待着阅览室开门。

在杂乱堆放资料的地方,每个人也都能迅速找到自己的书堆,一个个抱着一大堆书,像一群勤奋搬运粮食的小蚂蚁。在同一个空间中,我们一起低头看书,偶尔抬起头来,总能一眼看到那十几个考研的人所在的位置。看着其他人依旧在认真地埋头看书,我本想找借口休息一下的念头便会打消,大家都在努力,我怎么能偷懒呢?而在去打水、上厕所、吃饭时也总能马上认出那几张熟悉的面孔,考研人总是带着熊猫眼,但眼底又都有一抹亮色;蓬头垢面不修边幅,但行走如风,步伐坚定。若彼此熟悉的,还会在碰到时聊两句,抱怨英语阅读理解题做错很多、政治知识点很难背,诉说自己不专心、效率低,互相询问买了什么资料,告诉对方这份辅导班的笔记不错,要不要借给你看看……

我们知道,其实考研这条路上只能自己一个人走下去,书看了多少、懂了多少、记了多少,题做了多少,只有自己知道,但彼此偶尔鼓励、偶尔相互扶持一下,竟然让自己生出那么大的力量。就算很多人之间从没有交谈半句,但心里还是感觉到有考研人与生俱来的默契的。只要知道,在这条路上,还有人和我一样,肩上背负着希望奋力前进,我并不孤单,这不是很好的安慰吗?

我记得拜托过我霸占座位的两位女生,后来还热情地借资料给我看,问我要不要买某某书;记得那个送我一支冰冻咖啡的女生;记得总会一起留到最后,等老师催促才收拾东西的那两位男生;记得那个不分黑夜、白天拼命大声朗读的男生;那个背一个单词会不断地高声重复十几二十几遍的男生;记得那个看着看着书熬不住而睡着了的女生,手还保持着握笔的姿势;还记得那个给我留小纸条,希望我帮她看管她的资料的那个女生……

当然,还有我同班的梦娜、文静、巧珊,以及与我住同一个宿舍、考同一所大学不同专业、名字一起出现在录取名单里的海琳同学!感谢大家的陪伴,让我们一起记住那些在一起或不在一起度过的考研时光吧!我会记得你们努力拼搏的身影,那是我们的大四,那是我们的二十二岁!

而我印象最深的是那个最称得上研友的男生,我们在图书馆最角落的一张四人座位上度过考研复习的最后时光,连考试那两天也不例外。

每天早上,我总会比他早一点儿到,摆好了书。在我快把一杯咖啡喝完时,看到他戴着黑框眼镜、手上拿着喝了一半的学士酸奶进来了。他拉开桌子,在我斜对面那个座位坐下,然后用他的书把他对面和他右边的座位都占了,他应该是不想很多人在一起而被打扰吧。其实,这个偏僻的角落距离热水机和厕所都远,本来也很少会有人来着这里看书的,那时就是因为这里清静和靠近窗户,窗户外还有一大株紫荆我才过来的。

然后,各自看书,在 11:30 吃完午饭至 17:30 吃晚饭间,他竟然一次不会离开书桌,果然男生比较能坐得住!他吃饭的时间都比我快了近半小时,所以他不在时，我偶尔会偷偷看他在启航辅导班拿到的政治笔记，而每次我吃完饭回来他已回到座位了。有一次，我发现他也在看我的英语资料，我担心他会因被我发现而尴尬，所以我没有立刻走回座位，而是转了一圈才回去。只见我的资料端端正正地放在原来的位置，不露痕迹。

午后，我会趴在桌上睡半个小时，醒来后看到他也枕着手臂睡着了。一会儿醒来，又各自看书。

到了闭馆的时间，我们会在管理员最后催促离开后收拾自己的资料，把书放在椅子上，推进书桌底下过夜——反正明天一大早就来，这就省去了天天携带书本的辛苦。然后，我们各自离开。

考试那两天，我们依旧按照平时的模式运作，只是那时身边其他考研人已经到考场里做准备了。似乎考研复习的人只剩下我们两个了。考场就在我们所在的角落外面，开考前半小时的钟声清晰地传来，我们却依旧淡定得像平日一样看书，但最终是我沉不住气，看了几次手表，在开考前十五分钟拿上文具袋，先去了考场，走过他身边时我在心里又轻轻地说："你也要加油。"考完了第一场科目政治，我吃过饭回到座位，他也已回到那里看英语资料了，不知道他考得怎么样呢。后面三场考试我们还像平时一样，似乎这两天仍是那些复习时光的重复，继续"看书—考试—吃饭—看书"的模式。

考完了最后一场，我没有去吃晚饭就直接回到图书馆，他的书都像平时一样放着，我慢慢地收拾我的东西，明天，就不用再来复习了！研友，再见！

是的，一直以来我俩没有说过一句话，只有在管理员催促我们离开时说"你们两个同学快点儿"时，有时会一起答应："哦！"

其实最后那几天我很想在早上他来到时跟他打个招呼的，但是我没有，最后的复习时间都很紧张，大家都在朝着未来做最后的冲刺，这如同是一个没有讲出来的约定。就是因为我们都安静，才没有暧昧，没有扭捏，不会分心，我们是一个考研人与另外一个考研人的共同存在。况且我们一起相对坐着看书那么久，那已是最好的交情了。

但是我真的很高兴能够和他一起走过最后的复习时光，很少看到像他那么勤奋的男生，真的很希望他能够考上理想的学校，他值得。

后来，我曾回到图书馆在那个座位上写毕业论文，身边的座位会不断有人过来坐下、离开，却再未见过那个男生出现了。

六、战　场

研究生入学考试那两天我是怎么过的？对考研人如此重要的那两天，在别人看来可能就是一个普通的周末。而我为了这两天，整整辛苦了一年，最后一个月我还按照设想预先彩排了好几次这两天的场景，所幸无他，一切顺利。我顺利地起床，没有因听不到闹钟而迟到，而且天气很好，不很冷，也没有下雨。我睡得也不错，没有失眠，没有做噩梦。顺利地吃了早餐，没有肚子痛，没有想呕吐；顺利地来到图书馆，单车没有爆胎，我没有摔跤；在图书馆等开门时顺便看看书，虽然心跳得快了一点儿，但没有心烦意乱，没有老往厕所跑；顺利地进入考场，没有忘记带准考证、身份证、文具；顺利地完成考试，没有忘记写名字、没有填错答题卡……

第一场考试，我来到考场，戴红色袖章的考场巡视员已经在吹着哨子大喊："请考生尽快入场！"我所在的考场里大部分考生已经到了，我心里小小一惊，随即发现海琳就坐在我的后面。政治试卷发下来，在做选择题时我竟然犹犹豫豫，超过了预定时间还没答完，事后证明，我的政治这门学科考分不高就是因为毁在选择题上，而答大题目时我就龙飞凤舞，把想到的与题目有关系的背过的一切知识全往上搬，进入忘我境界。最后压着考试结束铃声答完，才发现手都累得抬不起来了，把一支新笔都快写没墨水了。

考英语时，在做阅读理解题时我还是有点儿慌乱的，题目较难，阅读文章时有很多看不懂的地方。我的心一直猛跳，我告诉自己，冷静冷静，细细分析，一道一道题目好好做，才发现中午睡着了真是万幸啊，不然头昏脑涨是不可能好好答题的。终于做完四篇阅读理解题，我才长长地呼了一口气。新题型、翻译题都还好，大作文的题目有点儿出乎意料，但我按照练习的模板把作文凑出来了，竟然还剩下近十分钟，我便装模作样地检查全部答案，最后一字没改地将答卷交上去了。

第二天，考文学基础综合，我仔细地打开信封，题目打印在一张A4纸上，不过占了这张A4纸的一半，我按照之前叮嘱自己的在心里说："郭婉玲，这是你最喜欢的文学，好好做题，这是你的舞台，Show time！"但做下去，才发现自己记得透熟的内容百分之九十五都没有派上用场。古代文学的题目中有一个小问题不知道如何答；现当代文学没有把题目分析透彻，导致答案不完整；文学理论题完全是靠平时积累的常识去答，有点儿吹牛的味道；外国文学题就惨了，考《漂亮朋友》中的杜洛瓦和《红与黑》中于连的比较，可是《漂亮朋友》很久之前我只是粗略地看过，完全忘记了小说的具体情节，也不知道杜洛瓦是谁了，于是只能拼命地写我熟悉的于连了，答得很糟糕。

下午最后一门考试考文学评论，这一门我辛辛苦苦复习了好久，可是拿到试题一看，要求评论的对象竟然是议论文，可是我平时练习的都是文学作品，小说、散文、诗歌、戏剧，而没有评论过议论文。但是我没有慌乱，用一个小时把文章一遍一遍地看，把想法和写作框架一点儿一点儿地写在草稿纸上，要评要论要分析，思想内涵、艺术手法、哲理升华……后面两个小时健笔如飞，滔滔不绝，写得兴高采烈啊，在考试结束前 20 分钟终于写完了。我放下笔，揉揉酸痛的手臂，呼了一口气。这时候我才突然觉醒，我的考研初试，就这样结束了呢。

过了一个没有回忆的春节后，回到学校，忐忑地等成绩。2014 年 2 月 17 日下午 3 点，考研群上的人都沸腾了，大家不断地晒分数，我坐不住了，忐忑地到了电子阅览室，登录系统，输入，按回车，我看到了自己的分数——三百九十二分，没有达到理想的四百分以上，但我还是高兴得用力握着拳头，谢谢，我没有哭。

2014 年 3 月 30 号，我坐了二十一个小时的火车到达苏州，参加研究生入学复试。虽然知道是以第四名的身份进入复试的，但我心里还是非常担心，最后一击呢，革命还没成功呢。笔试要求分析王国维《人间词话》里的一段话，我写到全场最后一个离开。第二天面试，见到了那些久闻大名的老师，面试时他们都很和蔼，没几分钟就过了，问的问题不多，我答得也浅显，心中不由得更加惴惴不安。在英语听力、口语考试过程中我也只是与一位年轻的女老师交谈了几句，就这样完成了复试。

我的全部考研历程，到此真的结束了呢。

七、谢　谢

在复习考研的这一年里，我要谢谢很多帮助过我的人，老师、学长、学姐、家人、朋友、同学，在这一年中给了我许多真诚的指导与及时的帮助，让我少走了不少弯路，让困于看书漩涡中的我感受到外面世界的温暖。

但是，其实我最想感谢的，还是我自己。

这条路，是我自己一个人一步步走过来的，师友、亲人带来的温暖只是短短的瞬间，而大片大片虚无的日子是我一个人硬生生地度过的，空无一人的校道、寂静凄清的深夜和黎明,枯燥的学习时光,只有我一个人面对所有的恐惧。

在这一年里,我到底付出了什么?我放弃了练书法、练国画、练滑轮、打篮球,甚至放弃了最美好的捧着一杯茶静静地看一本“闲”书的时光。

我写坏了三支钢笔,写完了五瓶墨水,再加上两瓶摔破了的,用完了十几沓装订纸,一盒红色的笔芯,写满了五个活页笔记本。我的右手拇指、食指、中指常常是红肿着,结了茧又掉,掉了再结,两个手肘因为常常挨着桌子而刻下一条条红痕,肩膀上的肌肉常常僵硬酸痛,眉心和太阳穴总是隐隐作痛。

我付出了所有的时间和精力,我遇到了无数的自我怀疑、不安以及来自外界的打击甚至屈辱。

我曾经看书看得头昏脑涨,抬头一看,不知自己身在何方,自己觉得惊讶,咦?这里怎么有这么多人?忘了我自己到底是不是还在读高三。

我在寂寞地赶路,身边鲜有可以倾诉的人,但是我不能忽略我自己内心的声音,所以我把一切化作文字,写在满满三本的《我的考研记录》里。此外,还有日程本上密密麻麻的计划、一个个大大的黑叉,那里面有我许多点点滴滴、琐琐碎碎的心思情绪,在凌乱的字迹中,我流露着心底的失望、怀疑、不安、焦灼,在那一声声尖锐的追问中,我看到我在拷问自己的内心,我看到我的灵魂在挣扎,一个呐喊着的生命袒露在我的眼前,我欣赏着自己的真实,也震惊我竟然自困在虚无的泥淖里,原来我心底的挣扎是如此的惨烈和悲壮!

我曾经因为在图书馆门前一边排队一边读书而被一位女生仰着脸冷冰冰地警告:“喂!不要在这里读书,你这么吵,太自私了!”我知道看书时若有人在干扰,则会因心不在焉而生气,但我只是想读一会儿书,记熟一点儿啊,而且早上不正是读书的好时光吗?你这位女生不可以只是提醒我一下,而不是声色俱厉吗?

我曾经在早晨6:30因为要出宿舍楼去自习室看书而喊醒正在熟睡的宿管阿姨,曾经被那位阿姨骂骂咧咧地说:“天天这么早,烦不烦啊!”我知道被人从睡梦中吵醒会非常恼怒,但是时间已经超过开门的6:00了啊,我的笔记在等着我看呢。

我曾经在图书馆开馆时抢到我的“专座”,放好书本,悄悄给自己打气,“好嘞,新的一天,加油加油!”而就在这个时候,图书管理员一脸“终于抓住这个十恶不赦的家伙了”的表情走过来,责备说:“这个同学!我都忍不住要说你了,我知道你每天都坐这个座位,但可不可以不要把这里弄得脏兮兮的?一点儿不讲卫生！还有你的书堆那么高干嘛，看起来好看吗?!”“我、我……”地脏是因为我一直坐在这里不怎么走动，所以上午、下午工作人员两次扫地时都忽略我的座位下方，而且这面墙年久失修一直自己掉白灰啊……我的书又碍着谁了！你那么喜欢打击人吗？你一直以毁掉别人的好心情为乐吗?

我曾经因为抓紧最后的时间看书，所以在图书馆闭馆的音乐响完之后才匆忙收拾东西，但是那位守门的大叔，你觉得我真的那么可恶吗？你为什么骂我:“每晚都是你那么晚！睡在这里好了！不要离开好了！没见过这样的学生!”让我带着委屈和心酸得想哭的心情回宿舍。

当然，我肯定也影响了别人，别人肯定是从自己的角度出发，只要自己的一丁点儿利益受到损害，立马挺枪拔剑地回击，本是人性使然。但是，那时的我是多么的敏感啊，因为勤奋而挨骂让我感觉很委屈，自己在拼了命地努力，早已身心俱疲，担心不安地前进、苦苦地咬着牙支撑时，旁人还将一桶一桶的冷水浇下来，浇得我全身冰凉，要是他们能有一点点儿考虑我的感受就好了，给我提意见的时候能够和蔼温柔一点点儿，那我就不会那么难受了。但是我怎么能要求别人考虑我的感受呢？我只能安慰自己，尽快从低谷里爬起来，还有很多书要看呢。或许我曾经哭过了，但是第二天依旧到来，于是我起床，拿上书出门。

2013 年的暑假成为我一生的痛，如果可以的话，我希望一辈子再也不想起，不再多说。我失去了最爱我的人和我最爱的人，而我竟然是因为要留在学校复习而迟迟没有回家陪她度过最后的日子，我这一生注定会为这件事而不能安心，哪怕我还是会笑、会玩，像个快乐的人，但我知道我的心里受了伤，即使好了伤，也会留下疤。每次想起来，我的心还是会像被硬物堵住一样，自责得痛苦不堪。之后那几个月真是一段非常难熬的日子，我经常看着看着书，泪水就模糊了眼睛，再也看不下去，然后一滴一滴地滴到我的书本上。

我的考研，你知道我为了你，究竟付出了什么吗?

在不断的锻造中，我看到自己的灵魂一点一点儿强大，意志日益坚毅，我一直是一个努力的人，一个认真生活的人，我相信自己，相信自己可以得到我用尽全力争取的东西，相信自己所做的一切都是有意义的，终于有一天，春华秋实，我将会实现我的梦想，如愿以偿。

我在虔诚地奔赴前程，我一直在祈祷，希望上天能够听到:“如果我很认真地努力了,请让我幸福吧!”我希望我的这颗心可以在喧嚣中平静下来,沉稳地跳动,与世界一起细水长流,天长地久。

我知道,你对日后的我可能会说:“不就是考上了研究生吗?有什么了不起的?”但对于现在的我来说,那真的非常了不起,难道你就没有试过,为了非常渴望得到的目标,拼尽自己的全力,并且最终实现了目标吗?那你怎么会不明白我的心情?

日后的路还很远,许许多多的时光等待我去经历,希望日后的我,幸福的我、悲伤的我、坚强的我、脆弱的我,能偶尔想起那个努力复习准备考研的我,那她就能得到一点点儿安慰。要知道,那个那么努力的她,全是为了日后的我能够更好,能够更快乐一点儿,能够做自己喜欢做的事,不白白来了世上那么一次。

我会用力地叫你的,那时候伏在桌子上看书的我,你如愿以偿了,你是研究生了!

你,听到了吗?

2014 年写于广州

初入学门有感

困守不毛殊未觉，一朝春意入荒城。
城荒地瘠浑无措，雨化阳高幸好晴。
晴好须耕字句细，天明还学著心诚。
诚心淬励再凿壁，为佩秋兰草载菁。

2014 年写于苏州

再见，二十八岁

星期六中午我看了一部电影——《28 岁未成年》。

年末与周末，窗外下着雨，心绪不佳，我抱着热水袋窝在被子里，双脚依然冰冷。近几年身体慢慢地虚弱，想起从前我是没这么怕冷的。

是啊，我也是二十八岁了。

What is LOVE?

电影开头那个二十八岁的精致女子的模样，是我曾经一直梦想的样子。

白裙子，粉色的香水，四十八公斤的体重，跳着舞煎着爱心蛋，挂了彩色气球，等她那个很帅的男朋友起床向她求婚。

然而，华美的梦想像那只气球一样，“嘭”的一声破裂了，彩色碎片飘洒满地。

只有她自己记住了那个十年后结婚的诺言，刚好十年。

沉浸在玫瑰色的浪漫爱情中，她傻乎乎地放弃了画画的理想和去法国留学的机会，只专心做男人身后的女人，用画画的手为男朋友做羹汤，小心翼翼地照顾自己的男神，把十年最好的青春毫无保留地奉献给了他，并搭上她的才华和梦想。

结果，一心拼搏事业的男友说：“我们分手吧。”

他说：“我给不了你想要的东西。”

他说：“过了这么长时间，很多东西都回不去了。”

他说：“我厌倦了天天对着一个没有改变的人。”

山盟虽在，锦书难托。莫！莫！莫！

这真是很可怕的事儿，明明曾经的山盟海誓仍历历在目，一辈子的话说起来仍掷地有声，然而，告白真情，相处深情，十年陪伴，也敌不过漫漫岁月，走着走着就会淡，就会散。后来再不想起。也不会觉得遗憾。

性格不合、成长不同步、不解风情，都不过是不珍惜罢了，两个人并没有成为生命共同体，没有成为彼此生命中不可分割的一部分，没有像对待自己一样，真正地理解欣赏安慰帮助珍惜。

世情薄，人情恶。

爱情，竟是如此轻飘飘的东西。

人心，是我很难理解的世界。

When you give up yourself ……

电影中的凉夏沉浸在爱情中，放弃了属于自己的梦想和追求，三千六百五十天里过着一模一样的生活，安于现状，毫无斗志，修饰自己来等待男友，改变自己来讨好男友。虽然完美和精致，却一步步走向平庸和无趣，变成了一个负担，让人厌烦和逃离。结果，一切变成了一厢情愿的独角戏，她失去了他，也失去了自己。

在她放弃自尊地哀求“能不能不分手”时，我心中大喊：“不要求他！不要哭！”

既心酸痛惜，又生气愤怒。

我知道她宁愿卑微盲目地伤害自己也不愿意分手，是因为她习惯了等待，她不舍得投进去的十年。分开，意味着十年的深情显得可笑，也意味着自尊心碎了一地。

但是她也是女神啊，为了迎合和讨好一个男人，变得软弱自卑、患得患失、谨小慎微。她有什么不值得的吗？为什么爱得如此卑微？为什么不勇敢？是什么让她失去骄傲？

女人何以至此？

真的很傻，像陈淑桦唱的歌曲《问》里的歌词：

“只是女人/容易一往情深/总是为情所困/终于越陷越深/可是女人/爱是她的灵魂/她可以奉献一生/为她所爱的人。”

爱一个人会低到尘埃里去，但是没有人会喜欢在尘埃里的人。

你可以为爱执着，但不能只为爱而活。

把爱情当成全部，把幸福全然寄托给别人，这太危险了。

放开他，等于放开执念，放过自己。

不是我的，怎么求也求不来；要走的人，怎么留都留不住。与其天天考虑担心他爱不爱你、在不在乎你，苦苦哀求他不要走，不如把时间和精力放在自己身上。

爱自己，取悦自己，成全自己。

最后，凉夏不再像抓住救命稻草一样死命地打电话去追一个男人，她重新拿起画笔，重新找回自己的骄傲，完成了自己的梦想，用画笔画出了一个美好而温柔的女子。

她说："我只是不想再站在你身后等待你转身了。"

我喜极而泣。

女孩子不一定要完美，但一定要勇敢做自己，做独一无二的自己。重拾事业的勇气和对生活的憧憬，珍惜自己天赋和梦想。不管你多大了，一生都应该有自己的追求，自己也要好好活。

实现自我，是最重要的，是永远属于自己的。

有原则有梦想，才是你原有的模样，才是闪闪发光的你。

> "当我开始真正爱自己，
> 我开始远离一切不健康的东西。
> 不论是饮食和人物，还是事情和环境，
> 我远离一切让我远离本真的东西。
> 从前我把这叫作'追求健康的自私自利'，
> 但今天我明白了，这是——
> '自爱'。"

——卓别林《当我真正开始爱自己》

When I be with myself ……

电影中讲了十七岁的小凉夏和二十八岁的大凉夏从相互看不顺眼到相互接纳、再到相互救赎的故事，两个角色在相互的审视中完成一场自我成长和觉醒的对话。

十七岁单纯简单，真实可爱，自由不羁，勇敢无畏，充满热情和才华，拥有一整个世界；

二十八岁患得患失，甘于平庸，没有追求，只拥有一个随时可能离开她的男人。

人在成年以后，真的会遗失以前的美好，忘记了梦想，忘记了过去那个热气腾腾的自己，丢失了最真实的自己。

我想起了以前的自己。

十几岁的婉玲，小婉玲。

那个像男孩子一样的我，风风火火，喜欢打篮球，为考上梦想的学校拼尽全力，执拗而倔强。

虽然心中也有滚烫渴望，但缺了它也不是像缺了灵魂一样虚弱无力。

那时候棱角分明、轰轰烈烈的我，不依赖，敢说不，单纯无畏，眼中有光，内心强大。

我爱这样的自己。

真帅啊！

其实我现在活得比从前好很多，有了一份工作和自己挣来的收入，可以尽情做自己想做的事情，可以买自己喜欢的东西。

为什么反而没有以前勇敢了呢？

是不是我被生活的骨感磨砺掉了棱角而觉得一切理所当然？

（不由得想起我高一时站在讲台上曾经说过的一句话："拜托以后的生活不要磨掉我的棱角。"）

是不是被生活鞭打过的心灵害怕了、怯懦了、缺乏安全感了？

是不是习惯于用很多条条框框以保护之名来束缚自己？

是不是不由自主卷入社会固定的程序而被脸谱化、角色化？

那个小婉玲如果知道现在的你——眼中只剩下是迷茫与犹豫，或是泪水，难道不会气呼呼地问一句：

"你怎么变成这样了？"

想起一则故事——

小和尚问："师傅，我该如何摆脱束缚？"

老和尚说："谁缚汝？"

小和尚说："无人。"乃大悟。

是啊！谁阻止我们做自己呢？为何自己给自己设置千般障碍万种羁绊？

我记得我十五岁的日记本扉页上写的就是“找回自己”，此后一路前行一路迷失，许许多多珍贵的时光片段都丢失了，越来越不知道自己在哪里了。

电影结尾，十七岁的小凉夏帮助二十八岁的大凉夏完成了画画梦，开画展，站在闪光的舞台，走向事业巅峰。

大凉夏终于找回了十年来丢失的自己。

“大凉夏，尽管飞扬去吧，我从不曾真的离开，因为我一直在你的心里。”

遇见过去的自己，真美的启悟！

曾经我们都是激情澎湃、斗志昂扬的自己啊，找回曾经的力量以帮助自己，激活现在平庸的自己，才发现年少时炽热的梦想依然在胸口滚烫，它从未离开！

记起那个对生活无限渴望、一直努力的自己，很可爱的自己。她一直都在呢，真好。

导演说：

“愿你有未成年的冲动初心，与二十八岁的自信舒展；愿你有未成年的浪漫洒脱，与二十八岁的沉稳踏实；愿你在二十八岁的成年世界里，还把十七岁的自己小心地放在心底。用最初的心，走最远的路。”

你勇敢做回自己的样子，真的很美！

融过去许许多多个自己合为一体，既不改初心、勇往直前，又温柔如水、沉稳从容，这样的复合体才是两个自己相遇磨合的超越和升华，才是多元立体丰富的新生命，才是独一无二的自己！

和自己打个招呼：

“嗨，你好，我。”

我们在一起，我们真正活出自我的内在光彩，什么也不怕了。

不要怕，亲爱的，我们肯定都会过好自己的日子，我们会是 Happy ending！

但愿在今后的每个日子里，即使单枪匹马，也能勇敢无畏。没人扶你的时候，自己要站直，路还长，你的背影要美。

电影自画像中那一滴泪水，是告别迷失的自己，转身，让眼泪流下脸颊，在阳光下闪闪发光。

再见,二十八岁！谢谢二十八年的婉玲。

以后的大婉玲,看好你哦!

婉玲,2020,爱你爱你！永远深爱你。

2019 年写于苏州

邀请

生活和我谈一场恋爱

2015年，闲散度日

这一年过得尤其快，想起2014年最后一天和筱筱去苏大图书馆楼下的咖啡吧吃面包、喝奶茶来跨年的情形，而2015年元旦那天看到上海外滩跨年发生踩踏事件、伤亡惨重的新闻，这些都犹如昨天。

唉，每次写年度总结，开头总是写时间过得多快啊，再不珍惜，时间真的就没了！想起董阳老师的话，三十岁之后到她现在四十多岁，时间是嗖嗖地过啊，心理感受到的过往时间似乎不到一年。我如今也有这样的感觉。真快啊！匆匆流逝的时间啊，在我身上留下了怎样的痕迹？

2015年，我二十四岁。

整个1月我都在写论文，第一次深切感受到了一个研究生的存在感。我的论文写的是关于苏曼殊的，我查找资料，分类整理，理清思路，洋洋洒洒写了五篇。日子过得充实而安稳，白天一早学校图书馆到古籍部等开门，傍晚冒着寒风、抱着我的热水杯回宿舍。

学校图书馆闭馆后，我到网师园、怡园、木渎、灵岩山游玩，前后共玩了一个星期，围着白色围巾、穿着藏青色呢子大衣的我兴致勃勃。

然后回广州过了年，见了家人与同学，去山上爷爷的坟墓旁坐了两个小时。

回来后快3月了，我兼职的作文班开始上课。而我自己要听的课很少，看去年买的一堆书，修改论文。

3月开始，我买了跳操的书和光盘，开始运动，一直坚持地做。白天在学校图书馆看看书，写些东西，晚上看电影。实行了一段时间的"每天写五百字"计划，开始学习画Q版手绘，去给两个小女孩做家教，每周六上午上兼职作文班，下午改作文，偶尔去玩和聚餐；第一次去上海考普通话水平测试没过。过生日，买了裙子，拍了艺术照。

我的研一下学期就这样一晃就过去了。

7 月开始做手账,开始频繁地给兼职的暑假班上课,晚上看一些流行的综艺电视节目。

放假回老家,见了几个好朋友。去江口。一个人在三坑待了几天。做手术,脚伤久久未愈。

9 月回校,研二开始了。报名参加普通话和教师资格证考试,复习迎考。国庆去旅游。依旧看书,写东西较少了。自己上课,做家教,教作文班。

10 月基本在复习,11 月开始练跑步,可没跑十天,老天爷便下了近一个月的雨。生了一两场病,去上海领教师资格证,"双十一"网上购物,收快递。陪表姐到乌镇旅行。

于是就这样到了 12 月。

12 月,为毕业论文选题烦恼,艰难地寻找资料,然后没完没了地录入。琐琐碎碎的事情做了一堆,看了一部剧,一直看《樱桃小丸子》。没怎么看自己喜欢的书,画也没怎么画,文章写了三两篇。

写到这儿,发现我浪费了许多时间啊!花了那么多时间,整整一年,却没做什么事情,只有必须去的教兼职辅导班(备课、改作业)、做家教,考了两场试,出游。看书、写作都不多,而看电影和综艺节目倒是增加不少。白天的时间没有充分利用,晚上的时间大部分是白白浪费掉的。

2015 年真的进步不大呢,最骄傲的事情是坚持了运动,大概有八九个月吧,希望能够一直坚持下去,但是体重没怎么减下去,只是看起来好了一点点儿,还是自己没有下很大的决心啊;生活方式和心态都平静清晰了很多(要谢谢苏州的美景和那些书的能量),虽然还时常会被外面的世界迷惑;兼职教作文班和做家教都还算顺利。可缺点是,学术钻研几乎为零。来苏州大学是干什么的?对得起古代文学这个专业吗?晚上的时间浪费得太多了,感觉生命在缩短呢!还有,为什么不勤写读书笔记!为什么不进行文学创作!关于工作,没有以更大的热情提升自己,没有积极要求上进。

所以,我在 2015 年是留有遗憾的。

我不希望我的 2016 年也这样过,所以在这里要好好制订一下计划咯!

必须要坚持的——

① 运动:每周至少锻炼五次,每次 40min ~ 60min。

② 完成毕业论文,进行学术训练!

③ 健康饮食与作息,时刻记住“你吃的就是你自己”!

④ 画画,提升技术含量。

⑤ 节俭,存款。

⑥ 认真教作文辅导班和做家教,有所成就。

⑦ 追求简单快乐的生活方式:散步、喝咖啡、看书、出游。

要加把劲儿地努力的事项有——

① 追求文学梦。一定要付诸实践!好好规划怎么实现!

② 充分而合理地利用晚上的时间。

③ 把生活手账写得更好,规划自己的美丽生活。

④ 各项合理而正确的愿望一定要想办法完成。

⑤ 投资自己,让自己掌握更多的技能,比如学摄影、练瑜伽。

⑥ 实践自己喜欢的事情,体验校园外面的生活,了解人情世故、职场规则。

⑦ 一定要让自己变得更好,然后施展自己的才华。

⑧ 珍惜时间,看演讲、听讲座、读书;收集网络上的信息碎片。

⑨ 对自己的家人、老师、朋友和身边的人更好、更温柔、更善良、更真诚!

⑩ 对自己的学生更爱,而且是有意义的爱,认真负责,让他们进步。

⑪ 珍惜我的过去、情感、回忆!心底从未忘却的东西,要在自己身上闪光。

⑫ 不要被手机、电脑绑架(不要让它们杀死我宝贵的时间)。

⑬ 与大自然亲密接触,过温馨浪漫的生活(比如尝试手工做叶子拼接画)。

还是要很感谢2015年,它让我更像我自己。我心中的理念越来越清晰,渐渐从睡梦中醒过来了。

而对于2016年,我充满期待,希望自己能够时时发出光来,用从心底发出的光芒照亮我的生活和生命!我迫不及待地要开始我2016年的新生活,我相信自己一定会做得更好!

一个更美好的婉玲在未来等着我呢!

2015年写于苏州

2016 年，泯然众人矣

莫逐有缘，勿生空忍。一种平怀，泯然自尽。

——三祖僧璨

我的全部努力，不过完成了普通生活。

——穆旦

2016 年 6 月，那时候的我，在过完二十五岁生日后的漫长暑假里，每天早起，跑步，做早餐，做家教，阅读和写作，赴死般决绝地写毕业论文。我的时间里充塞着许许多多的杂事，无意义地，像泡沫块填充着快递包裹。我仍不够专注，抽丝剥茧之后，我生命的内核只剩下一个小小的蠕动的蛹。

暑假之后，我折叠了心情，9 月，乘一小时的风，像一个刚下田的农夫，去一所古城小巷里的中学“开荒”；11 月，开始找工作，成了一块被置于刀俎下的鱼肉，任人宰割吧，一道一道割掉梦幻的泡沫；12 月，交了薄薄的个人简历，像开玩笑似的；猝不及防，找到了一份工作，又猝不及防，找到了一个男朋友。

2016 年，犹如我生命里盛放的一场烟火，“啪”，突然整个天地都是璀璨夺目的，那么突然，那么美丽异常，像是我的宁静的夜空中，突然“啪”的一声打开了所有的灯，五彩缤纷的礼花从天而降，众神大笑着涌出来，戴着雪糕筒小帽子，吹着长长的哨子，大声喊着：

“Surprise！”

2017 年开头，感恩中又懒洋洋地过冬、过年，喝咖啡、看书、约会，慢悠悠地修改论文，不怎么写东西了，只是看太阳、看湖水、看园林，过元宵节、情人节，跑马拉松比赛，像一只以为就此天荒地老的猫。

3 月到 5 月，我的整整一个春天啊，被一个鸡毛掸子打得零落蔫儿了，去了实实在在的学校，看到了实实在在的学生，上了实实在在的课，心中那个晶莹剔透的女教师雕像哗啦啦地碎了，但是每一个碎片仍然闪亮如钻石。

5月，论文答辩，忙乱于填写各种毕业表格……

然后，又到了二十六岁的生日。

一年又一年，感谢二十五岁一直努力着的婉玲。

即使，仍然常常分神、混乱、焦灼，但是我始终没有做一个让自己失望的人。

一直，婉玲都是一个好姑娘。

嗨，姑娘。二十六岁了。二十六岁啦。

二十六岁的我，怎么样呢？住在姑苏城外寒山寺旁一间简单朴素的房子里，逐渐习惯于一份普通稳定的工作，和一个单纯温暖的男子相爱，此生不渝地阅读写作，想起故乡的亲人和几个远方的朋友，过自己的生活吧。

这就是我想要的未来吗？这就是我的未来啊。

从前的我如果坐上时光机来看到今天的我，可能会很失望吧，从前的那个我一脸嫌弃地对今天的我说——

什么嘛！就这样啊？

亲爱的，我知道，你我曾经渴望过那个梦幻美妙的与众不同的未来，有骑着白马的王子，镶着钻石的皇冠，有万人敬仰的光芒……

那时候，我曾经多么想要把我的未来变成一道光，照亮所有过往黑暗的生活啊！

我曾经多么自信地认为，我是那样的与众不同！那时在看到许许多多别人的生活之后，我不以为然：哼，我不要就这样过完我的一生，我的人生肯定与他们不一样，会更好，更精彩，更厉害。

然而，这时候，二十六岁了，青春的浮尘落定，蓦地发现，我果然也过上了这样的生活——与所有人并没有什么不一样的生活。

天使终于折翼，坠落至凡间。

然而，我本从凡尘中来，梦幻的泡泡飘忽不定地把我升到了半空中，终有一天，它破碎。一切杂乱的天花乱坠的想法，内心漫天的宏大的梦幻的泡泡，熄灭在黑暗无边的岁月中。掉落，痛，但也回归故里了。我本来就是与故乡小小的村子里那一代又一代的人没什么区别的。过一个凡人的生活,真实的人生。有玫瑰也有白菜,有高跟鞋也有拖鞋,有诗也有苟且。

泯然众人矣。

泯灭。像被时间之手抚平了一身的逆毛,内心平滑柔顺。如那只羽毛被烧焦的鸟儿。然后,一个形象逐渐在脑海中清晰。

我慢慢看清楚了自己内心中的女孩,她一直安安静静在那里,她从不开口。就像是童年时默默坐在门口等爷爷奶奶回家的笨拙的小孩儿,就像是少年时不言不语坐在教室里看书答题的执拗的学生,就像是今天灯下沉默地写字的敛翅了的我。

她永远浪漫,一向好奇,热爱艺术和大自然,渴望爱与被爱,相信努力,相信未来。

她又常常怯懦、怀疑、浮躁不定——她还弱小,有待历练。

然而——又一个然而——这个世界,从来都没有众人。

"众"字由三人组成,各人有各人的不一样。

每个人从降临人世开始,就过着自己传奇的一生。每个人的生命里,从不缺乏一幕幕的生离死别、爱恨情仇的精彩大戏,无论这是一部励志片、文艺清新电影、一出悲剧,抑或是一首苦难交响乐,宏大的场景为之展开,丰富复杂的情节纷至沓来。形形色色的人群,他们身上都有着自己的主角光环。剧本就在各人自己手上,他们身上寄生着自己的神、自己的上帝,他们都有自己的天堂,也都有自己的地狱。

每个人都有一次机会,每个人生都不能复制,我们只是自己的那一个。

人们,每一个生命,一草一木,都在各自修行罢了。

生日快乐,加油。

2016 年写于苏州

今年夏天

风起，校园里银杏林开始泛出缥缈的一片橙黄，图书馆前草坪上的白鹭鸶飞回来了，一只，两只……

校道旁的黄叶已经卷起，随意地从空中掉落，落到干净的路砖上，一脚踩上去，咔嚓咔嚓，清脆的碎裂声。于我，这是秋天的声音。

2016年的秋天来了。

那热死人的夏天终于过去了，熬过来了啊。

自从7月10日左右，我开始兼职教作文辅导班了、向公众号告假了之后，夏天就开始进入烧烤模式了。嗖嗖嗖，时间像天上的云一样滚动变化着。如今已是9月初，快两个月了，那么，我在这段最炎热的日子里到底都做了些什么呢？

每天依旧6:00起床，眯着眼醒来，枕头上已经铺着阳光。窗前的定时小电饭煲"咕嘟咕嘟"地煮着早餐，依旧是几样粗粮翻着花样，燕麦+木瓜酸奶，绿豆粥+蒸紫薯，莲子百合雪耳羹+蒸鸡蛋，红豆汤+蒸玉米，现榨豆浆+全麦吐司（常吃"长发西饼"的圆圆的全麦面包、"85°C"的高纤全麦包），如果有的话，再加一把葡萄、一个水蜜桃，没色没香没味，粗茶淡饭，我就着平常的欢喜，一口一口吃完。

然后出门，此时阳光已经很炙热了。

周一、周三、周五，去图书馆。

在林荫道上左拐右拐走上半小时，不久已经大汗淋漓，只能靠想着四楼自习室"冰窖"的强劲冷气才慢慢走完。已进入"冷宫"，满头的汗还未干就要穿起外套，和一群准备考研或参加司法考试的大三学生挤在一个很大的自习室里（后期激烈的夺位大战啊），一整个白天除了吃一个水果、中午吃饭和半小时的趴桌子上午睡，都是在埋头熬论文。一页页地读原著，找有关资料和能论证的证据，将它们分门归类，不断加强逻辑，搭建骨架，丰富血肉……

周二、周四、周六，去少年宫兼职教作文辅导班。

早上出发，坐一小时的公交车，中途换乘一次，来到少年宫空无一人的教室，等着看我的小学生们为抢前三名奔跑着进来。开始与他们聊天、玩游戏。上课铃响后，我挂上“小蜜蜂”，手舞足蹈地给小学生们讲作文，看孩子们写作文。中午才能坐下来歇一歇，边等着姗姗来迟的外卖大叔，边疯狂地批改近五十本作文。改完，趴着睡午觉。睡醒后，在一天中最热的15:00多出去给一个小学生做家教。一起做一个半小时的数学。

当我骑着自行车回宿舍时，阳光已经温柔了许多。劳累后的心很安静。

每个晚上，晚饭就简单吃两三个素菜。一个多小时后，穿上运动衣，套上运动鞋，去跑步。最热那几天，空气犹如湿重的泥潭，尤其是当我跑过桥面时，难以呼吸。皮肤黏糊糊的，后脑勺的头发黏在后背和脖子上很难受。舍友劝我不要跑——“这么热的天，谁还在外面啊？晕倒在路上都没有人救你啊！”跑完后，风开始有了丝丝凉意，满天的星星很美。或许是为了追求跑完时的满足感吧，我还是坚持一周四五次地跑。

洗澡、洗衣服。终于能坐在桌子前了，我把空调打开，长长地舒出一口气，那么热的一天终于熬过来了。备备课，看几页书，如果是周六的话，就吃着西瓜看《中国新歌声》电视节目。收拾书包，准备第二天去图书馆要带的东西。23:00点前，爬上床睡觉，漆黑的夜色中有高低起伏的虫鸣，渐渐听不真切，五分钟后，我睡着了。

8月中旬，作文班结课后，我回广东过了九天。十六个小时的车程，广州+清远两座城市，姑姑爸妈叔叔弟妹表弟妹一群亲人，Shaofen、七元、Ymei三个约会（只见到两人），看电影、饮冰、逛街、去农庄烤鸡，粤式菜广东汤、肠粉、萝卜糕、鱼片粥还是我一直想念的味道，见证了奥运会十几块金牌的诞生。然后，又坐了十六个小时的火车回苏州。

是的，我的夏天基本是这样子过来的，除了生了一身又红又痒的红点算是“涟漪”之外，生活真的就如水面一样平静。平静的时间匆匆流逝后，留下了什么？

第一，完成了一份十万字的论文草稿。

还不能算初稿，只能算是草稿，多是资料的堆砌，是基本的框架搭建，其理论和逻辑还很不严密。

然而,我的基本想法都在里面了,资料也收集得七七八八了。以后一旦想到毕业论文就再也不用心慌不已了。

第二,教两个近五十人的作文班(酬金超过六千元)。

这次兼职的暑假班特别长,每周上课三次,一共上十八次课!和我的小学生们隔天就能见一面,感觉我们的感情也像夏天一样升温了!“集贴纸换礼物”如火如荼地进行,孩子们都挺喜欢的。后来听说我下学期不教了,他们给我传来许多的表达“依依不舍”之情的小纸条。结课分手那天真的很不舍得,想哭。

第三,做一份家教(酬金七百七十元)。

暑假带了一个将升入四年级的小女孩的家教,前后上课十次,看着她乖乖巧巧地趴着计算数学,做完后抬头一笑说:“Guo 老师,我可能算错了一两题。”然后她给我讲她的好朋友们、她的表哥,告诉我“one three one three one one three”这个捉弄人的游戏。

第四,前后跑步达一百七十千米。

买了新的背心,跑起来比较舒服了。七月跑了二十天,时长十一小时,里程一百零三千米;八月跑了十二天(在广东那几天都没有跑),时长七小时,里程六十一千米。

第五,阅读了四本图书。

忙着准备论文的我,这个夏天看书真的是少得可怜,只看了四本书:《岛上书店》《无声告白》《布鲁克林有棵树》《万物既聪慧又奇妙》。

最喜欢的是《布鲁克林有棵树》,一个小女孩像天堂树一样坚韧,她在最贫困最艰难的环境中仍不忘追求生活的诗意和艺术,仍然选择在屋顶的树荫下看书,给自己的起居室挂上美丽的窗帘,为生活上的小事情编一首歌,没有食物时就假装在玩“极地探险”游戏……对生活和生命的艺术追求,给贫困荒芜的生活镀上了神圣的光环,让卑微的生命变得高贵。

《万物既聪慧又奇妙》是一本让我发笑的书,作者以幽默的叙事方式,写了一个草原上的牧民和动物们之间有趣的故事。读起来很轻松。

《岛上书店》和《无声告白》,通过讲故事的方式分别告诉读者一个道理,但感觉技巧性的东西(“匠气”)比较明显,并没有令我感动。

第六,看完一部电视剧。

《请回答1988》,一部能让你大笑又能让你大哭的韩剧,五个发小真挚的感情(一个阳光灿烂的女孩+四个性格各异的男孩),搞笑又感人的回忆,还有他们的爸爸妈妈哥哥姐姐弟弟妹妹。反映了五户人家的真实生活及邻里之间的动人真情。剧中的善和美让人感动与暖心,关于错过和成长的描述也令人惋惜与深思。

…………

还有什么的话,大概就是喊了好几百声的"热死了"吧。

秋天来了,最美丽的季节,让我从燥热中清醒过来吧,投身在秋高气爽下,在或黄或红的落叶纷飞中,让生命飞扬起来吧!

认真和生活过日子!

2016年写于苏州

2017年，好像有点儿不一样

哇！

2017年就这样没了哎，最后一天，匆忙中我都来不及感受时间了，我似乎看到这个年它偷笑着从我身旁溜走，只剩下一个模糊的影子。趁着今天早上没课，偷闲来写点儿东西怀念以供未来的自己怀念一下吧。

离开的就道声别吧，留下的会永远留下。

6月底，毕业

一个平淡得有些孤寂的毕业季，我自己一个人参与了研究生毕业典礼。没有亲友，独坐满眼红色的会场上举起手机自拍，轮流上台走了一回仪式。

在熊校长掀起的热闹中，我摘下头上的学位帽离开，一步步走过那条天天跑步的香樟道，香樟树掉落的黑豆子踩上去仍然噼啪有声；绕过那条有一只白鹭先生的河边，只是白鹭不知何处去，徒余碧水空悠悠；走到那个一眼喜欢的“外星人基地”（校园图书馆）时，终于挪不动脚了：我在这里度过了多少个日夜？里面的我还在吗？四处都是拍照的毕业生，剪刀手，笑脸……可惜我身边没有一个能为我拍照的人。羞涩地开口拜托了一个女生，她说：等我拍完我的朋友吧。我就站在旁边等，看着三个女生摆着各种姿势，玩笑打闹，“腿怎么拍得这么粗？”“啊，脸好大！”“我都闭眼了！”她们一遍遍地拍。“先给人家拍吧。”其中一个女生似乎有些不好意思，我又戴起硕士学位帽，蓝色的穗子摇动着，我走到景致前，安静地站着，扬起嘴角。

回宿舍，收行李，翻出很多这三年来不舍得扔掉的物品：研究生入学的通知书、来回的十几张火车票、三四本日记、一两封旧时朋友的明信片与信、几张奖状、导师签了名的赠书、舍友送的生日礼物、家教学生写的小纸条……一一打包。男朋友来帮我搬行李，四楼上下十来趟，用两个晚上搬完。

所有皆空。

北寺塔的夏天

7月,搬进苏州古城区一条小巷内居住,天气闷热无风,窗外的绿色丝瓜藤渐渐爬满对面整个苍黑的屋顶,天空中一朵一朵很大的云朵在慢慢流动。每天睡到自然醒,开窗,煮粥,在窗下遵师命整理冯梦龙的著作资料,焚香看书,做饭、午休、跑步、打羽毛球,到城墙脚下乘凉,去拙政园看荷花,去看书展……

夏的燥热,脾气也大,时不时地生男朋友的气,于珍贵的假日中平添许多烦恼,如今想想真是何必。

暑假后期,我回了一趟广东。没有回家,在外婆那儿住几天,姑姑那儿住几天,舅舅那儿住几天,弟弟那儿住一晚。然后艰难地踏上返程,在火车站感受到了国人的委屈,买了第二天的飞机票,飞往南京,男朋友在出机门口候着。再回苏州,学生时代最后一个暑假已到尾声。

讲台+他们

犹如单恋的我。

2017年只剩下了四个月。我站到了讲台上,勉力支撑着,可讲得真烂。我是抱着天真的心来的,就像是一场浩大的单恋,痴痴地自以为付出所有,巴巴地等着回应。结果面对的只是一大群负心汉,萧萧西风独自凉。面对十三岁的未雕琢完成的粗糙,我时常控制不住自己的情绪,我知道,这其实是我对自己无能的愤怒与不知所措,于是我只好用高声镇压,把恼怒和焦虑喷洒到孩子们头上。我扪心自问,常常惭愧。

只有我那一腔文学情怀是绝对真诚的。教给他们我自己的习惯,我积累的方法,我热爱的文字。放平心态,接收成长中的尖锐,寻找方法。渐渐坦然吧。只求问心无愧。

2017年的秋季,我工作了,做一个语文老师和班主任,每个月有一笔工资,烫了稍微成熟一点儿的长卷发,拥有了kindle,读的书比之前少了,文字写得极少,身体的病多了(喉咙痛数次,感冒N次,口腔里长溃疡,累、累、累)……

我的生活充塞了各种杂乱无章,想的都是我的学生和我的男朋友,留给婉玲的时间很少。时间轮廓日渐模糊,像被水浸过一样。我其实也不太适应这样的自己,心中装满了别人的自己。很多期待被碾碎,或许这就是梦幻的泡沫吧,浮在我人生航道之上的泡沫。是的,劳动忙碌充实,更加有重量,也必然失去一些东西。能够失去的,就让它走吧;保留在心的,更加珍惜。不要忘了这许多年来的自己,不要忘了自己走过的那一条路,不长、不好玩、不热闹,但是每一步都是我自己走的。现在又走到了 2018 年了。

还是要常常运动啊!

2018 年,距离我的十八岁好远了,那就让我再成熟一点儿吧。

今年,我希望自己:

①练字,写字整齐端正,有自己的格。

②看书五十本以上,要求不高。

③还是要写文章的,只管写。

④心态坦然,为人师表严肃,遇到"尖刺"要严厉——但不要动真火,爱护自己的身体。

⑤注意自己的行为举止,必须像一个教师的样子。

⑥锻炼身体,要有规律地饮食与作息。

⑦将各项任务尽早完成,不慌不忙。

⑧多听课,多磨炼自己的课,写论文,要精进。

⑨使班级教学和各项活动有序而正常,让孩子们更懂事、努力和善良。

⑩发展自己,做更好的自我,也有自己的人生。

⑪对男朋友好,不乱发脾气,多体谅和爱。

⑫关心爸爸妈妈姑姑弟弟。

⑬存钱、理理财、投资。

⑭爱生活,爱孩子,爱工作,爱世界。

新的一年,奋进!

2017 年写于苏州

2018年，一个人就像一支队伍

苏州下雨了，哗啦哗啦，我买了一把很大很结实的雨伞，打开它，扛在肩上，是稳妥的安心。雨停了，将雨伞收起来，横握在身边，感觉自己是一个很酷的战士，仗“剑”走天涯。

然后想到，如果是战士，就绝不放下武器。

手中的伞，遮阳、抵风、挡雨、打蟑螂，也可以是项庄所舞之剑。

越长大，我脑海中渐渐形成一个清晰的观念：人心复杂丰富，不止三十六度灰，身上承载着无边的宏大和浩瀚的过往，内心太多的躁动和混乱的声音。

就如我，我的身体内住着那个卑微胆怯的小女孩，那个在黑暗中垂泪的老人，一个浪漫的行吟诗人，一个身穿铠甲的男人……

谁是你？你是谁？I' m not sure，All of them？None of them？

我曾经那么努力寻找一种笃定无疑，却发现，任何事物都处于变化运动之中，情态如同波浪般起伏连绵；

我曾经如此痴迷岁月静好现世安稳，然而除了死亡之外都不安静，甚至连死亡都不会是安静的。

这是一份绝望的礼物。

“你不能依靠别人（任何人）而得到快乐。可求的，只有自己。”

携带着丰富复杂的自己前行，或许会沉重压着喘不过气，或许会像鸟儿抖落一身羽毛般将一切放下。然而，还不能放下时，仍需要背负着所有而前进。

人之灵魂，独自活着，就要像一支战队，对抗让你困惑杂乱的各式各样的一切。

学校放暑假了，突然空出来大片大片空白的世界。

长久地睡眠，夏日的阳光照到桌上玻璃缸里的两只小乌龟身上，它们醒来，扒动石头，“当当当”有节奏地要求喂它们食物。

给自己冲一杯滚烫的黑咖啡，水壶里的沸水仍“咕嘟咕嘟”不甘心地叫喊着。坐在日光已盛的窗前,每周一束的白百合在蓝天背景下开得抖擞。在椅子上缩起两条腿,咬着笔,对着手账本发呆。今日做什么?画画?写作?看书?写论文?备课?游逛?跳拉丁?看什么书?笔记本呢?……

早餐送来了,绿豆百合汤很清爽,就着喜马拉雅在学习的课程一勺勺吃完。洗好的衣服要去晾了,阳台外一整个蓝天里白云硕大可爱,瞥见小鸟儿在空调机顶剔羽,羽毛漂亮发光。

计划自己去一个海岛拍蓝色的海水照片。出门,逛园林小巷,逛书展、画展、小王子展、手账集市,遇到央视的朗读亭,兴致勃勃地排队。写生。参加一些户外活动,爬山、摄影……买让自己欢喜的小东西。

到常去的那家咖啡厅看一整天书,写唤起心灵力量的文字,看下学期的课本。写一些学习笔记。

回来,收拾房屋,换衣小睡,吃沙拉,出门跳舞,看电影。

归途能看到繁星点点,或明或暗地点缀天宇,洗漱,睡觉。

人,绝望孤独,在这样遍布尘埃和阳光的广阔寂寥天地,如何真实地在场?

保持热烈而及时的生活。

热烈并不是热闹,而是与自己的内心全然投入地拥抱,让真心热烈地说话,安静地看书写字也可以很热烈,看得深,写得忘我,就是一种热烈。

及时,是新鲜充沛,Catch your life, Make your choice! 抓住,选择,投入,专注,不空虚。

不是让人和事充塞你的时间与空间,而是你来选择让什么进入你的时间和空间。

这个世界不缺少热闹喧嚣,缺少的是专注。与人生一期一会,热烈及时,知道自己身在何处,活在此时此刻,日复一日,观察它,欣赏它,“没有审美力,那简直像患上了绝症,知识也救不了”。

这是我的武器。

“人类已经忘记这条真理。”狐狸说,“但你千万不要忘记。你要永远为你驯化的东西负责。你要为你的玫瑰负责……”

2018 年写于苏州

2019年,和喜欢的一切待在一起

我以前常常不知道该怎样度过我的一生,害怕我会做错什么,害怕苦难与不幸会猝不及防地降临。

殊不知,这往往才是世间唯一的真相。

不管一切,自己去走,世间其实并没有绝对对或错的路,每一步都是必经之路。

感谢我仍然愿意寻找自己的存在,愿意去折腾,我很怕那种浑身提不起劲的无所事事的生活,无所谓的倦意像沉重而甩不掉的包袱。

我需要过这样的大多数人的平静而绝望的生活,我需要一些很现实很庸俗的爱好,那么我才不会被遥不可及的梦想和无法掌控的爱给拖垮。我不怕浪费时间,为了爱与美好,勇于迎接蹉跎岁月。

我的一生路过人间,希望和它互不相欠。

(一)空间和身体

2018年年底,我花了一个星期左右的时间,独自一个人整理了一下我的小房间。给自己一个小窝,一个躲避风雨寒潮的小家,不愿出门就待在自己的小房间里,喂乌龟,看书,画画,做饭,收拾衣服,给花浇水,去逛菜市场,带一束向日葵花儿回来。

或者什么也不做,躺在地板上看吊扇一下一下地转动,外面是蓝得让人不由得愉悦的天空以及空中飘着大片大片的很可爱的白云,等着一只毛色光亮的鸟儿停在我的窗口唱歌,传来邻居家练琴的小姑娘断断续续的琴声。

那时就觉得这就是生活啊,这就是人间啊。房间是我们栖息的地方,我要跟最喜欢的待在一起,必须让它来帮助我过自己的生活。

跟自己待在一起是安静的喜悦,我还是很喜欢和自己玩耍的。那样,每天清晨推开窗子,邀请全世界来你的生命中做客了。

春天里,给自己弄了个厨房角,冰箱、电磁炉、咖啡机、洞洞板……我去逛宜家超市,买了好多喜欢的餐具,自己兴致勃勃地开始做各种花式"黑暗料理",乐此不疲地做咖啡,已经可以在五分钟内做好一杯卡布奇诺,只是学了好久,拉花却依然很丑,幸好我不会嫌弃自己,颜值和味道都在努力向好。起码都是自己喜欢的。买颜色鲜艳的食材,花很多时间去洗切、腌制,慢慢地烹煮食物,然后一口口地把它们都吃进嘴巴里,温暖我的胃和我的心。最喜欢午后,午睡醒来,早上咕嘟咕嘟地慢火煨着骨头汤,药材和肉的香味飘满我的房间。日光照进来,想回到最温馨的小时候,我放学回家,外面也是这样的阳光,灶上也是这样的老火汤,我边欢呼叫喊着奶奶边跑进家。

努力长久地过自由自在的生活,开辟出自己生活的一块花园,并细心地修剪它。我在为自己营造一种意境。在自己的房间,慢慢去探求自己以及生活,用物品和体验去与世界相处,深情地凝视。

靠得住的浪漫是一个人的内心戏,我在最普通的日子里仍然保持审美——因美,你和你的日子都会发光!

(二)有形状的安静和有颜色的快乐

想要出门的日子,我就会到安静的地方去,咖啡店、书店、图书馆、博物馆、园林、山间……在人间游游荡荡,像小时候光着脚丫到处跑的我。

我越来越痴迷于书店咖啡馆,先去确认自己的专属座位,然后用大把大把的时间泡在这既陌生又熟悉的环境中。店里人来人往,但是我可以谁也不管,而谁也找不到我,我就守着我的一扇窗或者一盏灯,就看书、写东西、画画、发呆,用很慢很慢的速度喝完一杯咖啡,看日光慢慢地下移。

我从什么时候开始喜欢随手涂涂画画呢?从Q版手绘开始,学习彩铅。这一年,我认识了会画画的人,开始学着用马克笔画画,然后是学素描,还买了画画的电子工具。开始去喜欢的地方写生,比如去某个古镇或者园林写生,或者用绘画的方式记讲座笔记、读书笔记。眼看着那些喜欢的事物在自己手下一一呈现,我感觉画画不再是毫无头绪的事情,它也能够更加真实地用线条和色彩表达自己了。我在画画时总是很安静、很开心,记录每时每刻的生活和心情,日子好像也被染上了不同的色彩。我真的不知道我学画画有什么用,虽然也有人问我能不能与之合作给他们做宣传,但我画画真的不为钱,只因为画画让我快乐。

癖好，是人们对人间的深情；于我，写作、画画，就是我对这个世界的深情了。

我花了那么多时间，看了那么多的书，才把我的心变软，我不想它再次变得坚硬无情，而是生气勃勃地生活着，善于追求幸福。一切能打动我的心的，我会义无反顾地付出我的真心、真情。我追求把我的生活扩展到整个宇宙，把活着时的每时每刻涂上色彩。

我爱艺术，但我更爱大自然。

一年四季，慢慢慢慢地各种花儿都陆续开放了，万物都在生长，这一切都带给我极大的喜悦。我迫不及待地用按捺不住的喜悦之心去追逐每个花期。在苏州，要享受一年四季，有一千种一万种方式。春天，怡园里那一树洁白的玉兰，草地上的野餐，太湖边上的东山采碧螺春茶；夏天，拙政园里的荷花，网师园里的几竿竹子，让我心中总是惦记着；秋天，留园里闻木樨香轩的桂花、菊花，摘橘子，采天平山的枫叶；冬天，下雪了，今年的雪来得好早啊，我超兴奋，对着漫山遍野的雪傻笑了好久。

周末，我很早就起来去爬山，看太阳慢慢把整座山染亮，清凉干净的空气具有清洗灵魂的作用。今年我爬了不少山，每次都很累，然而大自然陪着你，小鸟儿在你周围啾啾叫，山泉不慌不忙地流淌，草儿绿得真新鲜，树干上爬满了苍绿色的苔藓，树叶上悬挂着一滴滴露珠，正闪着光。那时候，我身上虽然脏兮兮的，心头却像是洗去了累积很久的尘埃，真的很舒服很安宁。有时候我走得更远些，外出旅行，去一个海岛度假，海水不是很蓝，但是人少，海浪也是如此勤奋地哗啦哗啦在脚下呢喃，咸咸潮湿的海风中，感觉夏天一定要有关于海岛的记忆，因为海岛是一个好浪漫的地方。

在万物中发现美，活着就是为了发现美，大自然给我的每一个小小的缘，我都很感动、很珍惜。我把大自然的能量一点一点儿注入我的生命中，把欢乐放在微小的时间和事物里，体悟到生活本质中不易被发现的乐趣。这就是生生不息的希望吧？这就是活下去的勇气吧？

大自然总有一种伟大的治愈力量。

（三）游游荡荡和欢欢喜喜

越来越喜欢徒步，你只需要一步一步地走，迈动你的腿，感受自己的呼吸，让汗流下来。迈出的每一步都是自己的,兴奋或者疲惫让你更能确知自己的存在,明白人生的真相——灵魂只能独行。

今年我去跑马拉松比赛,已经跑了两三次吧,在漫长的一个人跑的时光里,虽然速度很慢,但是我没有停下脚步。虽然很累很累,但我仍然坚持跑完,汗水就是我的王冠。

我持续练习拉丁舞,最喜欢伦巴,因为它是浪漫而缓慢的舞步。我还学了中国舞和现代舞(我也是个能跳一点点儿这些舞的人呢),喜欢找各种合适的地方练习我的舞蹈。

我慢慢地关注自己的饮食和身体的需求,慢慢地我的身体竟然也真的瘦下来了,体重重回少女时代。

这一年,我做了好多有趣好玩的事情,体验了鸡尾酒、滑冰、飞拉达、荒野余生、酒吧唱歌、舞场跳舞,在全体教师联欢会上高歌一曲,搭讪外国小哥哥练胆量,去朗读者录音亭,学过一阵子编织,去慢书房听讲座,参加各种我喜欢的聚会,去书展、小王子展、几米画展、摄影展,听小众的民谣演唱会,去参加了《倾听时光的告白》朗读比赛竟然还过关了……挑战自己,给自己设计了各种冒险,用强大的勇敢来对抗生命的虚无和世俗的粗糙,去做以前不敢做的事情,先不去想结果怎么样,做了再说。

今年拍了好多好多的照片。我参加摄影活动,很喜欢我在自然光线中抓拍万物的美好的效果。我越来越喜欢拍照了啊,接下来想买相机,系统学一学摄影,不知道能不能给自己好好拍呢。

认真过每一个节日。元旦,我在寒山寺附近一个朋友的茶馆里,一个人听着耳畔的悠悠钟声,然后轻轻对自己说:“新年快乐! 大婉玲。”然后,春节元宵清明端午中秋冬至夜圣诞节……一本正经认认真真地把事情做好,尊重自己的内心,取悦自己的内心。充满仪式感、充满期待地过日子。日子过得足够认真,记忆才会如此深刻。

活着的目的,本身就是为了追求快乐和幸福,而非只是为了活着,一路丢弃最初的纯情和快乐。兴趣遍地都是,重要的是性格中是否有维持兴趣的火种和一直燃烧下去的燃料。

幸好,我的心中常常有一些极其微弱却又持续不断的建议和声音,努力去捕捉自己的创造力,古灵精怪的念头就可以随时随地为我提供崭新的生活图景,然后,我要走的路就会呈现在眼前。

凡事喜悦，自在生活，希望我永远对世俗生活存在欢喜劲头，有好的心情，内心有一股源源不断的快乐之泉。

“你的年龄有多大，我不关心，
我想知道，为了爱、为了梦，
为了生气勃勃的奇遇，
你是否愿意像傻瓜一样冒险。”

人间还是值得，有那么多好玩的事物，有那么多可爱的人，或许还能得到那么一点儿真心。

要好好玩呀！

我的姑娘。不着急，认真、向善、唯美，这样慢慢地过日子吧。

毕竟，除了爱与美好之外，在这个世界，我身无长物。

2019 年写于苏州

2020年，请允许自己光芒万丈

一、热爱生活：给时光以生命

春天，怡园的梅花、塘栖古镇的诗意、云中村庄的油菜花，品尝东山的碧螺春，昆山正仪的艾草团子、草地野餐，写着“春天快乐”的蛋糕……

夏天，我扎了两个小辫子去“闹海”，腾格里沙漠徒步，阳澄湖畔骑行，太湖边迷笛营的体验……今年的云依旧很美，买了一把芍药，慢慢等着它们开；每天上班都去拍学校墙角那朵绣球花的颜色变化；摘了一篮子杨梅……然后就过暑假生活，窝在乱糟糟但很清凉安静的自己的小房间里，绣一把扇子；在大雨如注的雷雨夜晚看一部关于夏天的电影；在闷热至极的午后取出冰箱的冰杨梅酒小酌；去各种各样美丽的咖啡店看书、写作……

乌溪江的中秋，凌晨4:00的月亮好圆；神仙居的破旧客栈的惊悚……仍然有苏城桂花繁盛的时候，写了诗，忘了吃桂花糕；早早就去看了银杏和枫叶……

冬天，一直等雪，可终究没有来，像是辜负了约定……

然后年末，有一个大改变：我买房了！从起念头到做决定，前后才一周时间。虽然我心绪杂乱，但内心仍是激动与喜悦的，我有了自己的一个真正的小家啦。

今年侧重学习心理学，一直学习“心灵面包”和“武志红”两个公众号里的文章，听了微课“自爱力”和蔡康永的情商课；听了灵性音乐会，很向往那种空灵清透的心灵世界；继续去上“水上河”心理剧，探索自己，探索人与人、人与自然的关系；又阅读了一遍《陈果的哲学课》《只想和你好这一生》《夏摩山谷》……仔仔细细地读进去，并写了读后感。

小说方面看了张爱玲的小说集。《清明上河图秘密6》出版后，我把其1—

5 又捋了一遍,很好看。

我发现自己的学习领域比较狭窄,钻研得也不够深入。今后得专注、仔细、深入(随时携带我的 kindle)。研究一下我喜欢的作家如张爱玲、严歌苓、周国平、陈果、毕淑敏、席慕蓉的作品。写作要注重谋篇布局,提高文字质量。遇到喜欢的书,可以买,但一定要答应我,好好看,必须将之内化为自己的一部分。

2020 年,要集中注意力把各类笔记和框架图整理好。买了慢书房的共读计划,一个月读一本书,要认真读哦。同时注意增加自己的认知开放性,使知识更成系统,在心理学和文学创作技巧方面形成属于我自己的独特的系统。

上半年上了一期财商课,却没有坚持上完。

今年基本上没有计算过自己拥有的钱,只知道随意吃喝玩乐,没有想过个人财务管理,直到想要买房子。

2020 年有一定的还贷压力,还要准备好装修和出书的钱。好好管住自己的钱袋子,在还掉贷款之后,才买我真正需要的东西,让金钱更好地为我的幸福服务。

今年看了不少电影,主要是文艺片,如《送我上青云》《少年的你》《大约在冬季》《28 岁未成年》《恩珠的房间》……我喜欢那些触动我内心的电影。

听了慢书房的讲座、逛了文艺博览会,今年的江苏书展也没有错过,但今后还要有意识地定期去看展。

学习了现代舞,喜欢身体的表达;但自暑假开始就没再跳舞了。今后是不是可以上网课,在家里学?跳舞既是我今后的一种运动,又是一种表达方式。

生活记录尝试做 Vlog,画了暑假的手账,但遗憾的是没把 2019 年的手账做完整。

终于下定决心报了画画班,买了 iPad,尝试用手绘画板。渐渐体会到了画画的好处,看着美丽的线条形体和颜色从自己手中出来,真的感到喜悦。

暑假学游泳,学会了蛙泳和自由泳。回到老家,到江里游泳,妈妈说我进步了。

在苏州的大舞台上朗读,我被评选为“苏州十大朗读人物”;参加了慢书房的朗读比赛,赢了一套茶具;在学校的舞台上,朗读自己写的小诗。

策划组织了几场读书会:苏大银杏诗会、天平山红叶野餐书会、石湖安静时光。我认为，读书思考是我一辈子的兴趣。

一个好消息是，我的出书梦已经可以看到雏形了！

从今年生日那天下了决心后，暑假我就一直在忙这件事，细细整理了自己的文稿，分了六类，大约四十一万字。其实很多地方还是很简单幼稚的，但我还是以自己为傲。

先是打算跟广东的出版社合作，后来导师给我介绍了苏大出版社的编辑，能在母校出版社出书，是我的梦想，目前在洽谈图书出版合同的事项。2020 年暑假里就可以拿到我的书啦，激动。

公众号更新也没有相隔很久。有时候一天能写好几篇挺满意的文章，秋天写了好多首诗，写作营要求每七天写一篇文章，我基本能够实现。

2020 年，保持观察和反思，及时记录，用文字呈现任何状态的我。

2019 年，还是有很多好事情发生过，抽奖还中了个挂烫机。让自己做了许多喜欢的事，在万物和人事中体验存在与感悟生活。

然而，艰辛和忙乱也是有的。

4 月时摔了一跤，那个天雨路滑的清晨，不动声色瘸着流着血的腿去扶起滑出三米远的电动车，自己开去药店，又回家换掉粘着血和泥的衣服，然后去上班。还有许多因粗心而生病的焦灼时候，慢慢熬过许多不方便的时光，看到了一个人在城市的不容易，各种心酸只有自己知道。

没关系，生活就是这样，不要抱怨和逃避，像一个英勇的战士一样去过日子，过更酷一点儿的日子。

生命太短暂，你必须对某样东西倾注你的深情。

2020 年，我希望自己简化时间管理和精力管理，元气满满地度过每一天，好好珍惜每一寸时光，细细感受每个季节的变化，不要把时间浪费在无聊、焦虑和担忧中，尽情去享受生活的乐趣。

2020 年，我可以：

把画画好，可以挂在自己房间里呀。

坚持记录手账，使用一个本子到底。

买一个空白小本子,记录我2020年的高光时刻。

自己研究做咖啡拉花和裱花。

制订一份年度读书计划。

学习烹饪和烘焙,做健康美味且颜值高的食物。

学习摄影技巧。

不妨去尝试新奇好玩的东西。

装饰房子,给自己平和愉悦的空间,给自己一个每天迫不及待想要回到的家。

在寒暑假里各来一次长途旅行;在春天和秋天的每个月各来一次周末徒步爬山;充分利用园林年卡和休闲年卡。

二、身体管理:有了健康才有一切

去年过年时,有感于餐桌上的大吃大喝带来的不适感,我特意学习了减脂的方法,先学了“狐狸体态”的生酮饮食,后来经同事介绍,尝试“科减”减重方法,注意食物构成。

回到我的小房间后,我去逛了宜家超市,给自己的小窝装出了一个厨房角,持续自己做饭吃,时不时做既健康又好看的食物。学着用烤箱做粗粮馒头和全麦面包。

掌握方法,吃对食物,体重也逐渐下降。

在运动方面,上半年我还跳着拉丁舞,但有点儿懒散了。今年参加的马拉松比赛不够多,年末报了健身班,体会到锻炼身体的好处。

作息方面保持得还是很好的,早睡早起,静心养生。

然而,体检下来还是知道自己身体存在的问题不少,肠胃不好,气虚、湿气重,在体验了汗蒸和艾灸之后也不见改善。

希望自己有良好的生活习惯,善待身体,聆听身体的声音,一切以健康为主。

2020年——

健康:吃对食物+锻炼+规律作息。

瘦:控制饮食,耐心坚持。

美:护理发肤,塑造合适的形象与风格。

三、事业发展：我愿成为学生的一份礼物

今年，获得了“优秀青年教师称号”，我所设计的智慧课堂教案获得了江苏省二等奖，开了校级公开课和区级公开课《让你的文字像花儿一样绽放》。

9 月开始，我担任初三毕业班的任课老师，教两个班的语文学科——我不当班主任了，为此我难过了好久。

在备课方面，我的依赖性太重，教学针对性不足，还没形成自己的一套科学的教学系统。

2020 年，我工作刚好满三年，必须利用假期好好整理出一套自己的“语文教学宝典”，多研究相关理论专著、期刊，慢慢形成自己的教学风格。

送我的学生毕业，祝福他们；迎接新的一批学生，欢迎他们。

2020 年——

语文教学：形成一套三年来的科学的教学方法系统。

研究论文：结合教学经验，开始教学论文创作。

整理资料：教材、教辅、试卷。

四、重要他人：人世间为什么值得居住

寒暑假里我都回故乡了，泡温泉，吃凤眼果，看电影，参观姑姑的新居。

参加少芬婚礼，和 23 班的老同学喝了一晚上的啤酒，见了洁瑜，并见证了她的求婚仪式。

和跳舞的小姐妹去唱歌、逛街，在生日那天还一起去酒吧喝酒了。

仍然会被我的学生气哭和感动哭，他们给我排了“520”的队形——他们的青春仪式……

贾老师、王老师、周老师等同事都待我很好。

与“水上河”心理剧班的同学一起过生日，买了一个很美的蛋糕。

暑假回了大学母校华农大，见了董老师和贺老师。

“马门”聚餐，见了马老师和师兄、师姐。

玩“狼人杀”、花笙活，见读书会的小伙伴……

我的 2019 年，有些人一直在我身边，有些人是新出现的；有些人离开了，

有些人留下了……

爱是每天你自己要做的选择，每天要去经营的事情。

爱是喜欢、信任、包容、理解、支持、陪伴。对于还在我身边的人，珍惜缘分，支持理解，用心经营，付出爱与温暖。

2020 年——

陪伴或关爱家人：爸爸妈妈弟弟姑姑堂弟堂妹表弟……还有男朋友和学生。

关心朋友：我的同学好友，一起跳舞的同伴，“水上河”心理剧班的同学，同事，读书会的伙伴……

五、内在成长：成为一个更好的婉玲

2019 年记忆中最深刻的两条新闻：

4 月 15 日傍晚，巴黎圣母院发生大火，八百年古迹被焚毁；

10 月 10 日，江苏无锡市 312 国道北环路附近一高架桥突然坍塌。

世事无常，意外从来就是猝不及防，现实中往往并没有那么多来日方长。

不要辜负我的人生，不要拖延去成为最想成为的自己。

“我们总是沮丧地发现，自己没有自己想得那么好，也并不是过着自己想要的生活，却又不知道自己到底想要过什么生活。”

一年来，我总是时常受困于生活中的琐碎、无聊、重复、疲惫、压力、厌倦、虚无，一次次对生活产生深深的倦意和满满的不安。

生命原本并没有价值，除非你选择并赋予它价值。

没有哪一个地方藏着你梦寐以求的幸福，除非你为自己创造出来。

“你愿意为生命负责的围度和深度，决定了你的力量能拓展到什么程度，也决定了你生命的意义。”

保持好奇与热爱探索之心，以每一寸辰光和每一件小事修行。时刻清醒地觉察情绪，记录反思，更深入地了解自己，对生命保持真诚和负责之心。

婉玲，我们到世上是为了爱而来的。

全心全意地深爱自己，接纳现在并不成熟的成长阶段，不要因此而焦虑和烦躁；重新认识自己的痛苦，不在与外界比较中浪费时间；停止对自己的伤害，发现自己的独特魅力；善待自己，也要善意地关怀世界。

永远做一个善良和温柔的人,源源不断地爱自己,同时输出源源不断的爱。

六、2020,爱你爱你

我是可以闪闪发光的!

其实很多时候,我们只是将自己的才华、锋芒、优秀、独特,都深深地隐藏起来,为的就是在人群中找到那一份所谓的“安全感”。

你知道你可以更优秀。

摆脱许许多多的制约,那些烙印于内心深处、在成长过程中形成的无形的制约。告诉自己:我已经长大,我更有力量,我有能力保护自己和帮助自己。

去做真正的自己吧,不成为你羡慕的任何人,就去做你自己,那个独一无二的自己!那个最优秀的自己!

当你选择做正确的、有益于生命的事情,你的生命就会因为你的选择和坚持,绽放出更美的光芒,而那光芒会持续地照亮你,活出不凡的自己!

Dear 婉玲,2020,爱你爱你,发光吧!

2019 年写于苏州

求学小诗六首

记清晨图书馆前排队等候开馆

风浸树树荫，
光染级级金。
一竖楼前客，
百颗好书心。

2011 年写于广州

晨读时惜满地落花

桥边石院净无尘，
满地花落少葬人。
奉劝行人须谨慎，
曾是枝头一妃嫔。

2011 年写于广州

窗　子

老榕树窗子下，
萧红的人生书写，
让我右手的中指发痛；
杧果树底窗子下，
身着红色球衣的男生，
埋首学习一本《数理结构》。

一行书垄，
两头的农夫，
犁耕你的水田我的旱地。

一阵风过，
细碎的榕树叶子向翠玉杧果致意，
你的窗子有我，
我的窗子有你。

2012 年写于广州

棕黄色的软皮鞋

图书馆二楼最后一排书架前的角落，
我一个人坐在地板上，
手上捧着一本打开的书。
午后柔和的阳光斜斜地从窗户倾泻而入，
我埋头在斑驳的浅影中。
手表滴答，
滴答，
时间慢慢慢慢地流淌。
在翻书页时一侧头的瞬间，
一双棕黄色的软皮鞋，
一双男孩子的鞋，
在书架间流连，
发出轻轻的声响，
不管它。

不知过了多久，
世界又恢复了令人安详的宁静，
滴答，
滴答。

停在我身边的
是一双棕黄色的牛皮鞋，
静静的，
鞋子上方是浅蓝色的牛仔裤，
一个和我一样年轻的男孩，
正轻轻靠着木书架，
沉没在手上的书中。
我甚至听到了他的呼吸声，
轻轻的，均匀的，
我没有抬头看他的脸，
低头仍看膝头上的书。
他偶尔翻动书页，
依旧默默地斜靠在书架上。
午后的阳光，
温柔覆盖在我和他的身上。
清晰的金黄色的轮廓中，
我和他的距离如此之近，
我的影子落在他身上，
落在那对棕黄色的软皮鞋旁边，
我们却不认识，
两个陌生人也能如此安静地一起存在。
我看着书，忘记了他，
他看着书，忘记了我，
手表依旧滴答，
滴答。

2012 年写于广州

炎夏病中记

昏昏觉醒扶头重，
蝉噪声声在树丫。
窗外骄阳流似火，
案头文字密如麻。
忽然咳喘惊枝雀，
慵懒低头饮苦茶。
云白天高风慵懒，
渐移日影又晚霞。

2012 年写于清远

记考研

窗外疏星逐渐淡，
灯前孤影瞬间明。
潜心沉气书卷间，
不怕文章学不成。

2014 年写于苏州

转专业记

期末考试考完后，我的寒假开始了，我迅速地转变了专业。

从此，我不再是一个浪漫的文艺青年。不再骑着我笨拙的大单车穿行于古树荫下的校道，让深深浅浅的绿色的光影掠过我扬起的脸庞；不再抱着厚厚沓沓的书藏匿于学校图书馆的一个洒满阳光的角落静静阅读那些古老的文字，似幽居山林的隐士，且行且吟，啸咏终日，与世无争；不再在有星星的夜晚面向苍穹感怀伤逝，吟风弄月，写下属于心湖的丝缕涟漪，在凉凉的空气中荡漾着小资的忧伤感慨和脉脉诗意。

转专业后的我不再是一个优哉游哉的天之骄子，吃喝玩乐，没事逛街出游看电影；不再是一个汉语言文学专业的大学生，不用在清晨六点从熟睡的宿舍中蹑手蹑脚闯进众人依旧酣眠的世界，带着残梦的影子满耳朵地听外国语言的聒噪，然后匆匆喝下一碗稻香的皮蛋瘦肉粥，去赶听第一堂课；不用在老师抑扬顿挫的激昂声调伴随后座同学均匀的呼吸声中记下一页页似懂非懂的笔记；不用在考前一周紧急启动备考系统日日夜夜似着了魔一般复习直至抱着课本睡觉。

转专业了。

以后的寒假里我的专业是一个普普通通的农村山娃。清晨，在公鸡的喔喔晨啼声中，我醒来预备早餐，去村口菜地里拔回两根还带着新鲜泥土味的白萝卜，吹红火炉后一根一根添枝加柴煮一锅滚烫的萝卜瘦肉粥，还有一锅水煮番薯。在通红跳跃的灶火中，升腾起的白色水汽拉开一天农家生活的序幕。如同所有勤劳朴实的农家人一样，在晨曦中拿起扫把洒扫庭除，朝阳光中搅起薄薄的轻尘。在艳阳高照的天气里清洗家中的被套蚊帐草席衣物，戴着一顶草帽，肩挑一根扁担，晃悠悠一担挑到绕村的小河边，与一群农妇村姑挽起裤脚伸进清澈的河水中，在大麻石板上边搓洗边聊起东家长西家短。那才真明白什么是八卦，洗趟衣服就像听一次内容丰富而精彩纷呈的乡土气息浓烈的农村广播。回家后将衣物满院子满阳台铺晾开来。滴着水的衣衫,油亮发光的番薯干,一条条一串串一排排的白菜干、萝卜干,最是一番正宗的农家日常风光。时值腊冬,田地里的农活不多,可要想过个年,煲水洗澡、平常煮饭炒菜、年节煲粽炸油角油糍、宰鸡杀鹅,样样离不开柴草。因此家家户户都在为拾柴忙活。戴一双厚大的手套,穿一身旧衣裳,手握锋利的砍刀,我伴同伯姆叔婶去村后山上砍一条条枯树枝木,拾掇好一捆捆,一趟两趟地扛回家,垒成一垛垛柴堆,装备安乐年最强大的储藏。当我在漫山遍野拾柴人谈笑风生的原始劳动景象中拢拢肩头沉重的柴担时,我会想起《诗经》中的"日出而作,日落而息",陶渊明的"采菊东篱下,悠然见南山",叹一口气。那些对农家生活无比神往的人,大多是不了解实情的,常以浪漫色彩赋予之,把它想象成优哉游哉闲适宁静美好悠然的人间仙境,实在是大大忽略了许多真实的苦累脏痛,实实在在地做一件件农活儿,踏踏实实地过一天天日子,才是货真价实的农家生活。

我新转变的专业,专业课只有一科——照顾我卧病在床的奶奶。老人家年逾八旬,疾病缠身,我就算是一只远飞觅食的雏鸟,也是时候归巢反哺了。

在这样的日子里,我好像渐渐忘记了我在大学读的汉语言文学专业,吟弄风月浪漫美丽的时光似乎离我越来越遥远了。有时候,我蹲在河边搓洗着,一阵风吹来,扬起我的额头的发丝,我抬起头,看看天上的融融暖阳,金黄色的光芒柔软地覆盖在我的脸庞。我不由得怔住了,呆呆地看着那阳光,开始怀疑我在那座美丽的大学校园里的一切是否只是一场梦,一场如午夜十二点灰姑娘的南瓜车一样的梦。可是生活毕竟不是童话,那双晶莹剔透的玻璃鞋不是每个人都能穿上的。我的一位同学说她一个寒假都没有碰过一滴冷水,所以都不知道冷水的感觉。她真是幸福的孩子,我笑笑,把冻得通红通红的手伸进刺骨的河水中。然后,我想起我的那些大学里的同学们,现在他们正在干什么呢? 是慵懒地蜷缩在被窝里数阳光下手臂上的绒毛,然后早餐午餐并在一起吃;还是抱着零食窝在电脑桌前昼夜不舍地看流行的连续剧;抑或是在逛街买漂亮衣服……每个人都有自己的生活,我们都有自己的路要走。

转专业了,我要同样认真地对待我的新专业,因为这是我的神魂,我要好好地过。

希望我的新专业不会挂科,顺利 pass。

2012 年写于清远

一条忧伤的铁轨

火　车

出发那天，天气阴沉而干冷，听说台风要来了，广东会骤降八摄氏度，那样也就奇迹般地接近零摄氏度了，我却要沿着这条长长的铁轨去追寻另一端的湖北的零摄氏度。

我们四个女生坐在从广州到武汉的拥挤气闷飘荡着阵阵从吸烟区过来的香烟刺鼻气味的火车窄小的座位上，对面的 Game 瑜一脸平静地抱着她的行囊，透过布满灰尘的车窗看快速倒退的千篇一律的景物，或许仍在为出门前她爸对她絮絮不断的嘱咐而生气，让她感觉到她不被信任。

Game 瑜其实是这次出行最独立坚定的支持者。那天，当我打电话告诉她"下一站，湖北"，她连说几声"好啊"，接着上网找各种资料——火车票、旅馆、景点、行程、装备、天气……一份份发给我，然后准时出现在车站。看来被《被窝是青春的坟墓》燃烧起来的那团火还非常热烈。

坐在我右手边温和的青辛悠闲地挽了一个挎包，左右摆弄着她的相机。她曾犹豫过，说："我可能不去了，我怕冷，受苦受累何必呢。"我以为她会退出，但是她信从了"年轻的身体和灵魂总要有一个在路上"，她来了，带着她要出走的青春。

穿着醒目的柠檬黄羽绒的七元一直在大笑着讲话，她的快乐依旧明亮，似乎她的脸上只适合出现笑容。这次出行，她的贡献最大，所有火车票都是她订好的，解决了我们最担心的问题。

我看着或平静或兴奋或紧张的她们，脑中一片茫然，肩头上的大大的背包不重，却压得我很辛苦，因为里面装了一颗沉重的心，充斥着杂乱的思绪，奶奶可怜的眼神、湿雨压抑的春节、不确定的前途、那个遥远得让人害怕的梦……

我极力倡导促成的这次出行，难道是一次逃离吗？我在为躲避或释放我这颗不安分的心找一个借口吗？比任何一次出行我都要显得怀疑，但我仍旧很卖力地笑，在小桌子上玩华农扑克，放肆地笑青辛的“诈糊”，笑她们被double的牌，告诉自己，自己选择的，就要面对，必须的。

夜深时分，睡意在轰鸣的火车声中钻出来将我掩埋，我歪着脖子靠在结实的椅背上努力尝试睡眠，脖子腰背臀部开始酸痛地反抗。左右折磨中听到后座的几个男性旅客在猜拳，安静昏睡的车厢响亮回荡着他们的“恭又喜啊，四个六啊”，我真想把桌子掀了狠狠地砸向他们。

对睡眠彻底死心了，我站起来准备去厕所洗洗脸。我站起来，却站定在那里，无法下脚。凌晨四点在开往武汉的这趟火车的这节车厢里，我独自一个人站立，无声地看着这满地横七竖八的身体，光着脚的，抱着腿的，趴在桌子上的，打着呼噜的，说着梦话的，一个人躺在三个座位底下的，缩在冰冷的角落里的……这些萍水相逢的旅途中的陌生面孔就这样像原始人一般地酣睡在同一节车厢里，弥漫浓浓的无奈的气息。

武　汉

清晨，武昌低于零摄氏度的温度非常真实地让我们感受到异乡客的滋味。

站在黄鹤楼顶层，俯瞰“一桥飞架南北，天堑变通途”的武汉长江大桥的雄姿，我默默念着中学背熟的诗句“昔人已乘黄鹤去，此地空余黄鹤楼”，努力地挥发游子的情思，调整与古人相同频率的离情别绪，痴想着千百年前崔颢、李白一众诗人词客就在此地把酒话别、对诗高歌，用一泼一泼的墨水筑成它的巍峨而无限感慨。当我想认真地从空气中呼吸出一点儿太白的味道时，突然被告知，历史上的黄鹤楼或雷劈或火烧，已随历史的车轮碾作成泥化作尘了。此楼乃复制品，带着用古人宝墨余香画成的面具搔首弄姿卖弄风情，吸引念旧的今人来促进地方GDP的增长，实则是一个哄人开心的玩具而已，朱红色的栏杆上发出的只有化学的气味。

昔楼已逝风雨中，此地空余未了情。

我们傻气地要像真正的落魄行者一样，背着巨大的背包，低着头横排在武汉长江大桥上走走，结果带着大桥下层火车呼啸而过时的轰鸣的冷风直接把七元吹倒了——她突患急性肠胃炎。

在那个陌生的城市，萧条的街头，我们着急地寻找医院，最后裹着长江寒风坐到了一间充满令人昏昏欲睡的暖气和刺鼻的消毒水味道的注射室里，长久地看着点滴瓶里一滴一滴的药水不慌不忙气定神闲地滴进七元的血管。雪白墙壁上大屏幕电视正在播放着载歌载舞祥和喜庆的元宵联欢晚会，对比起来，靠在冰冷的铁椅上不顾形象地呼呼大睡的我们，显得如此的凄清与悲凉。

没有夕阳的傍晚，落寞的我们悄悄穿过同样落寞的武汉大学，触目残败，满园肃杀，在落下一地叶片的枫树的干枯枝丫中竟春意盎然地灿烂盛开着几株粉红色的桃花，犹如满目疮痍的战场新染的点点带着腥气的红艳艳的鲜血，让我们品出悲壮的意味。

在传说中著名的樱花大道上，只有一排光秃秃的张狂伸展的老残的枝丫，就像童话中恶毒的老妇人的恐怖，一个月后这里红粉嫩白的樱花满园纷飞的浪漫，我们只能动用丰富的想象神经了。

滴进两瓶药水却依旧上吐下泻的七元一路找厕所，她有气无力地说："今晚八九个小时到利川的火车我不可能陪你们站下去了，我想回广州。"在那辆折磨颠簸的公交车上，她的脸色青得吓人。于是我们决定在武汉休整一晚，一边欢欣鼓舞地把自己摔进柔软的大床里，让所有的疲倦埋葬在洁白的被子上，一边用仅存的一点儿理智心疼二百三十八元一晚的房费。

利　川

幸好我们醒来后，七元的身体好多了，于是，我们按计划去利川。

到达利川时已是凌晨2:00多，糯米戴着棉帽跺着脚站在出站口等我们。我向她挥手，她咧开一个比刺眼的路灯更明亮的笑容，说："你们这群家伙，总算来了。"

糯米的家很简单，有一个温暖的火炉。那晚，我们四个人占据了她的卧室，行李散乱一地。

在糯米家过的生活是普通平常的湖北人家的小日子，大伙儿围在一起吃一桌颜色鲜艳的菜，边看电视边不厌烦地玩"锄大地"牌，每晚用滚烫的热水洗脚，三天洗一次澡。糯米家人亲切随和，嬉笑打闹，一家人的模样让我羡慕。

糯米是一个正宗的湖北妹子，开朗直率，喜欢大口吃很辣的东西，大声豪放地说话，玩起来特别狂野，带着我们到处疯玩。在那条苍茫大地之上悬挂着的惊险的盘山公路上，我们租的面包车亡命地飞驰，糯米手舞足蹈地唱着响亮的歌儿，气场爆发，声音悠长，山谷回响。

我静静地看着癫狂状态下的她，此时的她真的很像从前那个年少轻狂的我，那个天不怕地不怕想做就做敢爱敢恨的我，那个激情澎湃豪气万丈勇敢向前冲的我。到底在什么时间什么地点，我失落了她？“这不像你啊”“你是我认识的你吗”，原来我不知不觉中让生活给欺骗了，骗走了我的勇气，汹涌的大海已归于平静，有棱有角的沙石沉淀在黑暗的海底，掀天巨浪被烫成平整的镜子，牵动的，也只是微澜而已。年少的许多珍宝遗失在那个笨拙的木质的时光盒子里。

在看到雪的那一瞬间，洁白的温度融化了我指尖的寂寞，安静、纯美……我捧着雪，低头嗅着那些晶莹颤抖的微粒，冰冷的寒气覆盖我的脸，像一群雀跃的孩子在我的脸上奔跑，分散，跑远，然后我就闻到了雪的气味。新鲜的清凉，带着从天空长途旅行的彷徨，白云清高的叹息，还有殉葬般孤傲下落的心情。雪，纵使你是水中的贵族，尽管你拥有圣洁的身体，也终逃不过泥泞污脏与万足践踏。原来这就是雪啊。我们堆的那个呆呆的雪人，是否还站在那片荒芜的土地上傻傻地笑？

我们翻过一座野石兀立的山，走下一个长长的充满泥泞和艰险的坡，撑着小竹排渡过一条蓝色的大河，来到了一处“归园田居”。

这是车马不通的偏僻之地，背靠烟雨迷蒙的青山，面朝一弯绿蓝澄清的河水，前头山腰几座木屋炊烟袅袅，门口挂满橙黄的玉米棒子，半亩园子瓜菜青青，安静中只剩下一声声鸟鸣和河面微微泛起的波纹。我们忘却了江湖尘事，任何机器的声音都像是罪孽，陶潜所牵挂的也应该如此吧。胡不归？

这一刻，我想把心栖息在这里，蹲在河边好好地用梦幻般的蓝色河水把我那颗尘封的心洗一洗。在那个深山烟雾迷蒙的下午，我独自在那条长长的崎岖山路上散步，一直走，不知道走出了多远，在这里，时间已失去它的概念。

那条让我心动的河在我的脚下悄悄地流淌，像一只温顺的小猫，抬着头看着我，目光微笑地说：“卸下伪装吧，你可以露出你的忧伤。”我也静静地看着它，蹲下来，想哭，可是没有眼泪，我一把一把地在这片天地撒洒我的忧伤和绝望，密密层层地蔓延开去。但是他们承载不了我的心事，它们只能为我沉默，沉默地送我归去。

这是一条忧伤的山路。这是一条忧伤的河流。

火　车

在返程的火车上，七元念着一篇关于美容的文章：“这里说，表情夸张的人脸上很容易有永久的纹呢。”Game 瑜说：“那你得注意，别笑得太厉害。”七元转过来了看看我的脸，笑了，说：“你肯定是最不需要担心的，因为你都是没有表情的，一副文艺青年的模样。”说完，模仿我摆出一张僵硬冷漠的脸，连青辛也忍不住大笑。

原来这就是我的脸啊，这个我活着的世界终于一点儿一点儿在毁灭那个阳光灿烂的我。曾经热烈跳动大声抗争的心脏飞过了灰鸟绝望的影子，清澈无瑕只愿意看到一切美好的眼睛泛着点点滴滴的冷漠，如此之深。我闭上眼，再睁开，孤独依旧把我的世界密密麻麻地包围，呈现黑暗一片。有人却把它叫作成熟。

我把我的忧伤装进行囊，带上了长长的铁轨，不知道前方是什么，但是我还在走。正如鲁迅所言：“我知道不会有希望，但仍然要孤僻地走。”

走吧，走吧，心安即归处。

2012 年写于广州

你是那云外的光

——雨夏午后记梦

窗外是一场持续漫长的雨，
雨声耐心温柔。
盛夏的城市，
在潮湿中安静，
每一片瓦都闪着光。
小乌龟慢慢地在玻璃缸里爬，
香樟树白花的清香顺着风钻进窗户，
抖落一身凉爽水汽。

蚊帐吹起，
拂过我熟睡的脸，
我的梦中是一片无边的海，
深蓝色的波涛凶猛无比，
礁石尖锐，
我无一方岛屿可以落脚，
天慢慢暗下去。

远处层层乌黑的浮云，
似有微光，
你是那云外的光，
伸手拨开阴霾，
撑着伞前来，
伞下是一双炙热的眼。

你打开我在这个雨天唯一干净而舒适的小房间，
收起滴水的伞和小小的钥匙，
眼镜上布满剔透的水珠，
抬头问我，
用那双炙热的眼——
是要双蛋黄冰激淋吗？

2019 年写于苏州

早晨快乐

走路去上课。

时间不到7:00,古城还是一副刚醒来的模样。浅碧色的河水安安静静、不动声色地流淌;阳光很好,掠过素白的花岗石护栏,在闲铺河边小路的青色石砖上,分布着被昨夜雨水打湿的痕迹;柳枝散发着慵懒的光,在河对面的墙上投下同样悠闲的影子,浅浅斑驳。

走在我前面的是两个女中学生,背着沉甸甸的书包,穿着运动鞋,一个短发及肩,一个长发扎起,那是咖啡色和橘色的友情。她俩在细细碎碎地聊着什么呢？学生的模样,让人心生怀念。

走着走着,遇到一对老年的夫妻,伸了腿在栏杆上压。阿姨的柔韧性很好,头能够碰到膝盖,叔叔却压不下去。他们的脚边,放着一袋刚买回来的新鲜的蔬菜。早起,一起散步,一起买菜,一起锻炼,一起健健康康地生活,此等亲情,让人感到生活的美好。

我沿河走着,每一步都很踏实,是穿着平底鞋的缘故?

都说时间是公平的,你我每天都有二十四个小时,都有自己的早晨,都有自己的人生。

你或许曾经像那两个学生一样,每天早早地上学;或许你将会像那对老年夫妻一样,早上散步锻炼;或许你还可以像另外一边钓鱼的大叔一样,好好地与自己的兴趣相处,做自己喜欢的事情。

从睁开眼开始,在每一个早晨,你会迫不及待想要开始新的一天吗?

你会对今天遇到的人、碰到的事、见到的风景充满期待、好奇和热烈向往吗?

或许你还在睡梦中,或许你已经开始努力——为自己的未来拼搏,为深爱的人付出挚爱与眷念,为深爱的事投入时间与精力。

生活不曾辜负过谁？你有没有辜负自己的生活？辜负每一个安宁美好的

早晨?

“时间存在的唯一意义在于,所有的一切都不是同时发生的。”

有先有后,有因有果。

有了早晨的阳光,有了中午的火热,才有傍晚的霞光。

祝你拥有安宁美好的每一个早晨。

2016 年写于苏州

立 春

——春会暖 花会开 万物有期待

等一场烟笼江南的杏花雨，
等絮飞满城的三月风，
等梅儿把蜂恼，
等牡丹依亭开。

等你赴约，在说好的日子，
等你走来，在阳光和暖中。

等远方的亲人 归家，
等别后的朋友 无恙，
等心上的情人 亲吻。

等那无数的日子 如期而至，
等每一天的繁忙焦灼 像星星一样永恒闪烁，
等每一次的成功和失败，
等每一次力竭和重启，
等每一年的春暖花开，
等每一生的荣华枯衰。

等你我须发皆白，
一世安稳。

2020 年写于苏州

致秋分

秋色渐深秋意浓，
白露惊霜冷几重。
清风寒水只寂寂，
残云病叶太匆匆。
雁去收敛羽翅乱，
鱼归守住人心空。
此后以分共君合，
从来情薄转情浓。

2019 年写于苏州

和写作约会的一天

像是和恋人约会一样，我早早地就开始准备与写作约会的那一天，今天，只有我们。

昨天就给自己准备好了“一天写作”的能量包——

除了有大瓶的水、零食、纸巾之外，还有来到这个城市这两年内写的七本日记，日记里有我许多心里话，在我没有灵感写下去的时候可以翻开看看。

然后我给自己尽可能地列出写作的主题和提纲，并制订此前一直没实施的写作计划，抄写在一张张黄色的小纸条上。

最后，我还有列出了今天的大致流程，在晚上睡觉的时候我还一直想象着第二天手指在键盘上飞舞时的情景，空白的电脑桌面上应该蹦出来什么样的词句？我心中充满了期待。

元气满满，今天早上5:30起床啦！

6:00多一点点我就出门，可以看到淡淡的蓝天和白云，天气不错！

去食堂买早饭，出来时我就开始使用语音了，一路上我见到的就是简单的生活现状，比如，在经过银杏林时，见到一双打闹着的鸟儿从渐黄的叶子从中旋转而下，它们头顶都长有一撮白色的毛。又如，来到图书馆门前大片的绿茵草地上，有一只高傲的白鹭鸶在悠闲地踱着步。

我来到图书馆，那个美丽神圣的地方，门前竟然排着长队。这使我想起了几年前的每一天我在另一个图书馆等候开馆的时光。

6:54，比去年提前了，我在图书馆古籍部外面等着呢，很想也像去年一样给自己来一杯浓浓香香的咖啡，可是装热水的杯子我忘了带出来。

7:00以后就一直在语音输入自己的考研日记，在六楼古籍部的走廊里，在那一个晨读的考研女生旁边，我一直说一直说，一直到9:00，已经快有两万多个字了吧，靠着这点儿垫底，我必须完成“全马”！

应该开门了,收拾一下,来到图书馆二楼的咖啡吧,我一直很想到这个美丽的地方学习一天,今天要完成这一心愿。

点了一杯美式咖啡,十五元。然后我找了个舒服的座位坐下,靠窗。窗外阴沉沉的,早上看到的那些蓝天白云也不在了,远远传来机器的轰鸣,还有吧台上工作人员做奶茶的洗刷声。黑咖啡不苦不浓。

好了,好好整理思绪,今天决定好好跟自己聊聊天,把心中汹涌的思潮倾泻出来,化为文字,犹如一个个小蚂蚁慢慢爬满这空白的页面吧,点点碎碎的是我那千疮百孔的却仍然坚韧跳动的心。

到10:00了,两万三千二百三十个字。当然这是占了语音输入的便宜,下面要更加努力才行。黑咖啡喝完了,我的冲劲来了没?

开始从我的家,我最爱的人写起,一点儿一点儿,我在时光隧道里漫游,搜寻我从小长大的那栋"房子"的每一个角落,搜寻那"房子"里面所有的痕迹,搜寻记忆深处点点滴滴的回忆。

11:30,两万七千个字了,我决定去吃午饭。

太阳出来了,风很舒服,今天的下饭菜有红萝卜、黄瓜和鸡肉。不要把什么东西都塞进自己的嘴里,保持自己身体的干净,就如不随便把人请进你的生命中,保持心灵的洁净一般。

散步回去之后,我又开始用起了语音,因为速度太快了,所以隐隐有作弊的感觉,讲了一万多个字。

回到咖啡吧,续黑咖啡,买了一个小蛋糕鼓励自己。继续奋斗!

13:09,三万四千个字。

下午写了四个小故事。

15:00,三万五千个字,还有一万个字!争取18:00前完成!手指累了,头脑也昏沉起来,可是好像还好,没有去年严重。

我便开始写一个童话《待嫁的女巫》,写得比较慢,一直到20:00才凑够了字数。

我这是写完了!呼……

比预想的写到21:00早了,托了语音输入的福!耶!我写完了"全马"哦!四万五千个字!

好像过程没有去年那么艰辛,难道是我有了一点点儿进步?常常感到写作这条道路就是两眼一抹黑,埋头去走,一直看不到我的尽头,也只能去走。

今年,我开了自己的公众号(wanling0－0),写得更加积极了,虽然做不到每天更新,但是平均每两天更新一次还是做到的。我写了好多身边的故事,自己的感悟——我目所见、我耳所听、我心所感。

无论它们顽劣还是优秀,它们都是我的文字,都是我的心所讲的话。

加油,婉玲!

窗外下起了秋雨,淅淅沥沥。

好了,我的这一场和写作的约会要结束了。我们不追求惊涛骇浪,我们要细水长流——陪伴,是最长情的告白。

我仍然爱着你,用我的笔和我的心,给你,我的写作,我的文学。

2016 年写于苏州

我过上理想的幸福生活了吗?

22:00,我从学校图书馆回来。

洗漱,收拾,整理,给花儿浇水,泡脚。

22:50,我躺上床看书。

突然,舍友问我:“你过上理想的幸福生活了吗?”

我过上理想的幸福生活了吗?

我合上书,枕着双手开始认真地想……

小时候,写作文《我的理想是________》,我填上的是当科学家。

中学时,雄心迸发,我曾经挥拳说:“我是一个做大事的人!”

高三考虑志愿时,我想以后自己至少是一个职场上的女强人吧。

读大学时我进的却是中文系,错有错着,我发掘了心中对文学的挚爱。

如今,慢慢长大,慢慢看清楚了许多,我终于承认了,自己不过是个平凡的人,拼了命努力也只是为了过上普通人的生活。

然而,千千万万的普通人中,我如何为我?

我的过去决定了我的现在,我的现在造就着我的将来。所以人还得有理想,即使是一个普通的人。

我理想的生活是——

住在一个自己布置的简洁舒适的房子里,不需要很大很豪华,只要可以让我哼着歌生活在里面,每一个角落都是我喜欢的模样,与每一件物品培养感情。

房子里一定要有一张对着窗子的安静的大书桌,窗外有风有云有阳光,窗前有花有草有树,最好还有河,还可以有猫狗等小动物在门前追着自己的尾巴玩,最好还有温柔的男人和活泼的孩子,与我共同度过每一个早晨和夜晚……

身体健康、神采飞扬的我在房子里看书、写字、画画、练曲子、做家务、煮饭,买让自己怦然心动的东西,例如,一个大大的实木书架,咖啡机,风吹过会清脆地响的风铃,每天早上边做早餐边听新闻的收音机……

有一份我喜欢的工作,不需要很高的薪水,足够维持简单的生活就好,勤勤恳恳地创造自己的价值,获得成就感和合适的社会地位。

写出我自己的书,每一个文字都是从心里流淌出来的,最好能够有人读到。有生之年可以开个签售会,在崭新的书上签上自己的名字,抬头,微笑着递给排着队的读者,说一声“谢谢”。

给自己足够的闲暇和空白,看喜欢的作家和喜欢的书,一下子可以看整个下午的那种;画画,用线条和色彩描绘我灵魂里的样子;练一种乐器,陶笛?不停地只吹那几首我最爱的曲子,在一次次的重复和理解中深入体验音乐的意义……

每天早睡早起,饭后散步,周末出游,每年旅行……

就这样,我安安静静而又踏踏实实地过每一天……

这就是我理想的幸福生活了吧。

也许我的志向是不够远大,不是奔在时代浪尖上冲锋陷阵,也不是站在高峰上振臂一呼,有点儿不配“理想”“梦想”这样闪着光芒的字眼。

然而,外面锋利的棱角被时间不断磨蚀后,最后还是那句——平平淡淡才是真。只要认认真真地过好每一天,这样生活着的人也是发着光,虽然不耀眼,然而却很温暖。

都说,理想与现实是一对像太阳和月亮那样彼此无法触及的恋人。

想想如今现实中的我呢——

圆圆的,仍然是微胖界的一员。

一周几次挤着气息难闻的公交车奔波着去做家教和兼职教作文辅导班。

孤身求学,朋友稀落,毋论他了。

住在集体宿舍里,每天为写论文而烦恼不已,每天愁眉深锁。

就连我喜欢的写作、画画和曲子也无暇顾及,等到一旦有空了,却又提不起劲儿……

…………

如今一把年纪了，却毫无作为，一事无成。只是一天天一周周一月月一年年重复地活着，看不到前面的路。

我现在过得应该不是理想中的幸福生活吧？

但是，就算想着这些时，我心中还是只有平静与安宁，没有抱怨和恐慌。

虽然梦寐以求的种种在目前都还是幻想，但未必未拥有它们的现在就不是理想的生活了啊。

现在我每天5:00多起床，洗漱收拾，穿上运动服，套上跑鞋，用三十多分钟绕着宿舍区跑五千米。

回来洗澡晾衣服，吃丰富的早餐——全麦面包、紫薯、玉米、鸡蛋、杂粮粥，另加一把水果干，或一根香蕉。

18:00前在满世界阳光中出门，在繁花如锦的春天、满眼葱绿的夏天、红叶铺地的秋天、晨阳温暖的冬天中，走二十多分钟到那个美丽的图书馆，在古籍部那个安静的角落，坐在窗台前打开电脑和书。和学术、和文学，一起煎熬着，但毕竟也是在艰难地走。

每隔一个小时去喝一杯水，或者吃几个红枣，啃一个水果。

中午一手撑着遮阳伞，一手揣在衣兜里，去学校食堂吃一份几块钱但颜色丰富、荤素搭配的午饭。饭后在湖边散散步，喂喂鱼，逗逗小蝌蚪，看每一朵花的开败。

回到图书馆，趴着睡个午觉。半小时后自然醒来，继续啃书。中途喝一杯酸奶，直到17:00古籍部闭馆了，搬了书和水杯到四楼的自习室固定的位置……

依旧去学校食堂吃一些涮过油的青菜、白豆腐、南瓜或一块蒸好的深海鱼，然后散步。回来后或备课，或看自己喜欢的书，或画画，或写作……待到21:30，收拾了东西，在夜色中披着月光走回去。

洗漱、收拾、整理，给刚发芽的种子浇水，泡脚，躺到床上看一小会儿书，沉沉睡去。

有梦或无梦。

我每周两个晚上乘半小时公交去给一个小姑娘做家教，星期六一天去少年宫兼职，上三个辅导班的写作或阅读。虽然回来时都会累得在公交车上睡着（如果足够幸运有座位的话），但我的小学生们活泼可爱，脆生生地喊我一声“老师”，于是我又期待着见到他们的滴溜溜转的大眼睛……

周日去爬山，找一座园林或者一条小巷子转悠，中午美美地吃一顿当地小吃，晒晒太阳，拍拍好看的照片……或者哪儿都不去，在宿舍里搞卫生，晚上削了水果边啃边看场电影……

过着这样的生活的我，很宁静，很开心，虽然有时还是会害怕和焦虑前途迷茫，但只要知道自己每一天都在认真地生活，在一点一点地努力，与自己喜欢的一切在一起，正在朝着理想的方向或徘徊，或曲折地前行……

这不也很好吗？

于是，我回答舍友——

“应该是吧。”

2016年写于苏州

每天跑步五千米

“登登登登……”咕咚的提示音响起。

“你已经跑步五千米,用时三十三分半,太棒了!”

太棒了,终于跑完了! yeah!

现在已经有点儿习惯于坚持跑步的生活了——

每天早上,5:00多起床,洗漱、扎起马尾、换运动服、套上跑鞋、戴头巾腰带,在阳台上对着寂静的清晨做跑前拉伸……

然后,出门,深吸一口气,跑步去!

每天跑五千米,一周坚持跑五次(生理期除外),算一算,我已经跑了快有四个月了吧,前后共计三百多千米。

想不到,我真的就跑下来了。

谢谢婉玲!!

想当初,我可是一个听到要跑八百米就叫苦连天的人啊!

初中三年,每年体能测试要跑八百米,这都成为我的噩梦——前面那两百米已经把我所有的体能耗尽,后面半圈咬牙跑完,可是还有一圈啊!这时候我的心跳已经很快、血液冲脑、喉咙干痛,两条腿像是灌了千斤铅,死活不愿意动的样子!但是又不能不跑,只能靠意志去跑,脑袋空荡荡的,怀疑自己随时会晕倒。每一秒对我来说,都是煎熬,每跑一步之后都觉得自己不可能继续跑下去了!终于跑完了,我躺在地上再也不想动了,犹如在地狱里走了一趟。

高三时为了高考,我也曾响应号召跑步锻炼,每天跑八百米。可是最终我只坚持了一个星期就放弃了……

就是这样的我,如今竟然也跑起步来了?

怎么开始的呢?我是怎样决定走上跑步这条“不归路”的呢?

一开始，可能是看多了跑步减肥变美的励志贴吧，看到别人的小蛮腰马甲线什么的，我好羡慕。然后，有一阵子舍友约上隔壁宿舍的女生开始跑了。

于是心中蠢蠢欲动，要不……我也跑跑看？

再给自己一次坚持的机会……

2015 年 10 月 19 日傍晚，在咕咚（舍友推荐的跑步软件）上记录了第一次跑步（其实在这之前也跑了几次，只是还没有使用这个软件），用了一个小时跑了八千米，跑得好慢好慢，但是跑得很舒服，心中怀着期待听每一千米的提示音，一点儿都不困难啊！

哇，我跑了八千米！心中一高兴，发了状态：

“好吧，我也走上了跑步这条不归路啦……龟速小菜鸟一枚！”

（走回去时，我的身影被路灯拉长，心中是满满的骄傲和自豪。）

第二天，醒来后小腿和大腿无比酸痛，但沉浸在自豪感中的我，到了傍晚还是义不容辞地去跑步了。只是觉得第一天跑得太晚了，外面黑漆漆的，我有点儿害怕，于是这一天下午 17:00，我没有回宿舍，就直接跑起来了。

还是很慢，但是跑完很开心。

其中有一段路是沿湖的，夕阳照在波光粼粼的湖面，很美。

21 日，尝试在校园内操场的跑道上跑。

很不行啊！在跑道上跑太枯燥了，感觉怎么跑了一大圈才四百米呢，有点儿难熬，跑到四千米时我就停了。

得出结论——我不能在跑道上长期坚持下去的。

22 日，我像第一天那样慢吞吞地在林荫道上跑。

还是一点儿都不累哎，于是一直跑没有停，竟然跑了一个半小时，跑了一万米！创纪录啦！

23 日，听说在校外林荫道上夜跑不安全，于是决定赶紧为自己寻找合适的线路——在校内绕着宿舍区跑。

这次跑得挺快的！线路都变成橙红色了，速度破纪录了，哈哈！

不过，跑了一圈才三千米多一点儿啊，长度不够！而且我不喜欢建筑工地那一段，边上小路阴森森的。

24 日，继续寻找线路，真的让我找到了一条完美的线路！

绕着学校外围跑一圈刚好是五千米,而且轨迹是一个漂亮的正方形啊!好漂亮!还是我喜欢的生机勃勃平整安静的绿荫道,下雨的时候,满地是红红黄黄的叶片。

25日,去做兼职,休跑一天。

26日,去沿着我的"完美路线"跑!越跑越喜欢!

27日,心中还是割舍不下湖边那一段,要是每天能够陪着湖上的夕阳一起跑多美啊,于是我试了试"完美路线"+湖边。

但是感觉不行,首先是路程变长了,跑起来好辛苦,并且从湖边经过公园时有一段路程没有灯光,晚上跑的话很害怕。

接下来是生理期,没有跑。

进入11月后,天黑得好早,有点儿不敢出去跑了,而且天气很冷,凉风呼呼地吹。

直到11月15日,我忍不住去跑了一圈,回来后就一直流鼻涕,竟然感冒了。

于是我没有再去跑了,进入冬眠模式。

2015年的冬天特别冷,苏州还下了一场大雪。裹成一只熊的我压根儿就忘了跑步这件事情。

以上就是一个跑步菜鸟的入门史。我的跑步差点儿就这样悲催地结束了!

算一算,其实我也就才跑了十次左右,看来真是难逃放弃的厄运了?

果然跑不了步?

但是,命运向我照来了一道光——

2015年年底偶然看到了网页上的一条新闻——

苏州金鸡湖马拉松赛接受报名啦!

咦?就在我这座城市,我要不去跑一跑马拉松?

翻了翻新闻报道,竟然有迷你赛,才四千五百米,我也可以跑嘛!毕竟之前我还跑过一万米呢!

那时候,我的豪情一下子又涌现出来了,脑袋一热,就报名了!

顺手在日历上画了一个圈,2016年3月13日,去跑马拉松咯!

于是,我的跑步生涯才能够翻开新的一页啊!

2015 年寒假,回家过年。

2016 年 2 月 24 日回学校,在整理东西时,看到日历上的圈,我才想起了马拉松这回事!

哎呀,快跑了呢,再不开始练就来不及了。

于是,第二天我就又跑起来了!

25 日一早上我就起来跑了,这是我第一次尝试晨跑。

早上很安静,空气清新,城市似乎还没睡醒的样子;跑着跑着太阳露出脸来了,感觉真的很美好!

爱上了晨跑,决定以后都改成在早上跑!

我连续跑了一个星期。

为了周末的马拉松赛,我特意慢慢提高速度,看着黄色开始在我的绿色框框里蔓延,我有点儿开心!

好像不难坚持,春天要来了,到处生机勃勃,让人也很想要努力一把呢!

可惜我随即又迎来了生理期。

一眨眼就到 3 月 13 日,迎来了我参加的第一个马拉松赛——金鸡湖马拉松赛!

天啊,我竟也跑起马拉松赛了!!!!

那天,匆匆忙忙地到了现场,到处是人。穿着同样的服装,和三万人一起奔跑,真的很好玩!激情澎湃得都忘了累!

跑到了终点,我还意犹未尽,心中暗下决心,明年参加短程一万米的!

从此,心中燃起了对跑步熊熊的热情!竟然一直都坚持在跑?!!

感谢金鸡湖马拉松赛事!

3 月接下来的下个半月,我都在认真地每天跑五千米喔!

因为 GPS 信号不好,我的方框常常被吃掉了一口。看那张部分数据没有记录到的行程图不正像一个张大嘴巴的脑袋吗?

3 月,我总共跑步八万九千二百八十千米。

跑得不快,但还是静静地跑,一天天地跑下来了。跑步的激情渐渐消退,新鲜和好奇已经被平静取代了。慢慢地我熟悉了线路,知道到哪个点就是一千米,在哪里会有一个弯着腰扫地的环卫工人,在哪里有一丛灿烂的杜鹃花。常常为之驻足而影响配速啊!

然而,就在平静的跑步生活中,突然来了一个惊喜!

4 月 1 日,愚人节。整座城市被浓厚的雾霾笼罩着,像是《西游记》中妖怪出没的经典场景。很吓人是吧?

我到楼下一看,也吓了一跳。但是跑鞋、运动服都已经穿上,也做完热身了。

不管了,跑起来!

但是一路上能见度极低,就连十字路口是红灯还是绿灯都看不清楚了。脑海中不停想起"天气不佳的情况下不要运动,吸入大量污染气体会危害身体"等言论,可能是想着快点儿跑完少吸点儿雾霾吧,于是我撒开了脚丫子拼命跑! 竟然——

五字头的配速,红色的框框,我在半小时内就跑完了五千米! 听到了耳边呼呼呼的风声,真的是撒欢跑啊!

这,又是我这个跑步菜鸟的一个里程碑。

4 月,我共计跑步七万八千二百八十千米。

5 月,我共计跑步九万一千零七十千米。

作为一个菜鸟,跑得还算挺认真的吧? 起码能够坚持去跑。

婉玲,很好!

好吧,这就是目前我一个跑步菜鸟此前的全部跑步史啦。

有人会问,干吗要跑步呢? 跑步不累吗?

其实,说真的,每天早上醒过来时,心里会轻轻地叹口气——

"唉,又要跑步了。"

是累的啊!

起床后去阳台看天气,如果是阳光即将降临的好天气,固然没有借口;如果天阴凉爽,更适合跑步;如果看到满城烟雨(苏州这座城市雨水很多,微雨小雨不断)时,心中会闪过一个念头——

今天先不跑? 外面下雨呢。

但是我还会没好气地换衣服,最多再披上轻薄雨衣——

唉,又要冒雨跑了。

下雨时跑步，有时会很狼狈，因为路很滑，得小心翼翼地跑；有时树梢上的雨水落下来能浇我一头；有时跑着跑着雨大了，打在脸上有点儿痛……鞋子湿了，裤子也湿了……

即使天气好，其实跑短短的五千米也有很多的斗争的。

刚开始的一千米还好，到了两千米开始气喘吁吁了，不停地鼓励自己——

“加油，到那个转角就两千米了。”

“到那个休息亭就三千米了，到那里允许你慢下来走一走。”

“都跑三千米了，过一大半了，再坚持坚持。”

“四千米都到了，五千米还远吗？”

然而，就在这样艰难前行时，还会有很多小意外出现。比如，耳机滑出耳朵，衣服上的带子打在脸上，鞋子里进了一个小石子，环卫工人一扫把扫过来，一脚踏在了一个松动的砌砖上溅起脏水来，一跑到十字路口绿灯就变成红灯了，突然“咕咚”不报时了，开过的汽车一声尖锐的鸣笛……所有的这些本来是小到不能再小的事情，都会成为引爆我怒气的导火索。

我已经很不容易地在跑了，还给我出什么状况？！！！

真的，谁跑过谁知道。看起来只是安安静静地跑着，其实对于每一位跑者来说，每一段路程都是一出丰富的内心戏啊。

是啊，既然这样，为什么跑呢？

我不想写“长期跑步是一种什么体验”这类的鸡汤文。

我去跑，其实只是想告诉自己——

我一直在努力哦！

一早开始就这么拼了，每天就有了个元气满满的开始，那么一整天人也会“顺便”很努力！

慢慢磨炼自己，告诉自己，世上没有不劳而获的事情。

连跑五千米这么困难的事情（至今认为这很难，原谅菜鸟）我都能坚持，接下来还有什么事能难倒我！

于是，我就这样跌跌撞撞磕磕绊绊地跑着跑着。

慢慢地我也能把跑步当成一种生活方式了。

以后能不能一直坚持跑下去？

先跑着,能跑就去跑。

只要一直跑就行了吧？不要想太多了。

以后怎么样?

以后再说呗。

但是,我始终相信“人在做,天在看”,始终相信努力的意义,始终相信时间是最公正的裁判员!

时间会给出所有的答案,我们都将面临它的裁判!

加油!

2016 年写于苏州

探　险

重复的日子过久了,内心便会失去鲜活度和柔软度,所以会累,会烦。于是,我常常一时兴起,就到周围探险。

一天课后,天色渐敛,似乎有要下雨的意思。我骑着共享单车,和一大群苏州市民穿行在铺着大片大片梧桐叶的街道上,背包里装着的是学生们的作文本,不重,心情很愉悦。

本来只是要找一个公交站,规规矩矩坐车回去吃饭、看书、睡觉。后来心中突然闪过一个念头——今天探险去吧!

于是,在本该直行的路上,随意拐进了一个转角,是一条石板路——乌鹊桥路,临河,垂柳石板小桥流水,车轮过处,铺地的石板有松动的声音。

风大了些,枯叶飘落,在地上打着滚,人们一副匆忙的样子,载着孩子的电动车妈妈、拉着孙儿的白发老人、几个中学生模样的少年噼里啪啦跑起来却又忍不住回头对着后面的同伴笑个不停。

我有伞,没关系,不急。又随便拐进了横七竖八的悠长悠长的小巷,依旧是白墙黛瓦,素朴青砖,坑坑洼洼的路面,斑驳残破的转角。门口有收衣服的老人,跟我一样慢慢走的胖猫,提着一尾鱼的妇人,背后炊烟升起。

雨终是下来了,大颗大颗,很痛快。我把车停在便利店门口,进去吃一份热乎乎的麻辣烫,咖喱鱼丸,海带,豆腐。不辣。

隔着玻璃窗看满城烟雨,灰蒙蒙地不见天地,屋檐流下小瀑布一样的雨水。

台风雨,跟神经病似的,疯一阵,又马上安安静静的了。

我刚吃完麻辣烫,雨就停了,不是很完美吗?雨后的路有点儿滑,我小心地超过穿着雨衣的小孩子,却又迷路了,有点儿心慌。不过我对古城区已很熟悉,朝着大致方位七拐八拐找到了出口,夕阳的光芒竟又飘洒下来了。

暮色四起的滴着水的古城,很美。

路灯亮起,回去洗澡。

A beautiful day!

那条小路会通往哪里?那个天天经过的公园里花开了没?那里面藏着生活的宝藏。

尝试给自己不一样的生活,做一件不同以往的事,从“探险”开始。

2016 年写于苏州

What do you feel?

——感受生活每一次微风与阳光

悠长的假期，如盼而至，时光流逝得也悄然不惊。

你是怎么度过假期的呢？

我的朋友圈中有手拿登机牌、拖着行李箱的异国风情，有穿着学生时代的卫衣在家乡的土地摘菜采橘子的舒适温馨，有对着城市灯火夜色加班的深色背影，有伴着视频、零食与床一起度过的慵懒时光……

我则去了一个海岛，体验荒岛求生。

坐五个多小时的昏昏欲睡的大巴车，到达海边营地，已然天黑，就地搭帐篷，听海风吹浪、潮声阵阵，一盏暖黄小灯很安静。

第二天一早，登船，站在船头，开往无边远方，看海水颜色逐渐变化，浪花溅进船舱，溅到脸上，冰凉咸苦。把防水背包扔进海中，穿救生衣，赤脚站在船舷，呼吸数下，跃下，下沉，又被海水托扶，慢慢上升，露出水面，向另一个岸边泅渡，登上荒岛。

小岛不大，徒步半小时就到达扎营地，选择避风安全区，砍捡树枝用来搭建宿营所。在一米外洒一圈避蛇虫粉末——可我还是被虫子咬伤，脖子红肿了一块。下午，寻找食物，到海边捉小螃蟹，翻开石块便会有数只仓皇逃走，快速按住，手被夹得大痛；勇士们挖生蚝、捉蛇、捕虾、捉蚱蜢、捕鱼，我只能坐在礁石上边看日落，边等海水退潮以挖蛤类，然而暮色苍茫中我一只都没有挖到。拎几瓶海水回去学习淡化提取，但火生不起来，只好去驻扎的士兵营地求取，惊动了兵哥哥来看热闹。夜色起，火堆终于红红燃烧，被烟熏得眼泪直流，煮食螃蟹汤，肉少却也鲜美。夜渐深，四边苍穹，星星一颗一颗迫不及待地亮起，点缀漫天，白光闪闪的银河横亘其中，如此大美让我满心肃穆，热泪盈眶；

热水烧好,冲了一杯滚烫的浓浓的咖啡,人间如此美味。海风极大,帐篷摇摇欲坠,无法御寒,于是大伙儿寻找防空洞避风。大家钻进睡袋,沉沉入睡。

翌日一大早,哨声响起,日出将至,我们奔跑着翻过山头,气喘吁吁中面临东海,圆日刚好穿过云层,放出万丈金光,灿烂如一生诺言。此后,大家回营地熬粥分食,收拾,学习植物与打绳结等求生知识,忽闻台风将至,急急登船,茫茫海中船随大浪翻腾摇摆,浪高达四米,众人提心吊胆,其中有不少晕船者。终于平安归来。

很辛苦。累、饿、痛、脏。旅伴戏谑我们是“找虐”“花钱受罪”。

而我仍觉快乐。不一样的生活总给我带来新鲜的感觉。

是否值得?需要自己认可,心灵上的价值才是最重要的。

真正不能够错过的不是某一处风景,不是某一个人,而是你的感觉。要永远记住,人生是我们自己的,不是为别人而活的,我们最需要在乎的是自己对于每一件事情的价值认定。购物,旅行,看书,与人交往,工作……重视你能够感受到的价值,对你而言独一无二的价值,而不是根据所消耗的成本、你的付出来计算其是不是与理想中的相符。

你如何度过你的时间?慢慢就构筑了你自己的世界,在那个小王国和小宇宙中,你是否体验到自在与幸福?真正值得呵护的是我们这颗心,它快乐吗?它自在吗?它在微笑吗?让我们的心、我们的感官在场吧,接受阳光雨露,接受每一次的风吹草动,大自然的存在,家人的情感,生活的滋味,自己的生活经历、每时每刻的思想变化……重视体验的价值,体验到的东西让我们感觉更真实,我们可以随时回想曾经亲身感受到的生命历程,也因此自豪地面对未来。这就构成了一个人全部的生活经历,短暂的人生因此丰富精彩。

Whatever,用心感受,让我们的生命更加丰富而生动,慢慢地定义自己的生活,更加明白自己是一个怎么样的人,找到自己的节奏,纡徐有度地前行。

在纷繁复杂的世界,在声色犬马的滚滚红尘中,让心平安、愉悦,这才是真正重要的事情呢。

2018 年写于苏州

腾格里沙漠徒步

小王子说:沙漠之所以美丽,是因为在某个不知道的地方,藏着一口井。

人间之所以值得居住,是因为在心中,藏着盼望。

我去往沙漠,去见一见我心中的井,去见一见我的小王子。

苏州—上海—银川—内蒙古。

我对空间的转换已经不敏感,我很自在地游走在机场的咖啡厅,哪里都是生活的模样。

飞机飞的时间很长。我的座位靠窗,从夜色起处、繁华喧嚣的上海出发,越过黄河,越过许多土地,到银川上空已是深夜,下面的灯火零星,稀落冷清。每一盏灯火都有一则很宏大的故事。

在飞机上看完了李娟的《冬牧场》,很真诚的文字,记录着作者在荒芜辽阔的草原深处,孤寂而充实地过着点点滴滴的生活。我喜欢这样的文字。此间心情,像极了我将要到的沙漠的几天日子吧。心生期待。

翌日一早,吃小笼包,我想起爷爷,爷爷,你在我心中一起去世界闯荡吧。

和领队会和,乘大巴车前往徒步的起点内蒙古阿拉善左旗。塞上江南的阳光温柔、风儿和煦。一路上从城市到郊野,到草地,到戈壁,到荒漠,窗外景色不断变换,有骆驼悠闲坐卧、马儿自在奔跑,其间偶见路旁彩旗围起的石头堆,询问得知那就是敖包,蒙古族人把它当作神灵的住地来祭祀。有信仰的人总值得尊重,他们心中不会轻易崩溃和放纵。我对敖包肃然起敬。

才觉知是来到了我从未到过的地方。

一

下车,此处已是沙漠边缘。整理装备。煞有其事地全副武装,防晒防风沙。

第一脚踩在软滑的沙子上,很温柔的细细沙子。

抬头放眼,一片沙漠出现在我的面前。

初夏的阳光淡淡,有阴云在天边,起伏连绵的沙丘并不明朗,像一张完整的暗色幕布抖开,铺展在地上,不知所终,忍不住想蹲下抚摸或拿起在天地间挥舞。

你好,腾格里。

腾格里,蒙古语意为“天”,亦有辽阔无垠之意,蒙古民族以苍天为永恒的最高神,谓之“长生天”,让人不由得心生敬畏。

我掩盖不住雀跃兴奋的心情,走吧!深呼吸,调整心情,走向神往已久的沙漠。

一路上沙丘连着沙丘,每一个曲线都自然优雅。上下翻越其中,不知疲倦地前行。

一切都让我觉得新奇。

有阳光、湖泊、黄沙、飞鸟、骆驼,有不知名的花儿在优雅开放。

看到小头大肚子的蜣螂扒拉扒拉着许多小腿爬开,飞快地挖开一个小小的沙洞,把头埋进去。

看到有蜥蜴在沙面穿梭,小眼睛机警地转动,尾巴急剧多方向卷动。追逐它,它就藏匿进草丛里不知所踪。

一个同伴的帽子被风刮跑,沿着沙丘的弧形一路兴奋地滚动。

一阵风吹来,一根长长的草叶在自己面前画一个半圆,一次一次地画,像一个无所事事的小孩,等着一只昆虫上门拜访。

沙子上常有大大小小的脚印,整齐排列,向着远方延伸,不知道都是谁留下的。是否这边曾有一场动物的聚会,在我们来临前才仓皇离去?

在沙漠里,似乎一切魔幻神奇都有可能发生。

大伙儿来到一个沙丘的背面,这里有绿色植被丛生,这是我们的午饭营地。已过日中,大伙儿吃带来的自热米饭。

看时间,走了一小时,大伙儿只走了可怜的三千米。

继续走。

爬上沙峰顶端,放眼望去,沙丘延伸到天际,呈现一片温柔祥和的景象。

持续走 4 个小时后,大伙儿已疲惫,终于看到绿洲,远远看见团团绿意中缀着点点白花，这该是今晚的营地了。

振奋精神继续往前走，半个小时过去，绿洲还在视线尽头，再走半小时，我们才走到绿洲边缘。今天已走一万五千米。

白帐篷散落几处，梭梭树、沙枣树歪歪扭扭，果然有细白的花儿，有的直立，生机盎然；有的倒地，树皮灰白。一个淡水湖安安静静地躺在这里。恍如世外桃源的湖，有一个美丽的名字，叫天鹅湖，可惜我们来的不是季节，没有见到洁白的天鹅飞起。只见骆驼在湖边埋头吃草。

补水。

大家在车辆阴影处休息。

领队切了一大片西瓜，大伙儿如获至宝。

吃完西瓜，大家去领露营装备，然后搭帐篷。

整顿完毕，正好夕阳西下。

光线明媚美好，我心中一阵欣喜温柔，便舞起一条红色围巾跳舞，光影晃动，如梦如幻。累了就躺倒在沙子上面，橘红色的光芒铺在我身上。

大漠有的，落日有的，此时此刻，我就渺小地躺在这个我国第四大沙漠的腹地深处。

天边忽然有烟花璀璨地亮起。

像心中的感动。

落日的余晖散尽，空气迅速冰冷。

大伙儿迎来丰盛晚餐，在饥肠辘辘的时候遇到大盘的羊肉、牛肉、鸡肉和时蔬，除了吃之外，人们还要做什么其他事儿呢？

饱餐后，我的困意袭来，洗漱，钻进帐篷。熟睡至半夜，闹钟响，恍惚醒来，才记起自己在大漠中，拉开帐篷，赤着脚出去看星星。

哇。

一整条银河就在头顶，轻悬低垂，很近很近地压下来。

每一颗星星都在发光，密密麻麻，让人惊艳得喘不过气。

很安静，四周一点儿声音都没有，只隐隐约约地听到有人睡熟时的呼噜声。

我没穿鞋子，脚底沙子冰凉，有露水的湿意。远处依旧只有高大浑圆的沙丘，沙丘之外，还是沙丘，重重叠叠，如幻影一般。苍茫流沙静默，如此渺茫。

我独自走在这浩瀚星海下，时间仿佛凝固，只有心脏在沉稳冷静地跳动，心外只有这一片永恒清凉的星光。透过星光，我可以清晰地看到自己的处境。

小王子抬头看着天空，“我在想，”他说，“这些星星闪闪发光，大概是要让每个人总有一天能找到属于自己的那颗星星吧。”

二

第二天清晨，我起来看日出，爬上一个高丘，新鲜的阳光洒在曲线温柔的弧形沙丘上，满眼是娴静的光辉。凉风过处，很多层层荡开的沙纹，像波涛，像涟漪，浑身光明。

早餐后我满血复活，整理装备，再次出发。

今天太阳耀眼，要走的路很长，如果坚持不了，就要上保障车了。但不管怎样，先走了再说。

握拳，开走。

虽然有阳光，但是吹来的风很清凉，很舒服，曼妙的沙漠曲线再次在脚下延伸。我像是一个走在一大幅抽象画里的黑点。

我加快步伐，走得很轻松，7:00 多到 11:00 多，四个小时，共计走了一万七千米，到达第二个湖。

面前是乌兰湖，一个咸水湖，湖边是一片洁白的盐碱地，有候鸟飞过，发出娃娃般的叫声。

远远看到这个闪光的湖，心中非常感恩，它就像是人生中不期而遇的一个礼物——是的，只要你在路上行走，总会有一份惊喜等着你。

还令人惊喜的是，这里竟然有一个有手动抽水井的小卖部！提供红薯、玉米、羊肉串、冰棍！想要的都在啊！

我还买了一份纪念品——沙漠玫瑰。

对湖午餐，背来的自热火锅终于出场了，沙漠火锅，是多少人的梦想。

饭后，人们在车旁的帘幕下休息良久，大伙儿在这一片灼热中会做一个怎样的梦呢？

14:00，我们继续出发，走向最艰难的一段路，沙漠让我看到了它火热而狂放的内心。

太阳猛烈，沙子灼热，风干燥。风沙吹起，唱响荒凉炙热的悲伤。

我出汗很多，得喝大量的水。身体开始各处疼痛，我清晰真实地感受着每一处疼痛,左腿胯部、右脚大拇指和小脚趾,每走一步都生痛。

一个小时、两个小时……持续行走,我开始偶尔觉得晕眩,眼前金光虚幻。我的肉身是软弱的。

我气喘吁吁地持续机械地行走着,痛感渐渐麻木,忽然好像只剩下灵魂独自在行走。

此时,行走仿佛成了一种使命。

许多念头涌起后又消失,像远近高低起伏的大小沙丘,它们是我内心纷乱思绪的具体象征。我尝试着去观察它们,和它们相处。

大自然是如此神秘,让人感觉到渺小的震撼都是有力量的,它能让人重新认识自己。

近似修行。

路过苏海图湖,湖很小,湖边有洁白的羊群和低矮的小木屋。

天空呈现很深很深的蓝色,沙丘的形状梦幻唯美,沙子在阳光下金黄发亮,云朵洁白硕大,像是灿烂盛开的大花。

最美的景色出现在最煎熬的时候。

这最艰难的三个小时,大伙儿走了一万米的路。

傍晚时分,在一大片低矮的植被尽头,我们看到了晚上的宿营地——太阳湖。一排白色的蒙古包犹如圣地,到这里,今天的行程就结束了。

这里竟然能充电、洗澡。用了四十元,洗去一身风沙。再用了五十元,穿上蒙古服饰拍了一组照片。我像蒙古女孩吗?不像。当地的摄影师摇头。哪里不像?说不上,反正不像。

晚霞璀璨。

又是让人食欲大开的晚餐。

夜幕降临,蚊子成群出动,嘴尖身壮,像敢死队一样凶猛,紧盯着人不放。

帐篷搭好,像逃命般躲进帐篷里避蚊子。我因浑身疲乏而睡去,错过了篝火晚会和大西瓜,错过了头顶迷人的银河。有时,人生需要这样的错过。

三

第二天醒来,右脚的痛已消减,看起来我已经渐渐适应了沙漠的节奏。

最后一天,反而有些不舍得离开沙漠,出发时我走在最前面。一路上我竟然不曾停下休息。然而,目的地很快就到了,走了不是传说中的一万五千米?大概由于我渐入佳境,我甚至感觉到今天行走了还不到一万米。

在沙漠的尽头,我爬上很陡峭的沙丘,看,那就是月亮湖了。

它像一个异域少女明亮无邪的眼睛,温柔地凝视着我。

整个沙漠行程猝不及防地结束了。

三天内我们在沙漠里一共行走了五万米。哇,我竟然走完了呢。

我从远方而来,赴一场沙漠之约,用我的双脚,一步一步地去丈量这片沙丘延绵的洪荒之地。

深入无人区,没有信号,没有网络,也没有了烦恼,以天为盖,以地为庐,邂逅大漠深处神秘的动植物,寻找沙漠里隐藏的湖泊,观看沙海星辰……这是一段以全世界为背景的清净的旅途。

我们都是时间的旅行者,
为了寻找生命中的光,
终其一生,
行走在漫长的旅途上。

——安迪·安德鲁斯

2019年8月写于苏州

万物

身上寄住着久远的神灵

咏物七首

咏杜鹃花(其一)

花盛时节遇杜宇,误招尘世几多思。
如火烈烈原是我,似血殷殷不为谁。
只有一身艳霞色,绝无半寸怨花姿。
此生宁做山间客,不做多情雅士诗。

咏杜鹃花(其二)

三月映山红似焰,正逢杜宇劝耕时。
漫峰遍野飘霞彩,万朵千丛恸帝悲。
丹瓣怨风碎成泪,芳魂归蜀化作诗。
子规啼血声声泣,晕染朱妆竟为谁?

2011 年写于广州

夜见白紫荆

数点初星透夜凉,忽然一树月清光。
柔如丝缎轻似雾,洁若柳绵净比霜。
谁恋人间春好色,竟遗仙殿雪纱裳。
深红浅紫无须看,最美原来是素妆。

2012 年写于广州

深秋采橘,奉师命而作

江南又见橘子红,骚赋多情古今同。
珠碧喜悬金玉果,根深不负暑寒功。

何忧梗苦无嘉客？襟袖馨香在叶丛。
一树素荣霜雪染，到此桃李更词穷。

写于 2014 年苏州

又见桂花殷勤开

独倚深秋照水栽，提携风露静然开。
窈窕半树玲珑骨，淡雅一枝皎洁腮。
伊底暗香为谁寄？素娥心事无从猜。
愿撷一片青纱月，披与瘦肩寂寞才。

2014 年写于苏州

怅雪未至

月何渺渺，雪竟杳杳，
魂焉存兮，天地寂然。
手叩三山，琴赋《大招》，
素心孤付，潇水流年。
零露已溥，陌花未开，
蔓草临风，南山霏微。
且行且吟，路有青苔，
唯命所遇，扣指可归。

2015 年写于苏州

喜雪

（步杜甫《喜雨》韵）

素心几年等，一朝白古城。
悄悄飘且落，无口本无声。
雪至冷星远，人来孤月明。
永恒于一瞬，不用待三生。

2015 年写于苏州

今天的云很美

我是天上一朵有形状的心事，

游走许久　徘徊半生，

慢慢地沿途寻找属于我的一片天空。

直到遇见了你，

我选择停留，

为了可以触碰你，

我愿意，

化身万千晶莹的泪，

轻轻来到你的身边。

2019年写于苏州

苏城桂花香

不知道第一片叶子是什么时候黄起来的；

不知道第一阵凉风是什么时候吹起来的；

不知道第一朵桂花是什么时候开出来的……

清晨，走在清冷的空气中，身边偶然经过的是急匆匆赶路的行人，除此之外，道路上空荡荡的，有的只是满满的浓浓郁郁的桂花香。

昨天，还只是若有若无的轻轻的香，隐隐约约，一副初见世面的小姑娘害羞的样子。那是桂花花神的"先遣部队"吧，探头探脑地试探着什么。或许是觉得秋天已长起来了？凉风、黄叶，一切都准备就绪了，是时候登台演出了！

所以，今天一出门，苏城立马就淹没在了这肆意散发着的桂花香味中了。

那一团团的香气似乎凝聚了，在天地间涌动着，每一条小河、每一座石桥、每一户白墙黛瓦的房子，全都浸润在了这无边的清香中。远远近近都可以闻到，侵入身体里，渗透到你的心里，神清气爽，让你残留的睡意涤荡一空，抚平你所有的躁动的情绪，让人不由得嘴边含着笑了。

可是，当你留心去找这可爱的香是从哪里发出来的，却不容易找到。江南的天，除了树顶的阔叶露着微黄外，四周仍是碧绿碧绿的，你一时间找不到花的影子。

再细心点儿，多点儿闲情逸致，你才会发现，哦，原来是在你每天经过的那一棵棵毫不起眼的树丛中，那一朵朵淡黄色的桂花在油绿的叶子掩映下都开得那么的精神，密密麻麻开成一束或一丛，小脸儿都倔强地向上仰着，淡黄的底子有着蜡一般的质感，透着执着和坚强，似乎是在向着秋天宣誓，或者说宣战——这是我们的世界了！

苏州多桂花，封桂花为市花，是全国五个桂花主要产区之一。乡野郊外，公园里，学校里，小区里，甚至是马路边，都植着桂花。银桂、金桂、丹桂、月桂、四季桂，随处可见。

不得不说的是苏州的桂花糕，桂花不能时时闻见，而桂花糕却是可以时时吃到的。在学校的第六食堂进门就有卖的，两元钱买一块，白白的，其貌不扬，是谁都可以吃得起的民间小吃。

是的，桂花与苏州人的生活联系在一起，不但到处有卖晒干的桂花，还有卖桂花糕、桂花圆子、桂花酿、桂花酒、桂花茶、桂花酱……

我是第一次吃到真的可以完全把花香融进去的食物，把嗅觉变成味觉，以至我都弄不清楚，我是在闻到桂花后才知道桂花食品的滋味呢，还是在尝过了桂花的味道才猛然醒悟，哦，空气中飘着的是桂花香……

桂花，因其叶脉如圭而称“桂”，它纹理如犀，故又叫“木犀”，也写作“木樨”；有书为证——

宋·张邦基《墨庄漫录》载：“木樨花江浙多有之……湖南呼‘九里香’，江东曰‘岩桂’，浙人曰‘木犀’，以木纹理如犀也。”

清·顾张思《土风录·木樨花》载：“浙人呼岩桂曰‘木犀’，以木纹理如犀也……后人加木作‘樨’。”

清代苏州文人沈复《浮生六记》一书中多处写到桂花——

“庭中木樨一株，清香撩人。”

“乃偕往，但见木樨香里，一路霜林，月下长空，万籁俱寂。”

写得极美，为满植桂花的苏城增添了淡雅的文人书卷气。又如一位慧心女子朱淑真的《秋夜牵情》：

弹压西风擅众芳，十分秋色为谁忙。

一枝淡贮书窗下，人与花心各自香。

要是说我那么喜欢苏州的原因，桂花可算是一个。

2015年写于苏州

木 子 桂

有你的苏城是甜的
让人忍不住微笑的那种暖秋
在深远明净的晴空里
慢慢缠绵着你的
无边的温柔

你的香总是不经意的淡幽
从最真诚的深处相守
所以如此的珍贵
如同酿了三生三世的酒
不经意间就沉醉了
我的眼眸

清冷黑暗中,你就是夜的星
寂寂人海中,你就是我的心

世间十分秋色　为你独有
岁月从不败
真正的温柔

2019 年写于苏州

石　榴

你不爱说话
不会吐露那些让人沉醉的甜美

你不是没有心事
寒冷的生活已然来过
你的心早已摔成了疼痛的碎片

世界总是在变
而你冷静地沉住气
收拾起抱怨和怀疑
把历经风霜的疲惫深藏在心里
用单纯简明的坚持来修补和雕刻
仍然英勇地奔忙在时光中
把碎片打造成闪耀着光芒的钻石

我看到了
你严肃的外表下
那一颗温柔而诚恳的灵魂
你是喧闹的四季中耐心的灵魂

我爱你那可贵的沉默
坚守人生的底色
我想也像你一样
像你一样沉住气地生长

人生不过是一种格局而已

永远还是太遥远
人生，还是太短暂
择一事而入心
爱一人而终老

2019 年写于苏州

一棵树的霜降

霜
终于降临在了一棵树上

他
在春光里曾柔情似水地跳舞
深深沉醉过热情的夏阳
浪漫而天真的树啊
迎来了他生命中不可避免的又一次霜降

曾经与他一起欢笑与哭泣的虫和蝶逐一离开了他
不甘的花儿轻轻落在了冰冷而坚硬的泥土里
那么美的叶片染上了淡淡的寒愁
秋已暮　露成霜
入夜渐渐凉

他披着冷月沉默地站在生命的旷野中
哦　原来我是孤独的
他原以为自己和所有的树是一起的
烟火散退　时间冷静下来
现出一块早已留好的天空
宁静　空远
低低地飞着一只鸟儿
他终于看到了
那是自己的一颗沉潜的心

每一棵树都有独特而完整的心
从容向晚
微笑向寒

啊,树是这样的一生
温和才是答案
不是不再热爱
只是
霜降后的爱
有了更珍贵的质地

2019 年写于苏州

楼道里的白玫瑰

楼道里有一束白玫瑰
靠着一个女生的家门口
摆放在那儿好几天了
她们在安静而骄傲地等待
等一段美丽又寂寞的尘缘

白玫瑰天生浪漫
阳光闪烁的晨梦中
她们赤脚在天空中跳着舞
梦中的是身穿长裙的白雪公主
她们以为只要努力长大
未来就是礼物
有着单纯的阳光
清澈的露水
和一个真诚的情人的吻

当她们从梦境中醒来
发现眼前是一条狭仄阴暗的楼道
只有破旧粉墙　永远的灰尘
和一扇不打开的门

她们从来不知道
原来不开门
她们就什么都不是

连对门搁在案板上的油菜花都更神采飞扬
楼道里飘散的是五花肉的香味
天天重复不断的匆忙的脚步
世人错过
连一个眼神都不会留

骄傲的玫瑰们最终未能敲开那扇门
她们落下了第一片失望的花瓣
光洁的额头上出现皱纹
连香味都开始憔悴
活在幻想中的玫瑰
终于折翼
坠落在铺满凡尘的楼道

人生原本就这么平凡
而又有什么遗憾的呢

最后的斜阳照进来
她们重温了金色的光芒
毕竟
她们始终是美丽的白玫瑰
即使最终逃不过被扔进垃圾桶的命运
她们仍然是白玫瑰
天生浪漫哟

她们会在某一个深夜里
化为凉薄的白月光
与所有人无关

2019 年写于苏州

白 月 亮

一轮恬静的心事
从她的梦中偷跑出来
把自己悬挂在黑夜里
随着夜色摇晃

它不爱玩
只是沉默地
像晾一件衣服一样
它要晾一晾
它散发一股霉味的心情
以及满身的疲惫

它翻翻拣拣
偷偷藏在口袋里的那些
多年的珍宝
在没有一颗星星的干净的天空
整整齐齐地排了一圈
洁白的光芒不小心全盘倾泻
昭告天下它多年的秘密
幸好
凌晨的世界没有一个醒着的人

没有多事的飞鸟时
它会哼一首温柔的歌曲
没有歌词

断断续续的旋律
若隐若现的歌声
远远地来、慢慢地走远
正好发呆、沉思
那个永远正在来又永远不会来的未来

高兴了,任性得像个小孩儿
打个滚,再打个滚
忍不住要笑时
连忙捂住嘴巴
皎洁的笑声在嘴边凝结成
一颗颗晶莹剔透的珠子
无声坠落

莫名奇妙的悲伤来袭
它会用飘过来的乌云
把自己一点儿一点儿涂成黑色
只剩下一只哭泣的眼睛
在无辜闪烁
泪水把深蓝的天空浸得湿漉漉
一朵一朵泪痕晕染开去

最后,它累了,眯着眼
靠着软软的云打盹
直到天际粉红曙光来打扰
冒失的它才惊觉
慌不择路地钻进了第一扇亮起的窗
找到另一个有心事的他

她睁眼醒来,怅然若失
他睁眼醒来,满怀沉重

2016 年写于苏州

雾 两 首

雾的隐喻

弥天浓雾
犹如一场巨大的隐喻
朦胧中的世界
看上去多么美
就像年少时的梦
然而里面藏着多少
是年少的我们所未卜的命运
多少心事找不到托付
多少前程并不是想去的远方

只是人们仍然快速奔向不清楚的前方
勇敢而执着
浓雾张开大口无一例外地将其吞没
又不留痕迹地合拢

2018 年写于苏州

雾霭沉沉

我们被包围了
逐渐逼近的现实
坠入大雾中的城市
每个人的外衣都潮湿而沉重

像戴了太久而被腐蚀的面具
秘密埋葬一颗心幼稚而真诚地跳动

有时
我的心头也会降下
这么一场拂不走的或薄或浓的雾
前世的碎片、成长的形单影只
杂乱无章地牢牢粘连
铺天盖地笼罩下来
无处躲藏

我要我的爱
在最冷的这个冬天
在流动的虚无缥缈中
开出一条干爽确定的道路
造起一面坚固而清晰的墙
在自己的城堡中
长居生趣盎然的事
和思念已久的人
坐看如梦幻泡影,露或电
此起彼伏

2019 年写于苏州

心　事

你是我最深最深的蓝色海底
盛放的一朵心事

我的海面，有风，有雨，有云
礁石的敌意
白船的伤痕
风流的水鸟儿杂乱地低吟

你在那里，不占一个角落
小小的，静静的，坟
如同忧郁孤独的，魂
暗流涌动时，无声地欢欣

等到不知何处飘来一缕黄昏
曲曲折折照进来
黯淡的光曛
温暖了那一片无人问津的，浮尘

你啊，是我最深最深的蓝色海底
盛放的一朵心事

2016 年写于苏州

行　囊

在路上
我只有一个发白的旧行囊
本已是一副懦弱的样子
空荡荡的只装着几件破烂的
划花了的玻璃珠和
少了一颗心的布娃娃
以及没有家长签名的成绩单
还有沿途弯腰拾起的一把把疲倦与失望
哐里哐当、哐里哐当
天天问着
为什么不扔
为什么不丢

太阳出来
我把它们沉沉地背起来
风雨袭来
它们和我一起患上重感冒
土匪的利刃砍来
它们却先逃了
等到我奄奄一息时
它们又灰溜溜地挨着我坐下
学着我深深叹气

为什么不扔

为什么不丢

可怜的可恨的
又
可爱的

2015 年写于苏州

勾践之剑

一剑蓝光
刺破历史的风霜
刀刃点点冰凉
一如春秋时光
玄色菱纹神秘发亮
纵横交错掩埋久远的真相
鸟虫文字迹苍苍
什么秘密在隐藏

谁受了剑的伤
血溅戎装
战地黄花香
三千里地国殇
成就最后一个霸王

谁受了剑的伤
绝代佳人绿衣素妆
无双
一笑红颜迷惘
浣纱小曲儿浅吟低唱
苎萝河水轻轻荡漾
江湖相忘

时空太漫长

一把剑的沧桑
依旧静静流淌

2012年写于广州

鸠兮鸠兮

鸠兮鸠兮
恨迟疑
独立清水溪
无语理青丝
一身素衣,一声叹息

鸠兮鸠兮
莫轻易
自古三生石
寂寂无一字
此心谁系,何处栖栖

鸠兮鸠兮
何必痴
浮云游子意
乱花人眼迷
文墨酿蜜,不能成诗

鸠兮鸠兮
无欢喜
谁是谁的唯一
纵相识兮,却不相知

鸠兮鸠兮

无相思
藏好青涩的秘密
终不可说兮、不可说兮

2017 年写于苏州

我的头上伺着五位杀手

我的头上伺着五位杀手
一位邪恶
一位懦弱
一位焦躁不安
一位怨气弥漫
还有一位　未知

许久
它们不声不响地潜伏　很有耐心
让你放心　甜蜜沉睡
然后它们睁眼
随时地无常地慢慢飞降
猝不及防　毫不留情
揭示尖锐的真相

我避无可避地绝望　唯一能做的是
用我的全部肉身供养它们
我奴隶般地谦卑而虔诚
等待被命运安排的这五位杀手
轮番召唤

2019 年写于苏州

猎狗、栗色马和斑鸠

很久以前，我的一条猎狗、一匹栗色的马、一只斑鸠都不见了。直到今天，我还在寻找它们。

我常常怀念和它们在一起的日子。

那时候，我是一个小女巫，住在一座城堡里。那是一个很美丽的地方，背靠着一座大山，山上有大片的野花，还有一条小河在安静地流淌。

每天一早，猎狗带着我去抓兔子。猎狗教我怎样爬到树上躲避老虎，趴在长着荆棘的草丛里看毒蛇爬过，光着脚丫和兔子赛跑、瞅准时机果断地向前一扑……只要有这只大眼睛的棕色猎狗在我的身边，我什么都不怕。

每天，我的栗色马总会站在门口等着我回来，它对着我微笑，用长着柔软的栗色鬃毛的尾巴轻轻往我身上一扫，我身上所有的伤口立刻就痊愈了，我温暖又舒服，又恢复了力量。

我的斑鸠常常在我的窗口歌唱，它一唱起歌，我就爬到它的背上，抱紧它的脖子，它展开金色的翅膀，载着我到处飞翔，穿过绚丽的晚霞，数着升起的星星，来到弯弯的月亮上。

我和我的猎狗、栗色马和斑鸠生活在我的城堡里，那真是非常美好的时光，虽然现在已经过去很久很久了，但是在我脑海中仍然散发着闪亮的光芒。

可是有一天，当我醒来后，它们全都不见了。

从它们不见了的那一天起，我便出门开始寻找它们，我找啊找，找了好久好久，直到后来我竟忘记了回城堡的路。

我从一座城市找到另一座城市，为了有饭吃、有地方住，我变成了凡世间一个平凡普通的女孩，我必须像所有人一样学习、工作。一天天的奔波，让我几乎快要忘了我是一个住在城堡里的女巫了，有时也忘记了我要寻找的猎狗、栗色马和斑鸠长什么样了。

有时深夜梦醒，我突然想起一切来，我是谁，我为什么寻找。我觉得很害怕，身边那么多行色匆匆为生计而奔波着的人，他们是否曾经也是住在城堡里的公主或者王子？他们坠落至这尘世，是不是也会渐渐忘了他们原本是谁、为什么忙忙碌碌？这让我毛骨悚然。

很久以前，我的一条猎狗、一匹栗色的马、一只斑鸠都不见了。直到今天，我还在寻找它们。

要是你遇到我的猎狗、栗色的马和斑鸠，请告诉它们，我依然在寻找它们。

请它们回来，带我回到那座城堡里。

谢谢。

2016年写于苏州

爱吵架的房客

在一个树洞里，住着一对爱吵架的房客，它们是一只猫头鹰和一只啄木鸟。

啄木鸟浑身雪白雪白的，有着木头颜色的美丽花纹；猫头鹰全身乌黑乌黑的，一双黑色的眼睛埋得好深好深。

它们自小就住在这个树洞里，当它们住下时，这棵树还只是一棵小树，它们也还只是小猫头鹰和小啄木鸟。

那是很久很久以前的事情了。

那天阳光穿过树枝斜斜地照下来，小猫头鹰和小啄木鸟同时来到这片树林里，它们要寻找一个家。它们同时选中了这棵小树，因为啄木鸟很喜欢小树的挺拔正直和生机勃勃，猫头鹰喜欢小树长在昏暗阴凉的角落，这样就不会被太阳光晒到。于是它们都想在这里住下来，也不打算离开了。

啄木鸟秀了秀它长长的嘴巴，说：

"小树，请让我和你一起生活吧，我会治愈你身上各种各样的病。"

猫头鹰指着自己的脑袋，说：

"还是选我吧，我具有理性智慧的头脑，能替你出好多好多的主意。"

第一次见面，小猫头鹰和小啄木鸟就吵起来啦！

小树很高兴它们都喜欢自己，就说：

"那我们就一起生活吧，我们会成为好朋友的。"

小猫头鹰瞥了一眼小啄木鸟，虽然心里有点儿不乐意，但还是说：

"哼，好吧。"

小啄木鸟看了看小猫头鹰，心想：多个同伴似乎也不错，希望我们能够合得来。于是微笑着说：

"请多多指教。"

于是，小树敞开胸怀，迎接两位房客入住。

小啄木鸟住进新家,它嗅了嗅小树的味道,啄了啄小树的皮肤,它学过一点儿植物学的知识,说:

“小树啊,你是一棵香樟树啊!”

小树说:

“是吗?我也不知道,从来没有人告诉过我。”

“香樟树是一种很漂亮的树哦,不但有芬芳的香味,而且还可以成为有用的木材……”

小猫头鹰撇了撇嘴,它不耐烦有人在它面前卖弄知识,就打断小啄木鸟说:

“我看未必!说不定这是一棵臭樟树呢!”

“臭樟树?”小树有点儿惊讶,这不是一个好听的名字啊,“我是一棵臭樟树吗?”

“小树,你别听猫头鹰乱说!根本没有臭樟树这种树种!”小啄木鸟连忙说。

“谁说的?我就见过一棵又臭又没用的树,跟这棵小树长得差不多嘛!”小猫头鹰毫不示弱。

“怎么可能……”

小树有点儿忧伤,看着两个朋友争吵,它有点儿不知所措,就说:

“别吵啦,别吵啦!等我长大了,你们闻闻我的味道是香的还是臭的就知道啦!”

“小树,我相信你一定是一棵好树,加油!”小啄木鸟在小树耳边悄悄说。

“臭樟树就臭樟树嘛,干吗不承认!”小猫头鹰又嘟囔了一句。

自从这两位爱吵嘴的房客住了进来后,小树变得热热闹闹的,经常会有两个声音在它心中响起。

比如,太阳出来了,啄木鸟说:

“小树,小树,快点儿用力伸展你的叶子,到阳光那里去吧!”

可是猫头鹰马上说:

“不要被阳光晒着了,那太热了,会生病的。”

小树刚刚把叶子碰到一点点儿阳光呢,听到猫头鹰的话,果然觉得叶子烫烫的,于是它就把叶子收了回来。

啄木鸟生气了,说:“猫头鹰先生,我从没听说过树会被阳光晒病的,植物需要阳光才会健康!”

“啄木鸟先生,你就不知道了吧?”猫头鹰不以为然地梳了梳羽毛说,“我亲眼见过许多小草小花被太阳晒得奄奄一息,最后大片大片地死去呢。”

“这里的阳光很温暖,对一棵树来说刚好!”

“保不准突然阳光就变得很猛烈,那样就为时已晚了!”

小树听得毛骨悚然,不管啄木鸟怎样劝说,它还是不敢去冒这个险。

又比如下雨了,啄木鸟说:

“小树,小树,快点儿用力吸收土壤里甘甜的雨水吧,这样你的根才可以伸得更深!”

“千万不要喝,那有毒的!”猫头鹰又出来阻拦了,“现在下的雨大多是酸雨,含有致命的化学成分的!”

“这雨水很甜的,看,其他树都喝得很畅快啊!”

“说不定他们就突然毒发身亡了呢!”

小树果然不敢喝雨水了。

这样呀,小树比其他树都长得都慢,它看着比自己高出一头的兄弟姐妹,有点儿担心:

“我怎么就那么矮呢?”

啄木鸟气呼呼地说:

“因为你不听我的话,老是听那只臭猫头鹰的话!没有阳光和雨露,叶子不往上伸,根不往下钻,你怎么长得高呢?!”

“你才是臭啄木鸟呢!”猫头鹰从不允许别人说它的坏话,“小树,没关系的!矮有很多好处啊,狂风暴雨来了,首先是打到高大的树,你多安全啊!”

“小树,你不可以这样懦弱,你应该勇敢地接受阳光和雨露的洗礼的!你若总是怕这怕那的,不经历一切磨炼,你只会变成一棵没用的树!”啄木鸟语重心长地说。

可是猫头鹰却说:“为什么要自讨苦吃?安安全全稳稳当当地过日子不好吗?”

“你这种想法太消极啦!”

“你的做法太功利啦!”

两位访客又吵个不停。

小树犹豫不决,不知道该听谁的好。

一天早上,小树在悦耳的鸟叫声和甜甜的香味中醒来,发现其他树上都站满了会唱歌的鸟儿,其他树都开满了既美丽又香喷喷的花朵。

可是小树看看自己身上,什么都没有,它不由得伤心地哭了:

"为什么?为什么鸟儿和花儿都不喜欢我?"

啄木鸟说:"唉,小树,你不努力,怎么会有收获的时候呢!不过现在还不迟,你不要灰心!只要你用力生长,散发你的香味,鸟儿和花儿们都会来的!"

猫头鹰说:"什么香味啊,啄木鸟你不要再安慰它了!我早说了吧,它是一棵臭樟树!"

小树悲伤地说:"或许我真的是一棵臭樟树吧,一棵谁也不会喜欢的臭樟树。"

啄木鸟很着急,说:"小树啊小树,你为什么不相信自己?你的的确确是一棵香樟树啊!"

"可是我一点儿都不香,大家也不喜欢我。"小树哭着说。

"是的,臭樟树的确挺难让人喜欢的!"猫头鹰惋惜地摇着头。

啄木鸟简直有点气急败坏了:"小树!你自己是一棵怎样的树,难道你不知道吗?你为什么不听听自己的心声?"

"你们就住在我的心里啊,我一直都在听你们的话啊。"

"你不要听猫头鹰的话,他会害了你的……"

"哎哎,我怎么就会害了它啊!我只是说实话!让它认清楚现实而已!"

"你就是来捣乱的!一切都是因为小树听了你的话才会变成这样的!"

"因为我说得比较有道理,所以小树才会听我的吧!"

…………

"好啦,好啦!一切都是我的错!都怪我不是一棵好树!"在这对房客激烈的争吵声中,小树默默地流着泪,树叶变得越来越没有光泽了。

很久以后,伐木工人来到了这棵树的前面,

"哦,这是一棵香樟树吧?为什么没有香味?树心又空空的?一点儿用都没有,只能让他在这里腐烂了。"

每个人心里都住着一只啄木鸟和一只猫头鹰,可是很奇怪,大多数人只听猫头鹰说的话。

2015 年写于苏州

自卑的小蜗牛

小蜗牛出生在一个菜园里。

它长着两个触角，不长不短。

它的房子没有图案，没有花纹，不大不小。

“唉……”

小蜗牛站在水洼前照照，觉得自己实在太普通太平凡了，和其他蜗牛简直一模一样嘛！

“我有什么呢？”小蜗牛觉得有一点点儿自卑。

本来小蜗牛或许就这么一天天活下去直到死。

直到有一天，它偶然——“偶然”是个强大的怪物——看了一眼天上，它其实只是想要活动活动脖子才朝天上瞟一眼的，可是它毕竟看了一眼，而且看到了！

它看到了什么呢？

它看到了天上有一条长长的白色痕迹——见识浅陋的小蜗牛当然不知道这是一架飞机开过去后留下来的——小蜗牛觉得很惊奇：

噢？还有这样的云？

它本来以为所有的云都长得一模一样，想不到还会有这么特别的“云”呢。

那片“云”既长又细，稳稳的、柔软的样子，到它上面爬爬肯定很舒服吧！

小蜗牛有了一个大胆的想法：

我可不可以爬上去呢？

爬惯了黑色的泥土，去爬爬白色的云，多新鲜啊！

从一端慢慢地爬到另一端，应该很好玩！

我去爬一趟再回来，不就会有一点点儿不一样了吗？

于是，自卑的小蜗牛出发啦！

它摇了摇触角，精神抖擞地低下头开始爬。

爬呀爬，爬呀爬，爬到了绿油油的白菜身上。

“小蜗牛，你要去哪里啊？”绿白菜刚吃完早饭。

“我、我要爬去那片‘云’上。”小蜗牛微微有些气喘。

“哦，那你加油咯。”绿白菜开始晒太阳。

小蜗牛继续爬呀爬，爬呀爬，终于爬到了穿着紫色长裙的茄子身上。

“小蜗牛，你这是要干吗去啊？”紫茄子吃着午饭。

“我、我、我要爬去那片‘云’上。”小蜗牛大汗淋漓。

“哈哈，那太远了！你真搞笑。”紫茄子要打个盹了。

小蜗牛继续爬呀爬，爬呀爬，终于爬到了一个鲜红的番茄身上。

“小蜗牛，你怎么到处乱跑啊？”红番茄已经吃完了晚饭。

“我、我、我、我……要爬去那片‘云’上。”小蜗牛累坏了。

“天要黑了，你快点儿回家吧，你到不了的。”红番茄要关门睡觉了。

小蜗牛继续爬呀爬，爬呀爬，爬到了一个很大的南瓜身上。

“大南瓜，我爬了那么久了，我快到‘云’上面了吗？”小蜗牛虚弱地问。

“哪里有云？”大南瓜看了看黑漆漆的夜空，连云的影子都看不到。

“哦，那片‘云’去睡觉了，不过明天会出来的，或许等我爬到，它就刚好起床呢。”小蜗牛抬头看了看说。

“你也快点儿回去睡觉吧，明天再去。”大南瓜和蔼地说。

“嗯，好的。我明天继续爬。”小蜗牛笑着回家睡觉了。

第二天一早，小蜗牛又开始了它的爬行，它这次决定从那一架豌豆作为起跑线，那里仿佛离“云”近了一点儿。

“小蜗牛，你又要去那片‘云’上面啦？”小豌豆问它。

“是啊，在上面肯定很好玩。”小蜗牛神采奕奕的。

“你昨天到不了，今天肯定也到不了的啦。”豌豆苗上的一只金龟子说。

“没关系，总有一天我会到的。”小蜗牛信心满满，它已经没有那么自卑了。

小蜗牛爬呀爬，爬呀爬，天天卖力地爬呀爬。

今天穿越小草丛,明天翻过鸡冠花,后天横渡小水洼。

天上的云时不时会出来跟它打一下招呼,对它说:

“小蜗牛,加油！快点儿来,咱们一起玩吧。”

“嗯嗯,我虽然还没到,但我感觉自己已经有点儿不一样了呢。”小蜗牛喜滋滋地说。

小蜗牛还在爬呢。

2016年写于苏州

闪电的秘密

嘘——小朋友们,现在有一件很重要的事情要告诉你们,一定要认真听哦!

因为啊,这个世界全靠你们了!拜托拜托了!

首先要告诉你们星星对我说的话,是的,就是天上闪闪发光的星星啊。

就在昨晚,大家都睡着了的时候,只有我一个人坐在台灯下看书。我看得眼睛累了,就抬起头看看窗外,这时我看到天空上的星星都模模糊糊的,感觉它们像是在动。

啊!它们真的都动起来了,全部在慢慢地移动,像是赶集似的一起聚在我的窗口!而且!它们还开始说话了——

"我们要告诉你一个秘密,这个秘密只能告诉地球的孩子们。"

你们见过那么多的星星吗?你们见过会说话的星星吗?

你们肯定都睡着了,所以你们都没有看到。

我之前也没见过那么多密密麻麻挤成一片的星星呢,还会说"秘密"的星星!

我只能呆呆地听着,下面就是星星们说的话——

地球的孩子们,请你们不要怕闪电!(所有星星一起说,星星们一起鞠躬了,真壮观啊!)

你们不知道,那是老天爷在给你拍照呢!(带头的那颗最亮的星星——像是星星老大——说的。)

老天爷是一位老爷爷,很老很老了,有白色的头发、白色的长胡子!虽然平时他都很和蔼可亲,可是有些时候他又很公正无私,甚至公正得有一点点儿无情哦。(一颗胖乎乎的星星——不但人有胖瘦,星星也一样哦——抢着说。)

老天爷平时很忙的,他的工作就是管着太阳照耀万物,忙着晒干被子、衣服,帮助种子发芽、花草树木长叶子,还要给小动物和人类输送光明,让他们可以看得到东西、感觉得到温暖。(感觉这次讲话的是一颗博学多才的星星——像是一位诸葛亮星星——慢条斯理地说。)

在工作之余,老天爷有一个业余爱好,就是喜欢拍照。只有在下雨天时,也就是老天爷休息的时候,他才有时间拍照呢。老天爷的相机很旧了,每次一按快门,都会闪出一条又长又亮的光线,然后传出“轰隆隆”的声音。(一颗活泼的星星夸张地配音、大大地伸开双臂比画着。)

哦,那就分别是你们人类说的“闪电”和“打雷”了,你们肯定都遇到过吧!但你们肯定都没有想到,其实啊,这些时候都是老天爷在给你们拍照呢!(星星老大接着说。)

在闲着没事的时候,比如在只剩下满天星星——就是我们啦——闪烁的深夜时,老天爷就会坐在弯弯的月亮躺椅里,吹着夜晚的凉风,一页一页、一张一张地翻看给孩子们拍的照片。(那颗胖星星脸上露出了微笑。)

老天爷家中有一个个又高又大的照片架,每个架上都贴着一个标签,是用来放各种各样的相簿,相簿里都是小孩子——就是你们啦——的照片。

里面的照片可多了!

第一个照片架上贴着的是“害怕”的标签,上面放的相册真不少!照片上的孩子们都是一副很害怕的样子,不是紧紧地抱着爸爸,就是躲进妈妈的怀抱里撒娇,有的捂住耳朵紧紧闭着眼睛,有的抱着胳膊吓得瑟瑟发抖,还有的甚至号啕大哭,像是见到了妖怪一样。

“唉——孩子们怎么连拍照都害怕呢?”老天爷很无奈地说,这时他的心里就会很内疚,“我是不是吓着了可爱的孩子们?”

第二个照片架上贴的标签是“好奇”,上面的相簿也算多的了。照片中的孩子们对着天空张大嘴巴,睁大圆圆的眼睛,眼光中是满满的好奇,然后问爸爸妈妈:

“天上那拖着长尾巴的是什么?”“天空中谁把鼓敲得那么响?”

老天爷自豪地说:“这里面肯定有一些是将来的科学家!”

第三个照片架上贴的标签是“悲伤”,照片并不多,可是照片中善良的孩子愁眉苦脸的,有的说:

“天空裂了一条缝,好惨啊!”

有的想:

“那么响，会吵醒生病的奶奶的，她又该喊头痛了！”

老天爷看到第三类照片，就会默默地流下眼泪，善良的孩子们啊，你们的心很重，重到让老天爷心痛。

如果老天爷刚好拿到贴着标签“笑”照片架上的相册来翻，一打开，会看到照片里的孩子仰着脑袋，侧着脸，有的对着天空微微笑，有的调皮地做着鬼脸，似乎在说：“老天爷，我们知道你的鬼把戏哦，您骗不了我们！”

“哈哈哈，这才是照相时该有的表情嘛！”老天爷大笑着，对自己照的这些照片很满意。

老天爷一笑，那个晚上就会变得特别特别特别美丽，柔和的月光轻轻地笼罩着全天下，许许多多睡着了的人都会做一个个甜甜的梦。

大家都愉快地迎接太阳公公的到来。

可是——（上面都是那颗诸葛亮星星用冷静的语气说的长篇大论，说到这里时，本来微笑着听着的星星们忽然沉默了。）

最近这几年，老天爷照的照片中“笑”的照片越来越少了，“怕”和“哭”的照片却多得照片架都塞不下了。所以，老天爷很久很久没有笑了，他看不到孩子们的笑脸，就一直闷闷不乐，经常唉声叹气，他会因此而生病的。最近……最近，他真的生病了，躺在床上起不来了……（有的星星小声地哭泣起来。）

老天爷生病后，天空中积满了各种各样的灰尘、废气、毒气，变得灰蒙蒙一片，不再美丽了！你们人类也一定看到了吧？

如果再这样下去，后果会很严重很严重啊，我们——所有一切——都会跟着生病的啊！（星星老大脸上露出了痛心和着急的表情。）

所以，现在我们一定要想办法治好老天爷的病，让他健健康康快快乐乐地来照顾我们这个世界啊！（胖星星擦了把眼泪说。）

我们星星开了个会，大家认为，能让老天爷好起来的就只有一个了，那就是——

孩子们笑的照片！（星星们齐声说！）

一定要给老天爷看到孩子们的笑脸！所以今天我们才过来找你帮我们告诉地球上的孩子们的！请孩子们在拍照时一定记得要笑啊！咧开嘴露出白牙灿烂地笑啊！老天爷看了一定会很高兴，那样他的病就一定会好起来的！

这很重要！很重要！很重要！

拜托你一定要告诉孩子们!

星星老大用严肃的语气很快地说完,星星们就慢慢地散开,依旧星星点点地挂在夜空中的不同角落;而有的渐渐地变淡、变淡,消失了。

我搓搓眼睛,想着这一切,感觉像一场梦,但又肯定不是梦。

好了,这些就是昨天晚上小星星们告诉我的,因为情况紧急,所以我马上告诉你们了!

你们一定要相信星星的话啊,现在的大人们肯定都不会相信星星的话了。不信你去问问身边的大人——

“爸爸妈妈,闪电真的是老天爷给我们拍照吗?”

大人们肯定会皱着眉头说:“乱讲,不要相信那个谁胡说八道!耸人听闻!”

“可是这是星星们讲的哎!”

大人们或许还会不屑地嘲笑,说:“哈哈,星星哪会说话?真幼稚!”

是吧,大人们都这样吧?他们都不会相信的,他们只会冷冰冰地赶路,所以老天爷从来就不给大人拍照。

星星是会说话的,你们肯定知道,不信你今天晚上抬头看看星星(要是老天爷身体好一点儿了,你肯定会看到亮亮的星星的),星星一定会对着你眨眼睛,似乎在说:

“请记住我们之间有一个约定哦!”

我们都相信星星的话吧,老天爷真的生病了!看,最近是不是月亮也没那么亮了?蓝天也不那么蓝了?白云也不那么白了?连星星都变少了呢!

所以啊,各位小朋友,我们得让老天爷这位老爷爷开心起来啊!所以在天空帮我们拍照的时候,在闪电闪过时,在一声轰隆隆的雷声中,大家记得笑啊!

露出牙齿哈哈大笑也行,扬起嘴角羞涩地微笑也行,甚至做着鬼脸调皮地笑也行!

记得哦,我们拉钩。

2016年写于苏州

Let it be!

森林里代代流传一个传说，故事平淡无奇，主角普通平凡，没有跌宕起伏的情节，没有感人的思想，但这个传说一直流传着。

这是一则关于一只乌鸦的故事，一只乌黑的鸟儿，瘦瘦小小、呆头呆脑的，它长得和其他乌鸦实在找不出来有哪里不一样，而且一样不受人类欢迎。

乌鸦族世世代代的规矩——一岁的时候学飞，两岁的时候学呀呀叫，三岁的时候结婚，四岁的时候哺育小乌鸦，五岁的时候晒太阳，六岁的时候应该死掉，不然将被以破坏生态平衡罪论处。

只是这一只乌鸦却出了点儿小差错。

它出生时找不着爸爸妈妈了，一岁时没有谁教它学飞。

两岁时它走到一户人家，听到小男孩念英语，它只学会了一句——“Let it be!”却从不会呀呀叫。

三岁的时候因为不会呀呀叫而没有其他乌鸦跟它结婚，可是无意中它拣到了一把吉他。

四岁的时候乌鸦族召开乌鸦法庭，这只小乌鸦被驱逐出森林，于是开始了拿着吉他过流浪的生活。

有阳光的白天，它走在大路上，用力地弹着欢快的调子，无拘无束地唱：

“Let it be! Let it be……”

很多匆匆赶路的动物与它擦肩而过。有狡猾的狐狸小弟、凶恶的灰狼大哥、威严的老虎先生……它们好奇地回过头来瞥一眼这只不会飞却抱着破吉他的乌鸦，分别说：

“一个疯子。”

“一个醉汉。”

“一个乞丐。”

矜持的野兔小姐掩着鼻子,温顺的山羊大婶一脸惊恐,勤劳的牛妈妈拖着孩子,它们飞快地绕道跑过,连看都不愿意看这只乌鸦一眼,心中分别想着:

“又臭又脏,讨厌。”

“天啊,真可怕。”

“孩子啊,你可千万不要像它一样啊。”

有星光的晚上,它坐在树的枝丫上,温柔地弹着忧伤的旋律,轻轻地唱:

“Let it be! Let it be……”

躺在温暖的巢中的鸟儿们侧着耳朵听了一会儿。

睡不着的猫头鹰更加暴躁了,怨恨这声音吵着它了:

“该死的噪音,扰民啊。”

专业歌唱家黄莺对此旋律很不屑,它想:

“就这水平还敢出来现?! 怎么努力也不会赶得上我的!”

年老的老鹰突然有些鼻酸,可是他马上蒙上被子:

“现在谁还需要感情啊! 那是软弱的表现!”

乌鸦六岁了,还没有死掉,仍然唱着它的“Let it be”。很多善良的动物都纷纷劝它——

“你为什么要离经叛道、不按照大自然的规律好好过日子呢?”

“吃不饱、穿不暖,一直这样唱多无聊啊,这值得吗?”

“你应该做一些有用的事请,我介绍你当狮子市长的书记员吧?”

可是,乌鸦说:

“谢谢你们,可是我喜欢弹吉他,挺开心的。”

动物们都摇摇头:

“唉,不可理喻。”

最后,这只乌鸦死了。

其他乌鸦死后的墓碑上都写着这样的话:

“这只乌鸦,按顺序把所有事情都做了,顺利地死去了。”

而这只乌鸦虽然和别的乌鸦长得一样，全身乌黑，没有名字。只是它的墓碑上写的是：

“这只乌鸦，一辈子只做了一件事情——弹着吉他唱‘Let it be’，也死去了。”

2015 年写于苏州

情绪

废墟埋藏的一份礼物

我凝望着我的悲伤

此时的我，二十七岁的我，如同被打了一棒而发出一声惨叫的猫，夹着尾巴，头颅嵌进肩胛骨，垂头丧气地走向角落，然后回过头来看一眼，眼神中满是吃惊、愤恨、哀怨、厌恶、无奈、百口莫辩。

想露出一口尖锐的牙齿和锋利的爪子，把生活撕咬成一丝一缕，“呸”一口吐到地上；但，我怂了，我懦弱地收起了锋芒，逃进了日光的缝隙，舔舐伤口，专注地凝视着我的悲伤。

这一次，我决定，不让自己坚强，不努力，不咬牙坚持，不一定要自己站起来。

我想好好地看着我，看着悲伤中的我，真实的我。

二十多年，我总有我的计划，一直坚强，常常反省，永远努力，当然也有许许多多梦幻的泡泡。我的心，跳动了二十七年的心，我与它相处了小半生，可我却总是选择遗忘，用美好的未来掩盖现实的悲伤，安慰自己“一切都会好起来的，我会幸福的”。或者由于我内心过于膨胀，所以受委屈的永远是我，所以我的世界常常天崩地裂。

我似乎从来没有真实地面对过我的生命。我曾经凝视过我生命中的缺失吗？我能直面命运的挣扎吗？

我真的凝视过这个我吗？凝视过这二十七年的日子里，在风尘滚动下我的内核吗？Who am I？

婉玲的心，重视感觉，追求自认为的完美，挑剔、脆弱、透明，自尊、敏感、任性，把自己膨胀为全世界；极度推崇理想主义又追求简单平凡；骄傲自恋又卑微讨好，善良懦弱又坚强自律，悲观又乐观，控制又依赖，不能直立行走；爱完美的表演，却又崇尚极致的真实；常常充满不安全感和不能被爱的恐惧，常常自我怀疑与自我否定，偏偏又敏感得要命且执着得不行，想要清晰的生活轮廓……我的心里，纠缠着许多过往的线头，一片狼藉。

我的心是残缺的，它时常流泪。

当我不看它时，我的悲伤只是一团云烟，虚无缥缈，偶尔掠过我平静的心湖，投下阴影，等我伸出手去触摸，又似乎空无一物。

当我认真看着它时，它又会像墨水滴进清水中，晕染涌动，有迹可循；像乌云在天空无声聚集，染上夜深的黑，浓重得把我整个人围困，我无处可逃。

我凝视着我的悲伤。它既空空如也，又沉重有力，在人间游荡着。

悲伤的我还不能和命运达成和解，即使你是“为我好”，我也不能就这样原谅你。

我暂时还不会原谅你，生活，为什么突然对我露出狰狞的爪牙？为什么不留情面地抓得我鲜血淋漓？难道我之前狠狠打过你一棍吗？

生活，为什么你这么狠心，我不懂你了，我曾经以为我很了解你，我说我要永远热爱你，我说我既会热爱你的好，也会热爱你的不好。如今看来，我是幼稚天真的，想不到你埋伏在我的二十七岁，教我看到了早已注定的一点儿真相。我现在不敢揭开你的面纱了，从你嘴角露出的狰狞的笑容，我已经惊恐颤抖，你太恐怖了。

生活，你告诉我，除了温暖，浩荡的人间还有什么，还有什么值得你眷念而不闭眼？

留我一个人在四面进风的阳台上垂泪，天不会亮，你怎么一定要我难过？

如果一颗心不懂另一颗心会让人这么难受，那么人为什么要孤零零地来到这人世间？

独自跋涉艰难长途，又黯然自灭，为什么有那么多的折磨、那么多的困难？

为什么吝于给我满满的温暖？为什么让我注定承受人间的风霜雨雪？

生活，令我不明白。

冷漠的人间，短暂的人生，你需要我怎样？

我只想要的爱、关心和温暖怀抱，却奢侈得让我这个穷光蛋似乎永远无法企及！

我好难受，这一颗心不要那么千疮百孔就好了。因为我还不够狠心，所以只能难受。如果我不需要爱就好了，人间最是痴情苦，多情总被无情恼，为什么会这样？为何我生来如此？

为什么令我受伤？我又为什么脆弱？为什么害怕？

为什么我努力了却没有结果？为什么我总得不到想要的合理的一切？为什么我要在黑夜流泪？

日后，我该怎样独自活着？为什么我的能量不够？为什么我只能把自己投放在身外之物上？自己都不可靠，身外之物更加不可靠了，当其洒脱地抽身离去，剩下我那没有躯壳的灵魂何处安放？

为什么我是错的？为什么我总是不对？生不对，活不对，死也不对，为什么我的心没有人管？

为什么这么难？爱和不爱都难，做人也难。为什么不懂我呢？我为什么就那么难懂呢？

我以为很简单，爱很简单，你很简单，我很简单。我以为有天黑就有天亮，我以为好人就有好报，我以为善良的公主会和王子白头到老，我以为一切都可以如我所愿，我以为我会过上梦想中的日子。我想不通为什么不这样。

我是不是笨？我是不是不配得到我渴望的一切？我是不是傻？我总是怕，怕你不好，怕我不好，怕人间不好，怕不美好，怕输，怕输不起，所以不敢太任性，不敢开心，不敢恨，不敢怨，不敢气。为什么我还在巴巴地奢求施舍？

长大后，没有爷爷奶奶，是不是就没有了不顾一切的爱？

我是不是不能是我？是不是要思考，要理性，要乖巧懂事，才能得到礼物？

此后，是不是就不会有一颗我能紧紧拥抱的心，让我从容地从生命的悬崖跳下？

我为什么那么需要爱？而爱为什么那么高傲？人生已经很残酷，为什么爱还要站在我的对立面？

即使我匍匐称臣、卑微入尘，爱也只是在高高的皇位上给我一点儿光辉，我的余生必须靠这一点儿余温活下去？

生活，是可恶的，又是我唯一的，能否告诉我，究竟要我怎么勇敢、怎么睿智才能度过这一生？

我看到，我的悲伤在说话了，这一点儿的真实多么可贵。我不想去掩盖它、粉饰它。

我知道，这么多年，我仍然没有长进，我仍然像那个得不到洋娃娃的小女孩，哭喊着，大声哭喊着。带着心碎、创伤，哭喊着。一次又一次。哭喊一生。

什么？生活，你并没有欺骗我吗？你从来都没说你是美好的，你从不说话，不说甜言蜜语，也不说谎。这就是生活的真相？也是我的真相、唯一的真相？

是我伪装了你？是我想象了你？是我制造了虚假的你？只能怪我自己咯。

但，我今后还怎么爱你呢？

我已经不再确信了，生活中没有确定无疑的我和事物，父母不会确定无疑地爱你，世界更不会确定无疑地善待你。

从前，我以为，能确定无疑的是我自己，我是自己最可靠的证据，努力就会幸运，就会幸福；如今，我再也不确定了。我的世界已崩塌，哪里有五彩石可补？

苦苦追求寻觅的我，好辛苦啊。自讨苦吃，自取其辱。婉玲的执念太深了。

这次，我不再寻求生活的答案了。

生活没有标准答案，我就是这样一个无解的我。

我向生活要求的，也不仅仅是正确的解题方法。

放过自己吧，即使我是一个错误，那我也只能痛苦地过一个错误的人生。

所有的一切都是我们的一部分，就算是一颗肿瘤。我才知道，有些错误不能改正。

诚实地面对自己，孤独地面对自己，面对这个二十七岁的生命，深深凝望着它的泪水与残缺。与它相处，安抚它，驯化它，而不是让它占据你，统治你。

舒服地做自己，自由地做自己。我舒服吗？在我的心不舒服的时候，立刻喊停。提醒我，存在问题。不讨厌自己，不强求自己，不逼迫自己；不要小心，不要现实，不要记住做人的局限；不认真，不努力，只要舒服。但是我知道，婉玲的舒服，很难得到哦。

真正爱自己，活在当下，光明正大地面对自己的需求。别人给的安全感永远不够，自己心里的病是不能全部靠别人来治愈的。自己给自己安全，有爱自己的能力，才有爱别人的能力。内心强大一些，铠甲更加坚固一些。为自己挡风雨，也能为我爱的人挡风雨。

生命会累积智慧，教会我怎么面对我的失去，瓦解，重建；破碎，粘贴。

痛苦，让我的内核慢慢坚定。悲伤，让我的内心慢慢成熟，变得深刻。

我要擦干眼泪，尽力睁大我的眼睛，凝视我自己的悲伤。触碰自己受伤的心，让它不致因消沉和封闭而停止跳动。学着面对悲伤，承受缺失，它就在我的心里。痛苦着我的痛苦。凝望这个悲伤的自己——那么脆弱无助的自己，然后，陪伴着这样的自己生活。

即使它未来依然要经历如此这般的痛苦与悲伤。因为这是我啊。

时间，今天我交给你一个悲伤中沉默的婉玲，明天你还给我另一个的婉玲？

成熟了？还是幼稚如初？我都接受，那是我注定的人生。

爱情永恒，爱情万岁！

我会爱你的，婉玲。

我很爱你。

我不舍得自己难过。我爱我这个灵魂。

我多么希望你好，希望你不要让险恶的命运得逞。为了爱，为了梦，为了生机勃勃的奇遇，我得奋不顾身地像傻瓜一样冒险啊。

我用满含热泪的双眼凝视着你，你要回过头看看我这一双眼，这一颗心啊。

爱自己，紧紧拥抱自己。

Let it go！走吧。

2018 年写于苏州

我好怕自己最终也是一个平凡而可怜的人

今天我看完了小说《斯通纳》，花了一个夜晚和一个下午的时间。

讲的是一个普通平凡的男人斯通纳的一辈子的故事。斯通纳出身农家，大学时因受到文学触动而转到文学系，毕业后在那所大学做了四十年的教师，从事教学与研究，受到同事的挤兑；家庭不幸，有不亲密的妻子和女儿，有过一段幸福的婚外恋，却还是被迫分开，最后死于肿瘤。

在平平淡淡的人生中，他连一个自己喜欢的书房都不能拥有，受到了许多压抑和迫害，就这样度过了自己的一生。

这就是人的一生了吗？

难道就这样过我的一生？

很害怕，害怕自己最终也是一个碌碌无为的人，一个平庸得微不足道的人。

我肯定不会让自己这样度过一生的，我想。

可我同时又觉得心虚。

从懂事以来，好胜心强的我，一直都抱着“我肯定是一个不平凡的人”这样的信念活着——

以为自己很了不起，会实现所有的梦想；

以为自己长大后会比现在遇到的大人们更厉害，不会过这样琐碎无聊的日子；

以为自己会遇到独一无二的白马王子，不会像许多美女那样嫁给平庸的男人；

以为自己长大后的生活一定非常美好，光芒万丈。

小学时，想着读了中学，我肯定不会像那些哥哥姐姐那样机械麻木地白白浪费花季时光；后来读了中学，我自己其实也只是日复一日、年复一年地学习、做练习、考试。

考上了大学,我以为自己会拥有一段多么丰富多彩、尽情挥洒的青春;可到了大学毕业那一天,再回过头去看,天哪,我也是那样平淡无奇地过了四年。

于是,理想慢慢对现实妥协了,渐渐地发现了,原来我也是一个如此平凡普通的人。我终于承认了自己的渺小,这很不容易。

或许,到了我将要离开人世的那一天,在回望我的一生时,我也会发出一声叹息:唉,原来我也是像大部分普通平凡的人们一样度过了自己普通平凡的一生啊。

斯通纳的一生,或许就是展示了人类生存的这种平淡无奇的状态吧,所以,斯通纳就像活着的我们每一个人。

But——

"即使不能拥有完美的生活,所幸追求过完整的自我。"

人生的质量并不是表面光彩照人、丰富精彩的履历和头衔,而是内在的自我。

Stoner——Stronger。

斯通纳,也是平凡生活中的一个强者,他年轻时不顾一切转了专业,毅然投身于文学的教学与研究,同事的倾轧、混乱的院系圈并没有使他放弃过这种热情,他从一而终地工作了四十年,诚心诚意、兢兢业业地指导与教育自己的学生。

后来在面对失败的婚姻、神经质的妻子,甚至被剥夺与女儿的交流时,他无法改变又不忍心伤害这一切,于是他便以温柔和忍耐来默默对抗,而没有改变自己的原则,没有抛弃自己的尊严。

再后来出现了与他心心相印的情人,可又被迫分开。无奈分开也是为了做"我们自己",因为"我们知道我们是——知道我们是什么样的人"。

斯通纳的一生中出现的各种事情让他越来越看清楚自己是一个怎样的人,他从来没有放弃发现真实而完整的自我。

平凡的生活,也会因为内心丰富的声音和坚韧的力量而色彩缤纷、闪闪发光!

不要害怕成为一个平淡无奇的人,再困顿再无聊的日子,只要自己追求自我认识和完善,永不放弃思考和坚持,内心有了强大的自我支撑着,生命的价值就不会因被平庸和琐碎侵蚀而崩塌!

我们每个人身披生活重复枯燥的朴素外衣，但只要注意聆听内在的声音，不要让外界的噪音掩盖自己灵魂的声音，保持内心的丰盈和灵动，再平凡的一张脸上也是会有属于自己的光彩的。

这样，即使是一个个平静的日子，也是既有趣又有意义的！

2016 年写于苏州

你的痛苦是你一个人的事情

昨天肚子痛，这是我至今为止痛得最厉害的一次了，接近一个小时的痛不欲生，痛得可能把学校医务室的床单都要抓破了，痛得想到了死。

中午肚子突然痛起来时，我的心就咯噔一下，预感到这一次很严重，一刹那我的天空就暗了下来，“不要啊。”我的内心在呐喊。饭立马不敢吃了，但痛还是来势汹汹，反胃恶心，把胃里所有的东西都吐光了；不知道我是怎样艰难地走到学校医务室的。吞服了止痛片，躺在昏暗房间的床上时像是在等曙光一样，又像是在等救命稻草一样，等待这撕扯着我的痛停止。

外面行政楼的大厅上有学生在弹奏钢琴《黄河大合唱》，“风在吼、马在叫，黄河在咆哮，黄河在咆哮！”此时我的痛在咆哮，每一个音符按键感觉都敲打在我最痛的地方，简直就像是为我的苦难而伴奏的，成了我的痛苦主题曲。痛感如此尖锐，像一群恶魔在我的身体里开 Party，疯狂的重金属舞会，狠狠一脚接一脚地踢在我肚子里狂欢。

左边窗户外面是运动场，传来学生们上体育课的声音，尖锐的哨子声、学生的笑闹声、啪嗒啪嗒的跑步声，一墙之隔的医务室传来学生家长的争吵声，似乎是为了开什么证明，校医姐姐轻轻进来帮我盖被子……这些都是生命的声音，健康的生命的声音，那时我都非常羡慕——他们真好，不需要承受我如今正在承受的苦痛；他们真好，那一刻活得这么轻松。

然后我想到了阿嬷，那时生病时阿嬷经常对我说，她痛得整夜整夜地睡不着，坐在床头苦等天亮，她是怎么熬过来的？包括她去世时那个晚上，她一个人如何去面对像上帝一样的苦痛？那么多的病人瘦到皮包骨，是承受了多少苦痛呢？我终于稍稍能够理解一点她卧病时喃喃对我说的“到这份上，死了算了”的话，要承受这样的苦痛，生有何欢？这些是那时任性地喊着“你不能死，你死我也死"的我所不懂的。所以后来阿嬷去世，我哭得不能自已时，亲友劝我，你奶奶那么苦，死掉未尝不是一种解脱。是的，如果我知道奶奶一天天是那么痛地煎熬着，或许我也就没那么不舍得。

今天我才真真正正理解了我的阿嬷，心疼所有受苦的人。

肚子像这么痛的时候并不多，记忆中在读高三时的一个晚自习，我肚子痛得连走路回宿舍都做不到，走两步就靠在墙上休息一下，急剧地喘气，绝望得无以复加；还有一次是在台湾地区，一个人躺在宿舍的小床上，肚子痛得让我用手去捶墙壁，嘴里喊着做弥撒时刚学到的寻找力量的"主啊阿门""耶稣基督"……

这样的痛持续的时间对我来说都是灰色的，曾经多少明媚的颜色也抵不过这样的灰色，根本不堪回顾。然而，痛楚又是那么清晰。

痛苦来临时我总问："为什么偏偏是我？"这种痛是平时不痛的我们想象不到的，就像是你在温暖时想不到寒冬的冷酷，就像你在吃饱时想不到极度的饥饿感是怎样的体验。痛的存在感如此强烈。痛苦时我是很清醒的，一点儿不含糊地感受每一阵痛感，无论是细微的刺痛还是如怒涛袭来的痛浪，一点儿不差地，我都得承受着，很清楚很清晰地去承受着，甚至感官的集中会让我加倍地体会到。我无法挣脱，无处可逃。

最痛的时候，我像困在渔网上翻着白眼的鱼，没有言语，没有表情，没有动作，只有沉默，承受所有的痛，一丝一毫都少不了。

此时此刻我才知道，人的所有痛苦，都是其一个人的事情。人的生死痛楚，不关其他任何人的事。你的伤口在流血，别人在为今晚吃什么而发愁。这世上多数人没有感同身受，说什么"我懂你"的基本上都是鬼话、纸上谈兵。你不在雨中，你永远不知道雨打在身上有多痛；即使你也曾经痛过，但是此刻健康舒服的你还是感受不到痛苦的真实。即使你有最亲密的爱人、最体贴的父母、最温暖的朋友，但是，那么多次，所有发生在你身上的痛，每一点每一滴都是要自己承受着的，别人半点儿也不能为你分担，你一点儿也少不了，你都得张开全身去承受。

痛苦具有沉重的力量，生命之所以有意义，是因为它会暂停。经历过这样的痛苦，人才知道好好活着真好。在宏大的一场痛苦面前，什么小情绪、小失落、社会压力，其实都不算什么。痛的时候，除了痛你是什么都想不到的。它就是你的全部你的上帝你的主人。

虽然痛苦真的让人清醒，虽然痛过后会彻悟，深厚博大的同情心需要痛苦，但是，我仍然不要痛苦！痛，是忍受不了的，是不能一直忍受下去的。如果痛苦不消失，生活就没什么值得期待的了，甚至生命也是可以结束的。

愿人间无痛。

愿每个人都身体健康。

这样就好。

2019 年写于苏州

吃不到糖的小孩

——穿过执念的迷雾森林

从前,有一个小孩,他很喜欢吃糖,在他小小的心中,糖果是世界上最美好的东西了。可惜的是,他并不能常常得到糖果。每天,他就站在商店的大橱窗外,眼巴巴地看着满玻璃柜里亮晶晶的糖果。每当有别的小孩子哗哗地撕开糖纸、美美地把糖果放进嘴里时,他就只能吮着大拇指,还装作对此并不在意,其实他心中却在偷偷地羡慕和埋怨。

那份得不到的甜蜜,是如此诱人和滚烫,把他幼小的心灵烫出来一个巨大的黑洞,安静地潜伏在他的生命中。

等到有一天,他已经长大,有了足够的金钱和能力,他迫不及待地给自己买来许许多多的糖果,想要弥补那个巨大的黑洞,往嘴里、往自己身体里填进很多很多的糖果,他一刻不停地吃着糖果,各种各样的糖果;家里每一个角落都堆满糖果,甚至连他睡觉都睡在糖果上。

即使到了再也没办法继续吃下一颗糖果的时候,他的巨大的缺失感仍然怂恿他寻找更多的糖果,一次又一次,欲罢不能,至死不渝。

然后,爱吃糖果的小孩的一生,都被填进那个永远装不满的黑洞里了。

这就是我所说的执念。

或许你一直认为对你而言非常重要的东西,也就是你一直苦苦追求的东西,反而成了捆绑你的绳索。

有时候的坚持、恒心、不忘初衷,会不会也是那一片障目的叶子?

当你掉进心中的黑洞时,就犹如走进了一片迷雾森林,你看不清自己生活和生命的真相,你摸索着。你本能地寻找你的安全感,有时候,安全感却只是小时候的你编织的一个巨大的牛角尖,你不知道你是什么时候钻进这个牛角尖的,你仍然在向那个越来越让你窒息的尖角里钻啊钻……

如此迷惑?

所谓清醒的自知,除了明白让自己灵魂喜悦的事物,还要明白自己的生命里缺失什么,知道自己在做什么。当觉察到自己正沉浸在欲望的渊薮里,希望我能告诉自己,Enough(够了)! Stop(停下来)!

告诉自己,我已经长大了,感谢我走过这样一段命运,现如今,我不缺任何东西,我可以给自己更多的东西,我可以让自己的人生在别的方面获得发展。

打破执念的魔障,让自己自由地呼吸,走上一条宽广大道,昂首阔步,神清气爽地向前走,看得更远。

2018 年写于苏州

孙悟空

失落
犹如露出水的石头
锋利、尖锐
棱角分明
无处遁形

风霜兮高洁
水落兮石出

一旦吵醒里面住着的
那只顽劣的猴子
他会随时蹦出来
挥舞着他的金箍棒
横指不可一世的如来佛
大吼
凭什么

直到今天
被压在五指山下跪地求饶的他
才悟，一切皆空

2018 年写于苏州

心中永远的齐天大圣

六小龄童大摇大摆地从后台走出来，晃着脑袋大吼一声：

“俺老孙来也！”

在全场震天掌声中，我的眼前渐渐蒙上了一层水雾。

齐天大圣，你好！

嬉笑怒骂、潇潇洒洒地在天地间腾跃飞翔无所羁绊的美猴王，勇敢正直不认输，任何妖魔鬼怪都挡不住的无比强大的齐天大圣！

一个很帅气的斗战胜佛！

小时候家里没有电视机，没有课外书，从来不知道世上有这样的一只孙猴子。直到读初中之后才看到电视剧《西游记》，当时我一个人在我和奶奶昏暗的房间里看得哈哈大笑。那时候喜欢孙悟空，是因为喜欢孙悟空闪闪的眼睛眨啊眨，喜欢看到他咔咔地笑，喜欢他生气时抓耳挠腮、跳上跳下，和师父师弟开玩笑时的调皮捣蛋，扛着金箍棒帅气地瞭望，看到妖怪时眼光像刀剑一样锋利——“妖怪哪里逃”的豪气，“师父不用怕，有俺老孙在”的霸气！

后来，上大学后，我学的是中文系，曾经认真地读过吴承恩的《西游记》小说原著，看过相关的一些学术评论，明白孙悟空不只是一只猴子，在他身上蕴含着作者深沉的寄托。

从这时候开始，我一直崇拜着孙悟空。崇拜着永不言败、不屈不挠、机智勇敢、乐观向上的猴王。

而让我感受尤深的是大四我复习准备考研的时候。那大半年的时间里刚好每天中午 12:00 广东广播电台都会放粤语讲古大师张悦楷播讲的《西游记》,这成为我每天单调甚至枯燥的复习生活里的热烈期待。那时候我从早上看书、做题一直到中午12:00,然后收拾桌面凌乱的书本,打开手机上的收音机,调到FM93.3频道,双手插在衣兜里,走出图书馆去吃饭。12:05,《西游记》准时开讲,走下图书馆门前那一条长长的楼梯时,刚好是梁君诺在唱主题曲《西游永记》:

"……那弼马温经典无可媲美/斗法极尽流利/坎坷悲中带喜/自细八戒已是我的知己老死/让西游的神话倾倒世代绝艳似花/让西游的神话潮流里翘首眼下……"

我哼着歌词,感受到浓浓的励志的味道,然后便是听到熟悉的"原文再续,书接上一回……",我在孙悟空和猪八戒的斗嘴和与妖怪斗智斗勇中微笑地走到学校食堂吃完一顿饭。

《西游记》带给了我这么多的欢乐、鼓励和信心。

因为这时候,我理解的孙悟空,他不再只是一只调皮和强大的猴子,我从悟空多次的流泪和喟然长叹中感受到一个人的悲哀与孤独,怀才不遇,不被理解,甚至有时还有孑孓独立于宇宙的茫然。这跟那时候我对未知前途的彷徨迷茫和担心恐惧是具有相同之处的。这于我是一种安慰。

可是孙悟空永远是孙悟空,他在洒完泪后总会紧握金箍棒冲天而起,一棒横扫天地,大喝:

"俺老孙来也!"

山震地裂,天地为之颤抖而动容。

我脆弱的心被一块块拼接起来。

他永远不会屈服,他嘻嘻哈哈地笑对九九八十一难,无论遇到多厉害的妖怪,他总是手拿金箍棒冲在最前头,所到之处,妖怪无法遁形,"谈笑间,樯橹灰飞烟灭",他是人世间一等一的英雄。

记得读高三时我的座右铭是:

"如果你足够强大,全世界都为你让路。"

是的,全世界都为齐天大圣让路。

至今我还不知道有哪一位大神可以跟这只猴子相比的!

在听完讲演散场的路上,我看到一个小男孩,挣脱妈妈牵着的手,跑在前头,舞手弄脚,一边"哈嚯"地叫着,一边出拳踢腿。他妈妈在后面着急了,喊道：

“哎呀，别摔着了！”

你不明白，他怎么会摔倒呢。现在的他就是一个小孙悟空，你见过孙悟空摔倒吗？

在他心中，有一个不会失败的美猴王！

我们都需要这样一个不可战胜的斗战胜佛。

其实，帅气还不算什么。

最重要的是，他真实。

在天宫，在地府，在人间，无论是面对着玉皇大帝、太上老君、太白金星、阎罗王、人间皇帝还是土地神、师父师弟、小道士，抑或各路妖魔鬼怪，他总是那一只猴子。

高兴了，就笑，就玩，就闹；生气了，就蹦，就跳，就打！

他做真实的自己，面对看起来威风凛凛一本正经的大人物从不点头哈腰，没有卑躬屈膝，没有战战兢兢；而在战战兢兢的小人物面前，不会装蒜，不会谦虚，不会摆出一副救世者的清高。

无论对谁，他都从不掩饰自己的骄傲。

仿佛，别人都不算什么，他自说自话，做自己的事。嬉笑怒骂，一根金箍棒，为自己打造一片天地。

尽管他有七十二般变化，但是我觉得他一直没有变，或者说无论他变成什么都是一样的，他一直是那只真实的猴子。

他有一颗充满灵性的单纯的心。如同一颗钻石，既坚不可摧又剔透晶莹。

这一点对我来说很重要，让我感到很温暖。

如果一个人对自己没有足够的信心，他是不可能做真实的自己的。

一直觉得，《西游记》中的孙悟空和《红楼梦》中的林黛玉很像，别笑！有大学老师的评论为证：

“孙悟空和林黛玉都是两部作品中的理想形象，都只是作者臆想出来的原型，他们太完美了，在人世间是不存在这样的形象的。”

“你想想，生活中如果真有那样一只任性妄为的猴子，他还能活下去吗？”

是的，这个世界总在扼杀任性。

弯弯的月亮只能像小船，人就是“上学—工作—结婚生子”，生活中那么多的潜规则，如同每道考题后面都有一个参考答案。

于是，海子死了。

世人评论曰：太不成熟了。

我总想，要是真的有一个孙悟空，那样该会多好啊！

因为那样我就知道，齐天大圣不是假的，世界上真的有着这样一个孙悟空，那样一来，许多人就会更加大胆地做自己，而许多人也就不会那么孤独了。孙悟空是作者的理想，也是我的理想，还是许多走在人生路上的人的精神支柱。孙悟空存在于那个小男孩的心中，存在于我的心中，存在于许多人的心中。

一直相信，在我的心中也有一个孙悟空，一个不可被打败的齐天大圣。

你们都那么成熟了，少我一个不算少吧。

2014 年写于苏州

生活终于磨平了我的棱角?

生活终于磨平了我的棱角,就如同给我换上的这一副圆眼镜。

如今的我,见过了许多的人,走过许多的桥,犯了很多的错,碰了无数的壁。

彷徨、呐喊。

然后——

我终于承认了自己的平凡,明白了自己的卑微与渺小;

知道了自己的愚蠢天真,错把假意当真心,也不断地安慰自己;

不再愤慨,更宽容地理解这个世界有多复杂,开始接受不同意见。

我终于和世界妥协。

学会了装模作样,就像对爸妈撒谎的孩子,只为了隐瞒自己的小秘密。

不再敞开心扉,成了一个彬彬有礼、谦虚而有教养的社会人。

知道了人情与世故,还有关系,知道了黑白之间还有灰,很多很多度的灰。

知道了悲观、宿命、困境……知道了很多事情不是努力就可以的,无能为力与无可奈何反而是常态。

以前总是急匆匆,好像一切都赶不及,“好像打仗似的”,从起床开始,刷牙洗脸换衣服上厕所,到出门,只要十五分钟,只要最早一个坐在空荡荡的教室里,我便觉得无限的光荣,如今,我的生活节奏越来越慢,会停下来看云,看花,看阳光,从指缝里看时光流淌。

以前满口都是理想目标,有远大的抱负,呼出一口气,吐出的都是梦想的味道,如今却沉迷于零碎的生活,只用心去煮一份早餐,煮一杯咖啡,养一盆花。

以前总爱用惊叹号,比如“我长大了!”现在却常用问号和省略号,比如

“我还是个孩子？唉……”

从前爱辛弃疾的境界，认为失败也是岳飞的悲壮，后来啊，是独善其身陶渊明，再后来是庄子、苏东坡，自己寻找出路。

以前总有说不完的话，叽叽喳喳了一天，晚上还要卧谈；现在一天讲不够三句话——“一两饭，这个菜、那个菜”。

以前以为孤独是件很神秘很深邃很有魅力的事情，如今却深知其无奈和苍凉……

渐渐内省，长成一个青年，大学毕业，我的座右铭换成了“素颜修行，素心求索”，我的宣言变成了“我只希望我能够一直温婉地微笑”。

慢慢收敛起少年时候的锋芒，如同敛翅的白鸟，那一直顽劣的猴儿，始终没有逃过如来佛祖的掌心，只因头上被戴上了紧箍咒。

然而，生活赢了吗？

我没变。

变的只是形式，有人称之为成长成熟。

其实，扒开厚厚的铠甲一看，里面的我，仍旧是那个卑微的小孩、古怪的少女和不羁的少年。

我始终是个浪漫的人。我的字依旧用力，笔笔力透纸背。我依旧相信，相信大自然，相信正义努力，相信天地间的光明美好。

生活，我们终于相亲相爱，握手言和。

2016年写于苏州

和自己玩耍

(一)

小时候我并不是个乖巧的小女孩,常常会跟同村的其他小孩子吵架,甚至打架,结果是双方进入冷战模式;和我玩的小伙伴会被告知——“如果你和她玩,我们以后永远不跟你玩了!”

这些都是小孩子的小把戏,或许每一个你都会遇到。但是你应该不会像我这样每次都是犟脾气、死心眼和假惺惺的骄傲吧? 心中想着——“哼! 不玩就不玩,有什么了不起的?!”“笑话! 谁稀罕!”

于是我真的抱着一辈子再不和他们玩的悲壮感,一个人蹲在墙角自己玩泥沙、玩“煮饭仔”,而且要装出很热闹、很好玩的样子,自己一个人分演所有角色——

“啊! 你来我家做客啊! 请坐请坐!”(灿烂热情且面带笑容)

自己又急急忙忙去扯几片“臭树仔叶”,说:“我给你买菜了!”

“好的,我马上做饭给你吃!”(把树叶从左手交到右手)

然后拿着透明的啫喱壳,装满沙子,在地上盖一个一个心形的“饭团”,然后拿起刚才的几片叶子放在一块烂瓦片上,口中说“炒! 炒! 炒!”还象征性地洒点干沙子当盐,然后兴高采烈地说:

“登登登登,菜好了! 吃饭咯!”

然后自己一个人捧起“一碗饭”,用树枝扒饭,“咂、咂”,发出夸张的吃饭的声音。还给“客人”夹菜,说:

“多吃菜! 哈!”

然后坐到对面,捧起另“一碗饭”,夹起“菜”,说:

“你做的饭菜真好吃!”

吃完后,还要说:

“我去洗碗啦,你看一会儿电视吧!”

“洗!洗!洗!”

“看完电视了,天都黑了,我要回家了!”

“好,那你慢慢走啊!不送了!”

然后我对着虚无的“客人”挥挥手!

一个人手忙脚乱地营造出热闹好玩的气氛,小时候我就是这样和自己玩耍的!

(二)

后来,读到一个词“玛丽苏”,大概指自己沉迷于幻想完美角色吧。我的成长绝对是一次“玛丽苏”之旅。

我读小学时经常一个人放学走一条长长的路回家,初中时改骑自行车,高中也是独自追赶在宿舍、教室、食堂三点一线之间。自己走一条路的时间是很长的,如果不学会和自己玩耍,那样生活多无趣啊。

小学时我热衷于自己跟自己玩游戏,在路上摘野花啊,捞小鱼啊,找蚂蚱啊,踩自己的影子玩啊,还会一句一句地背刚学会的课文,唱刚学会的歌儿,或者自己一个人表演课文中的各种各样的角色。

带上野花环,提着脏兮兮的裤腿,想象自己是白雪公主、灰姑娘、还没变成天鹅的丑小鸭,或者自己给自己编织更可怜的身世和遭遇,然后又很善良温柔地帮助别人,最后幸福突然而降,或者是白马王子来了,或者是我身为富翁的老爸来接我了。

我读小学四五年级时,爷爷生病住院,我和奶奶住在医院的病房陪伴。在那样一个满是消毒水味道的阴森恐怖的房间里,晚上睡在惨白的世界里,一开始很害怕,但忍不住还是会幻想,我幻想自己是一位公主,这座医院是我的城堡,每个房间有不同的功能,除了自己躺着的这间是卧室,还有很多间客房,有游戏厅,有唱歌房,有图书馆房……里面住着我邀请过来的贵客,穿着白衣服的是我的管家和女仆。这样一通幻想之后,医院变得亲切可爱多了。

读中学时学业紧张,我自己走在路上,除了回忆上课内容,做好待会儿回到教室应该先做什么、后做什么之外,我依旧喜欢胡思乱想。有时候从语文书、历史书或政治书上偶然见到一句话,如“周幽王烽火戏诸侯”“木兰代父从军”等,我都能在头脑中生发出来一个完整的故事,有起承转合等曲折的经历,每个人物的音容笑貌都很清晰地被我想到了,内容很多是关于爱情的,也有关于战争、侦探、仇杀、武侠等情节的。一个人走在路上,虽然不敢摆弄动作,但表情总是变幻多端的,一会儿是横眉怒目的大将,一会儿是贼眉鼠眼的奸诈小人,一会儿又是卑躬屈膝的奴婢,一会儿又是骄傲任性的格格。

有时走得很匆忙,只想到一半,在下一次走路时还会有续集。

大学时读中文系,我读了很多文学作品,更加喜欢玩这样的游戏了。这时候我在路上还学会了(或者说意识更明确了)一种新的和自己玩耍的方式——观察,我喜欢看云,想象每朵云是什么,每一朵云都有一个故事,把它们连成一个大故事。云在天上变幻不定,故事便没完没了。不知你有没有遇到这样总是仰着头看天的女孩儿呢?有时头上飞过一只小鸟儿,落在枝头叫,我就想它是在说什么,难道这里是它约会的地方?也许是私奔哈。草叶上的露珠闪着光,抬着昆虫尸体的蚂蚁群……它们都会有自己的故事。

准备高考和考研时,必须自己一个人面对,面对所有的焦灼、彷徨和怀疑。我是这样跟自己玩耍的——

天蒙蒙亮,我不愿起床或起床后又不情愿地走在路上时,我就开始想象,在我的桌子("革命根据地")上、桌洞里、书箱里的课本啊,练习册啊,笔记本啊,甚至每一张试卷啊,都在张着嘴巴大声大声地呼喊我——"快来啊主人,救命啊!""没有你不行啊!""我们很孤独很寂寞啊!"它们像一群嗷嗷待哺的孩子,等着我去给它们以温暖拥抱!这么一想,我会瞬间充满动力,心中会轻轻地笑,加快步伐走向它们!

夜晚,我走在回宿舍的路上时,拖着疲惫的身躯——酸痛的肩膀、昏花的眼睛、昏沉沉的脑袋……此时,我会把自己想象成一个经历了一场恶战的将军,孤身一人身披战袍,在猎猎风中独立于山巅,手提青龙宝剑,目光犀利,俯视山脚下的一切,具有凛然不可侵犯的气势!然后,想象要考试的几门科目就是我的敌军,他们浩浩荡荡密密麻麻黑压压地冲杀过来!而我独自一人站在他们面前,时刻铭记着自己作为将军的威势,想着自己临危不惊指挥若定,挥手间,樯橹灰飞烟灭!把敌人杀个落花流水!哈哈哈……豪气地大笑起来!复习准备考研时我还在自己的计划本上写着——第一阶段:招兵买马,第二阶段:磨枪练剑,第三阶段:杀敌演练……另外我的笔下常常有知己知彼、智勇双全、横刀赋诗、手起刀落等豪气万丈的词语,我相信我是跟自己玩耍时受那个将军梦的影响。

（三）

漫漫人生路上，很多时候我都是独自度过的。比如一个人去超市买东西，双手提着沉沉的袋子，忽然又下起大雨，狼狈地撑着伞走回家；比如在深夜的台灯下埋头认真想啊写啊加着班赶计划；比如坐在火车或大巴上茫然望着窗外快速向后退的景物……

你会无比清晰地感觉到你只有自己，即使你曾经有和你连成一体的妈妈，但出生后你就是单独的个体，长大后放开手让你自己闯荡；即使有形影不离的朋友，任何事情都可以和他诉说，虽然彼此身体离得很近，思想和灵魂却可能隔得很远很远；即使你有亲密的恋人，两个人花前月下山盟海誓，但每个人也只能属于自己的，对方与你睡在同一张床上也不能和你一起做同一个梦……

很多时候。你只有自己，你只能和自己玩耍。

我觉得，每个人都要和自己玩耍，和自己的身体、自己的心灵玩耍，和自己的欲望、自己的梦想玩耍，和自己的闪光点、自己的卑微玩耍。学会跟它们和谐相处，学会在和它们的适应、摩擦中寻找到生活的快乐。

后来读到一段话，大概意思是说，每个人总得有一段独处的时光，在独处中认识自己。也就是我说，我们要学会和自己玩耍，如果你不会和自己玩耍，你会经常觉得没有安全感，会很寂寞，很孤独；但如果你学会自己跟自己玩耍，玩得不亦乐乎，那么你将会发现人生还是蛮有乐趣的！

（四）

和自己玩耍有两种境界，一种是真正的纯粹的“自己跟自己玩”，不管有没有人知晓，有没有人在乎，有没有人产生共鸣，也丝毫不会减少自己的快乐；另一种是自己跟自己玩得很开心，希望别人能够知道自己的幸福和快乐，需要得到别人的肯定。

前一种就像是，小朋友自己在角落里玩玩具，用小汽车、小飞机或小超人组织各种各样的攻击和打斗，一边自己为它们配音，一边拿着飞机满屋子滑翔，玩得不亦乐乎。最后正义（自己那一方）终于战胜了邪恶，取得了胜利！于是满意地拍拍屁股，抱着超人离开“战场”，再去找别的乐子玩。很纯粹地跟自己玩，真的很开心，而且开心完就算了。犹如那些恬然自得的“黄发垂髫”，那些枯灯于古佛旁的僧人，那些把自己锁在房间创作的艺术家，那些选幽僻之处搭一座茅草屋隐居的避世者……从自身找到了完满。

我却属于后者。

我还离不开别人的视线。

当那个站在巷口墙角的脏兮兮的小女孩对着一面墙(那个虚无的"客人")挥手作别时,我的小眼睛会警惕地朝四周看看,希望看到一个偶然路过的观众,希望有人注意到我的精彩演出,然后觉得我的"煮饭仔"游戏玩得真好,真厉害!和我玩一定会很开心!然后他/她会很后悔没有和我玩!

我就是靠这样的想象来维持我幼小心灵里的自尊和骄傲的。

但我往往发现,周围一个人没有,我刚才玩游戏的"精彩"和"热闹"根本没有人看到,原来一直都是我一个人孤零零地在忙乎!(其实即使有人看到,肯定也只是说我"傻不拉几""神经病",而不会像我想的那样看到我后感觉我"惊为天人"吧?)

又如同小时候我叔叔买了摩托车,载了堂弟堂妹出去兜风,因为位置不够,空间有限,所以没叫我一起去。那时我就自己一个人坐在屋顶上看着他们呼啸远去的身影,希望他们会突然改变主意回来,说:"不得了,怎么能把你给忘了呢!"我等了很久,但这种情形,从没有发生过。然后我心里就会想象出现这样一种情形——待会儿你们在路上遇到一个查车的警察叔叔,把你们截停,命令你们背"白日依山尽"古诗,背过了才可以走的时候,你们就会很后悔没有带上我!因为那时的我是我们全班背那首古诗背得最好的学生!

可是每次堂弟堂妹都是舔着吃完雪糕的脏兮兮的嘴巴、顶着一头被风吹乱的头发,笑哈哈地回来的!根本不会有人要他们背诗!

以前我曾看过网上的一个段子,说走过桌子时不小心撞了一下,桌上的杯子摔落,你三百六十度回转,一个箭步,快、狠、准地捞起了那个杯子,高过头顶举起,干净利落!不禁为自己酷炫的技术赞叹而骄傲不已,心中响起了掌声和烟花开放的声音!但突然你发现四周静悄悄的,一个人也没有看到你这么帅的动作的时候,于是你不禁黯然神伤。那人说这就是深刻的孤独。

我不知道这是否就是所谓的深刻的孤独,我只知道我也有过这样的体验。读大学时,为了准备年级篮球赛,我自己一个人偷偷清晨5:00爬起来,到篮球场练习,带球跑、投篮,当我终于很偶然地使出了从三分线外开始斜插,走螃蟹步,接着转身两圈半,然后用右手一钩,抛起球,球无声地从篮筐中穿心而过;或者投了一个很漂亮的三分球,球在篮筐转了十圈左右,然后滚进篮筐时,我都被自己的球技惊到了，跳起来说“欧耶”时，在球架底下蹦跳起来，突然发现整个球场只有我自己手舞足蹈。动作停下了之后，我心中不禁有点儿酸酸的，心想要是有人看到就好了。

似乎有些东西是在与别人分享时才有其意义的，或者才能增加其快乐的。

于是，我想即使这种感觉不是深刻的孤独，也是深深的惋惜，自己做了一件那么漂亮的事情，竟然没有人知道、没有人鼓掌，总感觉太可惜了。

就像席慕蓉的一句诗——“如何让你遇见我，在我最美丽的时刻？”阳光正好，风正好，年华正好，却没有发生美丽的故事，没有遇见你，没有你的参与，不是很可惜吗？

人总有一种分享的欲望，人总希望被肯定。

记得我读高一时写过一句很俏皮的话：人一生都在做一道数学题——证明题，证明自己很厉害。

我经常在日记中对自己说——

“每个人都有自己的了不起，你的优秀，不需要任何人证明。最好的状态是，那一天，你终于知道并且坚信自己有多好，不是虚张，不是夸浮，不是众人捧，而是内心清清楚楚地知道：是的，我就是这么好。”

这么多年来，我不知道写过多少句类似的话，然而，我还是常常做不到。第一种自足的境界太难达到了，上文所说的专心致志地和自己玩的小孩在生活中并不常见，更多的是这样的小孩，如果有大人或者其他小朋友在旁边看着他玩，甚至开口问他/她：“那个有什么攻击力？”“芭比娃娃的小化妆包里装着什么？”小孩子会玩得更加起劲，他们会大声嚷嚷着详细和你介绍一切，你稍微分神，他也会凑上来把你的脸扳回来，说：“你怎么不看着我啊！”“你看这个，多好玩啊！”

他们也需要观众，也需要掌声。

我们都需要和朋友的交流与获得温暖，我们都有分享的欲望，我们需要存在感。

之前看到有人说喜欢自拍、拍美食、拍自己站在美丽的风景中，然后打开P图软件一番修饰，发到朋友圈和QQ空间。很多评论都说，那发的不是文字和图片，发的都是寂寞啊。说这些人都是一些耐不住寂寞的人，说现在的人都太没有安全感了，只能从别人的评论和点赞中找到自己的价值，刷存在感。

我也曾懊恼过自己这么做，果断告诫自己要“戒网络”！把所有消息都删掉了！

我为什么需要在别人的世界里存在？

我心中到底又有怎样的恐惧？

害怕掉队？害怕自己一个人？害怕只和自己相处？

然后发现，生活中那些眼神坚定和目光澄澈的人很少会哗众取宠，那些坚定走自己的路的人连看手机的时间都没有！

他们看穿了“分享”的浮云，有自己的节奏和计划，他们知道自己想要的是什么，知道什么才是对自己最重要的，心中有属于自己的火焰。

于是，我开始反省自己，因为内心的那个自己太弱小，还不足以安抚我的一切忧伤和情绪，自己内心中的火焰还不能熊熊燃烧。

我还没有足够强大的内心支撑自己只和自己玩耍！

拜伦说：“真正有血性的人从不渴望别人的重视，也不怕别人忽视！”

孔子说：“不患人之不己知，患不知人也。”“君子病无能焉，不病人之不己知也。”

三毛说：“如果有来生，要做一棵树，站成永恒，没有悲欢的姿态。一半在土里安详，一半在风里飞扬，一半洒落阴凉，一半沐浴阳光。非常沉默，非常骄傲，从不依靠，从不寻找。”

杨绛说过：“我们曾如此渴望命运的波澜，到最后才发现：人生最曼妙的风景，竟是内心的淡定与从容；我们曾如此期盼外界的认可，到最后才发现：世界是自己的，与他人毫无关系。”

他们之前肯定也有过这样的困惑与思考。

如今，我自己也应该慢慢地修炼，慢慢变得安静，从纯粹地依靠外界环境而上升为自足，由需要他人在场而变成从自己内心寻找价值，可以不用依靠观众的掌声和别人的目光来生存。

这才是真的学会怎样跟自己玩耍吧。

2015 年写于苏州

让自己坚持一件事情

中秋节给老师发祝福短信,只是简单的一句话:“婉玲祝您中秋节快乐!”想不到收到了这样的回复——

“谢谢你,每年每个节日总会准时到来的祝福。”

“一直看到你的用心,我知道一定会有你的短信来。”

“谢谢你的有心,婉玲是个好姑娘。”

那时候,一条短信一毛钱,这样的祝福短信一年才花去几块钱,只要坚持下去,一次、两次、三次……就可以让人感动。

只要坚持,即使再微不足道的行为,也会有绵绵不绝的力量。

我曾经说过,不要把什么都请进你的生命中来,在纷杂的生活中选择最像自己的样子;一旦心有所向,决定了请进生命里的事情,就必须好好用心对待,爱了,就深爱。

对物品是这样,买了衣服或鞋子,好好穿它,整理它,清洗它,保持它的实用和干净;对人是这样,人生得一知己足矣,所以要对这样的知己关心问候,保持联系和沟通心灵。

对自己尤其如此,我们只有一副躯体,坚持给它健康的食物、适度的运动,保持它的活力和光泽;我们只有一颗心,关注它的情绪和感受,保持它的自由和发展。例如跑步、看书、旅行、写作。

“一个人做一件好事不难,难的是一辈子做好事而不做坏事”,偶尔头脑一热豪情万丈地订下计划,激情澎湃地去做某件事了。然后却两天打鱼三天晒网。这件事就失去了它的意义。

有时候,一时用力太猛反而会没了后劲。细水长流,目光要长远,把你的计划延长为用一辈子去实践的理想。想象五十年后,你将成为一个怎样的老头或老太太,接着你就会知道自己三十年后、十年后、五年后应该有的样子,从而决定怎么一步一步走向自己理想的生活。你知道了你的计划不是一个月或一年就可实现的事情，你就能够坚持。可以慢慢来，不急，这是一生的事情，时间是最公正的裁判。

坚持，心里会渐渐平静，因为你知道自己在一步一步前行，为此自信，为此骄傲，为此相信了远方，

于是你便有了生活的底气。

坚持做一件事情吧，无论它是什么事情，只要是你一直想做的正确事情，为它付出一年、两年，十年、二十年，然后它就会显现出它的意义。时间会赋予一件微不足道的小事情以特别的意义，如果你用心了。

时间看到了，它也会被你感动。

2016 年写于苏州

天黑了，我带你回家

小时候，我是一个执拗的小孩。黑白不甚分明的眼睛总是望向更远的方向，不甘被无视，于是就常常躲起来哭。在破房子的角落、池塘边草丛、田埂菜地流泪时，总会幻想着面前会出现一个身影，可能是爷爷奶奶，可能是叔叔姑姑，或者是其他某一个人，他/她呼唤着我的名字找到我，说："天黑了，回家吧。"于是，他/她带我回家。

但是幻想总归是幻想。往往都是我蹲坐得脚麻了，眼泪也流不出来了，天渐渐黑了，自己害怕起来，就装作没事儿地站起来，走回家，揭开饭锅，一个人坐在桌前，吃下冷掉的饭菜，然后，还要把碗筷洗好。

读初中后我开始寄宿在学校，十三岁的我要带着行李骑一个小时左右的单车去学校，单车是爷爷在我小学一年级就给我买的，车后架上捆一袋米、一床棉被，车篮里塞满杂物，左边挂着一个桶，右边挂着一大袋衣服，总之满满当当、颤颤巍巍，左摇右摆、哐当哐当地骑在田间小道上。可是车后架上捆东西的带子一点点儿松掉了，我心里一下子绝望了，最后追着拾起一地的狼藉，用尽全力把棉被甩回车后架。此时，我也希望会出现那样一个人，说："来，我帮你扎好，保证不会再松了。"当然，结果又只是松松垮垮、胆战心惊地骑到学校，一趟一趟地搬上宿舍楼。

后来，无论是在自行车被偷后哭着走回去的那条路上，还是在被大雨浇透躲雨的屋檐下，顶着满脸痘痘在广州闷热的空气中生死未卜地埋在书堆里复习准备考研，一个人来苏州提着沉重的行李箱赶火车，在举目无亲的台湾地区肚子痛得在床上翻来覆去……我都会想到那个某人，他会出现，朝深渊和灾难中的我伸出手，扶我一把，拉我起来，毫无私心地许我一生光明快乐。

这个人就像是我的白马王子，披荆斩棘赶来，用一个吻把沉睡的公主救醒；就像紫霞仙子的意中人，那个盖世英雄。

然而，无数次之后我总会发现，当遇到很多很多痛苦的时候，无论是怎样是何种状态下的痛苦，往往真正在我身边的没有别人，只有我自己。我的痛苦是我自己的，比如我灵魂深处的幸福，比如我心底最柔软的伤疤，无法与别人分享，也无法让别人承担。

那一天，我抬头看到，那个踏着七彩祥云来的、骑在白马上的人，是自己。只能是自己。

我也希望是自己。不要想着从别人处寻找能量，那如同一份不可预知的礼物，里面或许是钻石，或许是肥皂泡，不确定太多了，与其等着被别人拯救，不如自救。

所以我也只能期待着那个人是我，穿戴着盔甲、威风凛凛的我自己。我这个自己，拥有一颗强大的心，更平静，携带的能量更多，风尘仆仆地穿过时光，前来拯救过往那个把头埋在双膝间痛苦不已的自己，那个内心虚弱无助的小孩儿。会温柔地对她说：

“嘿，你已经长大了，不要再坐在这个黑暗的角落里了，站起来，天黑了，我带你回家吧。”

2019 年写于苏州

原谅不美好

最近,我感受到了世界满满的敌意。

宿舍停电了,我去问宿管阿姨,那个中年妇女低着头看手机上的视频,我说:“阿姨,我们宿舍怎么没电了,先给我们来点电?”没反应。“阿姨?”她突然不耐烦地说:“没电!没电!自己用的自己不知道啊!没电就交钱啊!!”

去水房打水,出来的是温的水,“阿姨,水怎么……”话还没说完,就看到她气急败坏地一把抓起桌上的笔,飞快地“打”过来——我一度认为她要狠狠地敲我一下——笔飞过我面前,狠狠地敲着前面的玻璃窗,用力地敲了三下,玻璃的哀鸣声充分传递了她的恨意。我仔细一看,原来那里贴了一张关于“设备故障”的通知。我转身走,后面传来余怒无法发泄的一句“不长眼睛!”

去学校食堂吃饭,打好了菜饭,阿姨伸高手去按价钱,一手举着盆子,我伸过手去想要接住盆子,结果没拿过来,阿姨狠狠拽住:“动什么动!动什么动!掉下去你赔!”

公交车进站,大家挤着上车,我看到我右边是个老人,就往左让了让,右边的几个人就先上了车,我后面的人一推我说:“你上不上!不上就让开!”

…………

这个时候,我像一只抓狂的小兽,想要大声咆哮!走在路上,树叶上的积水滴在我脸上也让我气愤不已;去公交车站乘车,发现我要乘的那趟车大摇大摆地刚开走了,电子屏显示下一趟车离此还有十站,我想大喊:连老天都要捉弄我!

有时候,你的世界满含敌意,它对着你张牙舞爪,一把打破你平静如水的悠然生活,击碎你理想梦幻的粉色泡泡。

虽然这些并不是什么大事,但总是这些鸡毛蒜皮的小事儿让你心情糟糕透顶。

一开始,心中只想到自己的委屈,自己受到的不公正,觉得自己好倒霉,就想骂人——为什么你们那么尖酸刻薄，那么无情冷漠，让别人难受，那样你就好受吗？为什么每个人只想着自己而不在乎他人的感受？

这时候，真的没办法站在别人的立场上着想，就算你心情烦透了，就算你遇到了更坏的事情，但你没有资格对着我撒气！

虽然很想刺痛对方一下，但我并不太会说话，也不能破口说出尖刻的话来反击，只能自己憋着，憋得自己内伤，于是便一整天郁闷不已。

后来我慢慢冷静下来了，虽然明白自己也许有考虑不周的地方，但还是感觉受到的敌意太大了！我努力去做个善良的人，你知道我要用极大极大的善意才能包容你们吗？

每个人都活在自己的世界里，可以选择自己怎么活着，我不能为了他人毁了自己的世界。遇到的事情不可以选择，但是心情可以选择。于是，我深呼吸，告诉自己，原谅不美好，原谅来自世界的敌意。它们并不是针对你，只是当时他们放出了内心那只咆哮的恶兽，当时他们的心一定是黑色的，他们肯定此前刚刚过得糟透了。你才不想像他一样呢，对不对？

每个人心中都住着一个黑色的恶魔，它会让你散发出黑色的气场，像病毒一样到处传染，想把人间变成地狱。你要给这一股黑气带去原谅的抗体，不要被它传染了，不然带着黑圈的你怎么能够遇到美好的事情呢？

然后，努力做一个善良的人，己所不欲勿施于人，关好心中咆哮的恶魔，不要放它出来既伤害别人也伤害你自己，注意你的一举一动会不会影响别人，会不会打扰别人，会不会伤害别人。

生活不只有诗和远方，还有苟且，只希望世界上可以少出现一点儿不美好让我们包容、让我们原谅。

2016年写于苏州

永恒感:逃脱生活的琐碎

你曾经体验过永恒感吗?

那天夜晚,你独自走在星空下,周围是莽莽的黑暗。在空旷而巨大的黑色空间下,你走着,抬头,忽然看到了满天繁星,一颗一颗闪闪发光,缀满整个苍穹,似乎延伸到了那个不知名的天边世界。迎面压下来的是冥冥中的一股力量,你被笼罩其中,你置身在巨大的宇宙生存规律中。

你就这样抬头看着,你忘记了害怕,忘记了你的担忧、你的烦恼、你的苦闷,甚至忘记了你的孤独。你感觉自己不是单一的,你的出现即是偶然又是必然的,你和"所有"是一体,你与每一颗星星都似乎有着冥冥中的联系,你与无穷大在一起。

这应该就是一种永恒感。

你曾经站在大瀑布底下吗?"轰隆"的巨响与怒吼,不可阻挡、摧枯拉朽、一泻而下,大自然那磅礴千钧的力量,会把你震撼得无话可说,个人的渺小真的就不足一提了。这时,你会忘了周围曾经吵闹杂乱的声音,味道、颜色也似乎不存在了,水幕之下,就是你和世界。大自然是永恒的。

我以为,这应该也是一种永恒感。

我喜欢逛古城古镇古村落,就像我喜欢古典诗词、文言小说一样,在斑驳的墙面上生长的青草,被一双双脚磨得光滑的青石板路还长着苔藓,飞檐尖角上挂着的一弯明月,时间在这里似乎停止了流淌,我感觉到了时光悠悠徘徊的脚步。这里曾经走过这么多的人,李白或许就从这里走过,苏轼也从这里经过,乾隆皇帝也在这儿留下他的脚印,许许多多老百姓带着他们的故事、他们的情感也曾经从这里走过。如今,我也从这里走过,带着我的感受;他们穿着他们的长袍短褂,我穿着我的T恤、运动鞋。在时空的交错碰撞中恍惚间幻化出亮白色的光芒,人类走过的时间只是这样短短的一刹那,巨大的时间洪流仍然向前推进,席卷而来,呼啸而去。时间是永恒的。

这应该也是一种永恒感。

永恒感,不同于我们来自躯体器官的感觉,而是一种来自灵魂或者心灵的感觉。当你体验过永恒感后,你就像是经历了一次新生,忘记自己有限的肉身的存在,把你从毁灭的恐惧中解脱。同事的倾轧、汽油涨价、明星离婚、手机屏幕摔碎了……这样的生活小事不再能够紧紧抓住你的注意,你的心会被那一股力量吸引与召唤,让你的目光从生活的一地鸡毛中向上移动,抬头寻找更远大的东西。

当你阅读、当你看电影、当你寻找信息的时候,你会自觉选择更具有永恒感的东西,用以解释时间,解释自己,表达永恒,形成一种欣赏的洁癖,厌恶一切幼稚和浅薄。你会更加爱惜与保护自己的时间,会更愿意与自己的灵魂、心灵一类的东西相处。

愿你从生活琐碎中抬起头,从我们巨大的自然界、巨大的宇宙空间、浩大的文学经典中寻找永恒感。

2014 年写于苏州

长大以后，要做一个小女孩

你是这样的女孩子吗，或者曾经是？——从小做着公主梦，在粉红色的梦里，你穿着漂亮的蓬蓬裙，戴着白手套，高贵地走路，优雅地微笑……

然而，现实中的你也许只是一个脏兮兮、固执得不可理喻、生气时会不顾一切的小女孩；心中渴望温暖，又难免自卑和敏感，因为只有依靠强烈的自尊心才能维持尊严，以至于浪漫任性甚至有点儿爱慕虚荣，喜欢和其他女孩子攀比穿着和饰物；时不时地还莽撞任性，缺少教养，执拗、爱发脾气，按着自己的喜好做事；叽叽喳喳，喜欢说个不停，调皮捣蛋，闯过很多祸……

然而，这就是那么真真实实的小女孩子，热情洋溢，活力充沛，像是一个个小精灵，又像是一个个小天使。

像加拿大作家露西·莫德·蒙哥马利所著的《绿山墙的安妮》和美国作家简·韦伯斯特所著的《长腿叔叔》中安妮和乔若莎这两个可爱的小女孩一样，她们哭着笑着带着阳光和星辰，进入你的生活里——在你心中闪闪发光。

长大后，你们发现原来自己真的是长大了，心中的小女孩呢？其实你还可以像一个小女孩那样生活，跟自己喜欢的一切待在一起，按自己的方式度过自己的一生。

我一直以为一个古灵精怪的女孩子，是需要很多很多的爱才能养出来。

像是我小时候和现在遇到过的那些女孩子，她们从小汽车里出来，要不穿着名牌服装，要不打扮得很中性很帅，可以皱着眉头表示讨厌，可以哼哼鼻子表示不屑，在大人面前可以滔滔不绝地发表看法、分析问题。

而这样的被赞为“聪明伶俐”的女孩子，不是有富裕的家庭，就是有宠爱她的家人。女儿要富养，要纵容，不能打不能骂，当个小公主一样捧在手心上，她们才能够不用看别人的脸色，不害羞、不胆怯，这么肆无忌惮，那么任性，在陌生人面前还带着公主的骄傲神情。

而我这种穷人家长大的女孩，要干活，要挨骂，不能总得到想要的东西，心里就深埋在一种羞怯与自卑，觉得自己不被喜爱，不敢任性，怎么能够“古灵精怪”或“聪明伶俐”呢？

然而，安妮和乔若莎告诉我，并不是的。

这两位女孩子从小缺衣少食，如同女仆一样干活，被屈辱地打骂，生活首先给她们的是冷漠、残忍、艰辛。

像杂草一样长大的她们，心中仍然有一颗向着阳光茁壮生长的心。

为什么？

“这个女孩非同凡响，尽管她没有家，没有父母，但是她有着一颗不一样的心灵。……就算是脚下的路多么狭窄，她都知道，这一路上依然有恬静和幸福的花儿开在身旁……除此之外，她还有任何人都无法夺走的她那天生的美丽想象的权利，以及那些理想中的美好世界。”——安妮

“她天生就是一个阳光女孩，一点儿小事就能把她逗乐。如果能从一个令人生畏的理事身上找到笑料，那真是意外之喜。一路上，她都因为这个小插曲而雀跃。”——乔若莎

是的，两本书不约而同提到的最重要的原因——她们善良，向往美好，朝着阳光生长。

她们还没有失去想象美好的能力，爱幻想；她们善于通过想象从生活中的小事情中找到快乐和幸福——

“我待在那棵野樱桃树上，想象自己住在有着大理石的大厅里，多美啊！”——安妮

“幻想着自己穿着皮毛大衣，戴着插有羽毛的丝绒帽，靠在车座上，漫不经心地对车夫说：‘回家。’”——乔若莎

“您想知道我的房间的布置吗？它是一组棕色和黄色的交响乐。”——乔若莎

“如果玫瑰花可以说话，它一定会告诉我们很多美好的事情。”——安妮

每次看到她们想象的内容时，我会忍不住微微地笑，这样的人多有趣啊！有想象力的人真棒！她们活得很开心，很好，她们会快乐坚强、热情善良，似乎就是幸福真谛——

“人啊，生活在这世界上有那么多有趣的事情发生，真是美妙。”——安妮

“你看着洁白的花朵，第一个想到的肯定就是新娘了。你看她穿着白色的婚纱，披着像薄雾一般的面纱，羞羞答答却无法掩饰心中的幸福。……人活着总要有一些美好的希望吧。”——安妮

“以后，我决心与人为善，做一个热情善良的女孩，因为我实在太幸福了。……啊，我正在培养一种美好的气质。纵使寒霜使我枯萎，但灿烂的阳光也能让我重焕生机。”——乔若莎

于是不由得想起余周周，那个同样活在《你好旧时光》里的小女孩，一个人演西米克、白眉大侠、雅典娜的小女孩——

“她远远看见一楼窗口有人往外递箱子，不知怎的，她好像突然看到了天空中盘旋着一架橘黄色的小飞机，冒着烟栽下来一头扎进了窗子里。余周周的灵魂飞离了她的身体，兀自飘过去，从里面拽出两只兔子。它们穿着蓝色西装，打着红领结，没有穿裤子，露出短短的毛茸茸的尾巴。‘你好小姐，’大兔子笑着，露出两颗大板牙，‘我是外星来的客人，格里格里公爵，这是我儿子，克里克里子爵。’余周周很有地球人风度，她微笑着说：‘你好，公爵大人。’”

最后，两只兔子被她的优雅和善良打动了，诚挚地邀请她到自己的国家做女王——

“于是陈桉第一眼看到的余周周，就是一个被红色的围巾和帽子包裹得只露出一双美丽眼睛的小姑娘，对着小区右边的草丛笑得眉眼弯弯，瓮声瓮气地说：‘谢谢你们的好意，可是我必须留在地球上。’”

是的，拥有想象力，拥有自己的一个世界。

想象力＝观察力＋理解力＋感受力＋反应力＋创造力＝向往美好＝光芒万丈！

这就是答案。

有了想象力，你不但能够看到这个世界的美好，你还能理解并宽容所有的黑暗，让自己的生命变得更加活生生，热气腾腾。

对了，最后，她俩都从事了写作，因为有了想象力，你获得世界那么多的信息，你会忍不住将之流于笔底。（安妮写出了很多很棒的故事，当了教师；乔若莎写作获奖，写了一本书。）

我从来不知道，拥有想象的能力是这么重要。

人类的一切进步都离不开想象力，无论是科技发明还是文艺创作，都是想

象力的产物。

因为有了想象力，周围的一切都会变得很美好，想象着这个世界会变得更美好，想象着自己会变得更美好，想象着一定将有很多美好的事情发生在自己身上。

其实，从这个角度看，想象力也就是一种信仰，相信自己，相信未来，相信一切美好的事情。

就像作品中乔若莎所说的——

> “我觉得一个人最重要的素质是要有想象力。这样的人就能设身处地为别人着想，从而变得仁慈善良、富有同情心，能处处体谅别人。”

而其实，我们从小就拥有那样的想象力。你还记得吗？

我们总觉得孩子活得更开心，因为他们拥有旺盛的想象力和整个宇宙那样大的想象空间。

他们可以蹲在地方盯着蚂蚁看大半天，想象它们是如何分工合作的，它们的家在哪里，雨中会遇到什么；

他们会跟小猫小狗小鸟对话，在他们的想象中，小动物听得懂，有自己的语言和想法；

他们在一个简简单单的玩具身上可以想象出很多很多故事。

和孩子们在一起会很开心，因为他们有想象力，会给你呈现丰富多彩的世界。

然而，什么时候开始，我们丢失了我们与生俱来的想象力。

你还会仰着头看着天空的云朵，想象那是什么动物吗？你还会看到水中的小蝌蚪，想着它们是在找妈妈吗？多少女孩，已经不再相信白马王子了？

这样的想象力都被后天的知识和经历束缚了。

所以，越来越多的人感到无聊、冷漠、不幸福。

失去想象力真的很可怕。

万物如逆旅，失去想象力的存在已经没有意义了，生活已经够无趣的了。

陪伴你绝大部分时间的是你自己，如果我们自己不能够变得有趣一点儿，那怎么度过漫漫人生？

“无论故事还是人生，一切都应该美一点儿。”

光阴蹉跎，世界喧嚣，在人生旅途上保持一份童趣和闲心是不容易的。如果哪一天我只是埋头干人生中的种种事务，不再有兴致趴在车窗旁看沿途的风景，倾听内心的音乐，那时候我就真正老了、俗了，那样便辜负了人生这一趟美好的旅行。

所以，长大以后，我仍然要做个小女孩。

我依然相信阳光比黑暗更多，好人比坏人多，世上总有美好的事情发生的。

我依然相信圣斗士，相信美少女战士，相信白马王子，依然喜欢故事，我还要有蹲下来看蚂蚁的童心。

我依旧相信读书的力量，相信奋斗的力量，相信朴素善良的力量……

在尘世中保持天真和初心，兴致勃勃地生活，热情洋溢地过日子，安安静静地做自己喜欢的事情。

要有做小女孩的能力和勇气。

住在一座我想象中的房子里，收拾出一屋素净，静静地摆放着喜欢的东西，窗前有蓝天白云，清风细雨，绿树红花，小桥流水。

去菜市场买我喜欢吃的菜，削皮，切片，水煮。有空看书写字画画。

穿舒服的衣服，吃想吃的食物，说想说的话，发想发的脾气，做自己喜欢做的工作，去想要去的地方。

做孩子的好朋友，向孩子的爸爸撒娇，一起去闯荡世界……

即使是独自一人时，我也不会无聊、不会孤单，因为还有我想象的、我信仰着的那个世界供我容身，有我的一席之地。

于是，找到归宿。

只要向往美好和相信美好就好了哦。

你信吗？

2016年写于苏州

我不会解二元二次方程了

——论生命的容量

这样的二元二次方程已经不会了,更不用说什么三角函数啊,弦切啊,立体几何啊,我好像都忘记了。

读高中那时候,我还为一次月考数学只考了 100⁺分而躲在图书馆外面台阶上哭过呢,然后在数学笔记本上第一页用又黑又粗的油性笔,大大地写了两个字——“崛起”。

高考时数学这门学科题目比较简单,我连最后一道题都做得差不多,考了 140⁺分,当真是“崛起”了,成为我高考考得最好的一科。

我参加高考距今竟也过去近八年了,而我也有五年连数学的影子也没见一下了,我把数学几乎都忘记了。

只记得那个起早贪黑做题的我,在高考复习期间,在数学这门学科上花的时间是最多的。每次上数学课,无论多困,我都不敢睡觉,困了就站在座位边上掐自己的大腿。上晚自习期间我把练习册做完了,还向老师要题做。为比别的同学先算出答案而多得几分,为自己的答案与参考答案一样而高兴得想要跳起来!

哎呀,好想念那时的我啊,那么全心全意地对待数学,似乎那就是我的归宿一样。如今,不会算数学题的我却没了当年的专注。

数学在我的生命中究竟扮演了一种怎样的角色?

为什么我以那样一种状态对待过数学这门学科?

那有什么意义?

一切毫无意义,一切都有意义。

我相信出现在生命中的一切都是有意义的。

我从教学楼的大门走去学校食堂吃饭,我看到的每一个人都有一点点儿意义,比如,我看到一位身材苗条的女孩婀娜多姿地走过,想要减肥的小火苗就可能在我心中种下了;再比如,我看到一位形容猥琐的男士,我会默默鄙夷,与我心中 Mr. Right 比较着。

你偶然遇到的每一个人,见到的每一件事,甚至听到的每一句话,都在悄悄地塑造你,我的意思不是说改变了你,而是影响你,可能不坚定的你就像墙头草一样随风倒,朝三暮四地变来变去,但在很多时候他们的出现只是用来巩固你的价值观和加强你的内心的。

书是没有白读的。

时间是不会白白流失的。

即使你躺在床上发呆,这样的时间也不会是毫无意义的,它可能会让你感到孤寂无聊,甚至让你感到惭愧,从而就会改变你,你就会变得勤奋。

有人说,今天发生的地震可能是因为千百年前的人一跺脚而造成的,有可能哦。如今你跺跺脚,这将会给我们的人生造成怎样的变化,谁也说不清楚。不吉利地说一句,或许你这一跺脚让你的脚踝骨头稍稍移了位,经过此后很多很多次的跺脚和走路,于是造成了的十年后的一次脱臼?

听起来这很像是在阐释"蝴蝶效应",但其实我想说的是,人生是由很多的偶然组成,你不知道哪一次的偶然会出现并且组成你丰富多彩的人生,或许这就是人生的魅力。

于是有的人就会悲观——那我们还努力工作干什么?既然一切都是偶然,那我们就坐等偶然到来就好了。

可是,我又产生了一种想法,偶然的出现又是必然的。

例如,你在参加篮球比赛时,一个球脱手向球筐奔去,进或不进篮筐,你毫无把握,偶然会进,偶然也不会进吧。

但难道这就没有你可以操控的吗?难道平日里千千万万次投篮练习就变得毫无意义吗?当然不是,所以有过千千万万个偶然之后,就会产生必然。

哎呀,人生经过那么多细细碎碎的偶然才成就了一个必然,太麻烦了,谁能够耐得住那样的烦啊!

哈哈,你不知道吧,我们生活中天天时时刻刻分分秒秒都在经历千百个细细碎碎的偶然呢!

所以,可以得出这样的结论,拥抱生活,遵从自己的内心去过日子,将来日子就会呈现着你的心中的模样。

世界上很多现象和思想最后都会归于统一,这是一个平淡无奇的道理,也是我们早已耳熟能详的道理。可是，我们知道了那么多道理之后，为什么还过不好这一生呢？或许就是因为我们没有丰富实在的现实生活加固它吧！

你不在雨中，你永远不会知道雨有多大！

你不去经历，你永远无法感受、理解和沟通。所以，高三的语文老师说：

“学校运动会还没报名参加的同学都去跑三千米吧，去跑了，你肯定能写出作文来！”

我总算明白了。为什么社会上总是宣传要人们热情地参与生活，弘扬积极的心态，那是因为你只有用身上的所有器官和所有细胞去感受生活中的每一阵风吹、每一声鸟鸣，无论疯狂沉痛惊喜，还是灰暗沉闷无聊。然后你才能够增加你生活的容量，你才能够增加你生命的厚度，最后从纷繁中提炼你生命的纯度。

可是，有了厚度有了高度有了纯度又怎么样？

什么“怎么样”？

是的，即使这样你也许不一定会快乐，但至少这样你就不会无聊、迷茫、自怨自艾、哼哼唧唧了。这样还不够啊？

那就给我吧，我只要这样就够了。

所以，今天的简单道理是——用心感受和认真生活。

好吧，讲完了。我也不知道自己唧唧歪歪讲了些什么！我不知道这个结论与“我不会解二元二次方程了”有什么关系！

或许这只是今早喝的那一杯咖啡所排解出来的燥热！

你们看吧，看到什么就是什么吧。

2016年写于苏州

若爱，请深爱

到了我这个年纪，抬头，能够看到多远？低头，能够看得多深？

对我而言，是不是一切都水落石出？

是不是人生渐渐显露出它的轮廓？

记得读大一时，班主任曾经对我们说过，趁着年轻，要好好想清楚以后的路，想想今后你真正想要过怎样的生活，想想你喜欢什么，然后一步一步去追寻。

那时候的我好骄傲，因为在大学生内心普遍具有迷茫的情况下，我一直很笃定——我喜欢看书、写作，我要考研，我未来要从事与文学有关的事情。

大学四年我也是这样走过的，天天泡在图书馆，立志要把二楼小说书库的文学类好书全部看一遍，咬着笔头皱着眉头构思文章。

一天又一天，一年又一年，我念叨着我所谓的文学梦度过我的大学时光，然后用整整一年悲壮的复习来准备考研。

收到了研究生入学通知书。接着大学顺利毕业。2014 年 9 月，我独自拖着行李箱坐了接近二十个小时的硬座火车来到了苏州这座城市。

如果说，读高中后我已经是处于一种放养方式，但是大学里起码还有一些奖学金、师兄师姐、就业、前途等方面给予的压力的话。到了研究生阶段，在苏州这座本来就适合悠闲的古城里，世界似乎忽然只剩下我自己了。

你上不上课，没人知道；你看不看书，没人知道。

你生、你死，随便。

我依旧生活在自己的世界里，时间一片一片在眼前飘动。

外界的声音喧哗，大学同学中，某某某已经当上高中班主任了；某某某月薪升到了五千多元；某某某认识了富二代男友，已过起少奶奶整天练瑜伽插花的生活；某某某结婚了，抱着儿子说“叫阿姨”……

这时候我再说内心迷茫就显得太矫情了，但是我还是乱了。

我起码知道自己是缺少主心骨,我的思想,我的价值观、人生观何在?

还是这句话,你究竟喜欢什么?你究竟想要过怎样的生活?你究竟爱什么?

这时候的提问,不再是如同打了鸡血似的愤青,要闯出一条人生血路那样激情昂扬了,而是要坐在学校图书馆古籍部哪一张宽大的方桌前安静地深思,沉潜到自己这二十多年的人生经历中,触摸自己心中最深远的角落,坐在那里,好好地问自己一句:

"你究竟想成为一个怎样的婉玲?"

是时候问这个问题了,也是时候好好回答这个问题了。

二十多年的人生,我虽然经历的还不够多,还是充满单纯幼稚无知,但没有谁把所有一切材料都万无一失地准备好了才去炒菜的,起码我现在已经有一些准备了。

而如果现在还不回答,我以后的生活就会像失去线的风筝、从孩子手中飞走的气球,飘飘荡荡,不知道走向哪里去。那样一来,我的生活将始终是毫无头绪的一团乱麻。

我爱什么?

我相信,逝去的时光其实已经把我塑造得差不多了,我要做的只是把自己找出来,把自己从一团蒙昧中清晰地描述出来,把我的形象一点点儿雕刻出来!

找到主心骨,挺直腰杆,再去面对人生的风风雨雨,面对形形色色的生活。

我爱什么?

哦,年少轻狂时,我的誓言是,我愿意此生长守书堆间;我愿意将我的一生献给文学,此生不渝,至死方休。

很开心,至今我尚未有背叛此誓言的念头。

我始终不愿意放弃的是,安静丰富的心灵、简朴悠闲的生活、看书写作的时光。

可见,我是真的很爱它们咯。

爱是什么?

小王子说,爱是你愿意为之付出的时间。正是你愿意为之付出的时间,使得你的花儿如此重要。

我为我的爱付出了多少时间?

我说我喜欢看书(当然如今只喜欢看适合性情的书了),也从京东、亚马孙、旧书摊,甚至毕业甩卖里一摞一摞买回大量的书,学校发的生活补贴几乎都被我花在这上面了。对所有入眼的书我都曾经翻了翻,或多或少地获得些感触,或者抄些句子在本子上,然后又放回积尘的书架了。

我说我喜欢古代文学,可是我能背几首古诗?我看了几篇古文?连《古文观止》《唐诗三百首》《宋诗选》等最经典的选本上还有很多篇都没看过。四大名著,除了《红楼梦》看得比较多一点儿,其他不只是囫囵吞枣地看过一遍吗?中国古代的文化、儒释道思想、社会生活,我又了解多少?

辛辛苦苦考上了研究生,读近代诗歌专业,可是我连龚自珍的籍贯在哪里也不知道,近代有哪些代表诗人、代表作品、诗歌流派,回答起来还是支支吾吾的。我看过多少与本专业相关的专著或论文?我得到了什么学术训练?想想,对得起那年趴在桌子上拼了命看书的婉玲吗?

写作,你说你爱是吧?可是你写了什么?除了偶尔写上几篇充满小情绪的散文和胡诌的诗歌童话,你能拿得出来什么?生活中你曾经捕捉住灵感奋笔疾书过吗?你为自己积累过生活素材吗?你曾经好好想过什么是写作吗?当你老了,当你死了,你会留下些什么文字?说起来我不由得汗颜。

你还说自己爱什么?

有时候我会觉得自己像一个爱情小痞子,天天嘴巴挂着"我爱你,真的爱你""没有你怎么办",但是不对他好,他生病时不去照顾,下雨了不去给他送伞,他伤心时不陪在他身边,而当他光芒万丈出现时,又想拜倒在地,高呼"我爱你"。

拼命地做计划、喊口号,然后缩着手在等,这不是一个典型的傻瓜吗?

没有什么珍贵的东西是随随便便就能够得到的。

任何绽放,都是因为你曾经千千万万次地浇灌。

若爱,请深爱。

看书,是要有系统的。我不能只为打发时间而去看书,我要做到看一本书就要有一本书的收获。看书是进食,不但吃,还得一遍一遍地咀嚼,还要经过一个漫长的消化过程,通过融合,让它进入你的性灵中,与你的生命成为一体。所以请好好对待每一本书,尤其是你喜欢的每一本书。

写作,需要付出日日的练笔,一次又一次地寻找更适合的表达方式,锤炼自己的文字,字里行间不能随便。写出一字一句请好好想清楚,师兄告诫我说,能用一个字表达清楚的绝不用一段。作品是你自己的存在的住所,你想要自己存在于一个如此粗劣的地方吗?

学术训练不是一朝一夕的,理论和方法、理性的头脑和严谨的态度,我还严重缺乏。寻找研究对象、收集整理研究资料,尝试从名家专著和好论文中整理学术思路,尝试独立去发现问题,自己找证据去解决问题。自己选择的路要一步一步走完。

对于古代文学,我欠了很多。我是真的喜欢诗词歌赋文,今后,我要好好爱它们,好好去触摸那些久远的文字。每天早上去独墅湖边上读诗书,希望这会成为我在苏州的温暖的回忆吧。在晚上夜深人静之时,我得在灯下好好抄写那些美丽感人的诗文句段。我要让这些文字知道,我曾经如此温柔地对待它们。

还有,除此之外,在保证生存的同时,给自己足够多的悠闲的时间,给自己足够安静的时光,足够简单朴素的生活。不必把太多的人和事请进你的生命里,从而让自己能够潜心修炼丰富安宁的精神世界。

所以,我想说的是——

若爱,请深爱。

如果真的喜欢一件事情,请你好好去喜欢!!!

2016 年写于苏州

写给我的学生

亲爱的“十几岁们”：

你好吗？

你的窗外，春天在安静地酝酿，你能听到她的呼吸吗？

闭上眼，你年轻的胸腔里那颗不停跳动的心，你知道它装着多少心事吗？

年轻的你或许还没想好怎么度过自己的一生，未来对你而言似乎很遥远。所以，你就像那只赶路的小猴子，摘了西瓜扔了玉米——你总是毫不在意地错过很多的风景，粗心地忽略你拥有过和正在发生着的许许多多的经历与情绪，那些是曾让你狂喜和痛苦的，它们本是带着意义来到你的生命中的，然后被你随意地扔在一边，横七竖八地堆积，慢慢地积满尘埃，失去光芒，腐烂，最后被时间风化。

最终，某一天，你遇到十字路口，你需要做决定。但是你手上空空，而你的脑袋就像一个乱七八糟的房间，狼藉一片。你不知所措，不知道往哪里走，人云亦云听从他人安排，徘徊不定，迷茫痛苦。

我想，我们需要收拾心中的这间房子。我个人能找到的方法，便是写作，即使是只写了几行字的日记，也是在做打扫整理的工作。文字的一笔一画，为你挑选出重要的东西，把杂乱无用的垃圾清走。然后收纳分类，让它们井井有条，你的心房里就能够照进光亮。很轻松美好啊。

心动了的你可能会说，没东西可写啊。

写什么呢？春雨来了，我一个学生写“鲜花抖下身上沉重的水花”（吴辰茜）；秋风吹来，一个男生写“干枯的树叶落了一地，也不知是谁的思念吹过来的”（卢翼晨）；回家路上，她“最喜欢看着夕阳滑过一排排树木和一个院子，随后停在楼道那条裂缝中，投影在褪落的白墙上”（曹艺菲）；去逛菜市场，他看到了“白色的刀刃飞过一片片红肉，他挽着袖子，总是笑呵呵的，他有一句口头禅：‘我不讲价！’”（陶一琦）；或是不经意的一瞥，她也留意了“头顶的路灯在她脸上折射出好看的阴影”（包雨欢）。

…………

少年们，你看到过身外那个大世界，内心那个小宇宙吗？

“要记得在庸常的物质生活之上，还有更迷人的精神世界”，尝试去触碰这个世界，永远保持一颗鲜活自然的心，全然地生活，用身上的所有器官和所有细胞都去感受你生活中的每一阵风吹、每一声鸟鸣，无论疯狂沉痛惊喜，还是灰暗沉闷无聊。“你的心要如溪水般柔软，你的眼波要像春天般明媚。你要会流泪，会孤身一人坐在黑暗中听伤感的音乐”（余光中），热情地参与，安静地倾听，用心地感受，世间万物无一不入我之生命，因此你自然而然地增加了生活的容量，这样，你才能增加你生命的厚度，然后从纷繁中提炼你生命的纯度。

当你的心充满了动人的旋律，你能够忍得住不让它们从笔尖上流淌出来吗？在表达中一点点儿地定义自己，在丰富生动的心灵之歌中，你会发现，你的过去、你的现在、你的将来都慢慢地清晰地呈现在你的眼前，你会更加明白自己是一个什么样的人，你会找到自己的节奏，纡徐有度地前行。

闭上眼，你的路便会出现在你的眼前；闭上眼，你能够立刻感受到你的心正在一下一下强劲有力地跳动，跳得那么得沉稳而响亮。然后，请睁开眼，你知道自己接下来你应该做什么。

我觉得这样的人生真的很精彩！

愿你也如此精彩！

郭老师

2019年2月27日写于苏州

热爱是我的疗伤系统

我带着一身的病，自负，多情，而又多愁。

“我的心河很浅很浅，常常有露底的忧愁。”

我这个人，每时每刻都在期待美好的事情发生，又每时每刻为不如意的事情而感到失落，想活得淡然却总不得安宁，在迷雾森林里长久徘徊。因为总丢不掉对世界的期待之心，所以独善其身也就做不到了。

然后自己恼怒了，跟生活生气、闹别扭，它又不会哄我，于是我只能叹着气自己哄自己开心。

幸好，来拯救我的，是读书。这么多年，从小学时的读《故事会》开始，读书一直在滋养我，它每次都打捞起我——从繁杂庸碌的生活中打捞起我。

读书，意味着还没有完全认同这个现实世界，还有追求，还在奋斗，还有不满，在寻求另一种可能性，另一种生活方式。

我总是给自己大段大段独处的时光去看书，微弱的生命需要充实。

无论书店、咖啡店、图书馆，还是我自己那个小小的房间里，我都是回到一个人的孤单之中，以真正的自我开始独自的生活。

这样一个小时一个小时地大把大把浪费和虚度之后，时间的长度是有力量和美感的，时间会让一个灵魂越来越动人，外界的很多东西慢慢从我的身体褪去，慢慢地水落石出，从虚无中打捞出一个真实的我。

这一年，学习心理学，人的这一颗心，可以简单到透明，也可以复杂到随时把自己绕晕。人要长时间认真地面对自己的内心，更美的是每个瞬间的真正清醒，只有真正伟大而优美的事物才能真正永恒地存在——微不足道的恐惧和快乐其实只是现实的影子。

我永远以虔诚的姿态，迎接心灵的安详像云朵从天而降。很多时候，我极度需要保持心灵的洁净和专注，长久停留在潜意识中，我才能将外界琢磨得透彻，从而进入内在世界，有内心的生活会比较愉悦，摆脱生活表面的相似，必须内心丰富。

给了我很多能量的是别人的幸福哲学课和庆山的小说散文随记，我大段大段地摘录其中的文字，一遍一遍地看。

被她们支撑的东西，会慢慢一点点儿滋养我，成为我骨肉与灵魂的一部分。

通过别人的文字和思想，在心里建造了一个完全独立于外界力量的王国，在世外桃源之中拥有一间盛放自己的房间。从此不需要再依靠外力来支撑我的生命，发现内心深处的慈悲和智慧，是一套稳固而强大的疗伤系统。

不再充满困惑和痛苦，背着整个世界，秘密地欢欣和悲伤，我从容地进入文字。在我无所事事无所依靠的时候，文字以一种严肃的力量推动着我向前走，我内心也就不会决堤。

然后我便开始写作。写作真的是一件很私密的事情，低头写字的我是由一个个孤独的瞬息、一段段与我自己相处的时光、一件件发生在自己内心的事等组成，与除此之外的一切均无关系，仅仅意味着在某段时间你曾沉浸在孤独之中。孤独是空气，你呼吸它而感到自己的存在。桌子上的咖啡，大堆凌乱的书籍，窗台上的植物，让你有时候会忘了时间，任由窗外的天空转换了颜色，任由锅里的汤逐渐冷却。

思虑慢慢像猫一样延伸身体，守着一扇窗户和窗户外的几棵树、几朵云，一样可以过一辈子，它们会成为我永久的知己。

这样的感觉就像是和自己谈恋爱，从来没有一种关系，像我与我自己的关系那样，严厉又溺爱，比爱人更亲密，比朋友更温暖，比家人更体贴，我们之间长期提供了如此安全的舒适和平静。

我想做的事情就去坚持，自己想通了，把自己说服了，一辈子就这么点儿事了，不用管别人的态度，其实没那么多人真的关心你。别再苦苦追寻，现在该是你召唤新世界来临啊，现在你可以马上过上自己想过的生活、停止无意识生活的呼吁,排除所有与你最高憧憬相悖的事情,这才是终身浪漫的开始。我时刻研究自己就是为了忘记自己,表达出自己,实现忘记自己就可以了。协调的思维、语言行动,远离外界的纷扰。

爱是自己身上流淌出来的东西,我的爱从我的心中流淌出来,我希望经过我的人都看得见我的光。

获得心灵的优雅与安宁,这才是一生的事。找出对我有力量的事物,是我一直努力在做的事。我需要那些很微不足道,很细腻的感知和爱。

于我,写作就成为我的力量。清晰和诚恳地表达,全身心地投入与自己的对话,找到自己的身份,重新呈现我。观察自己的灵魂,尽量帮助灵魂寻求和做出最高的选择。在我被焦虑缠身时,记起我的珍贵,找到方向,让我的灵魂走在我的路上,转过身就能看到阳光。同时,看到的还有我自己的珍贵,看到了我的世界在我脚下延伸。我依旧期待那一天。

2019 年写于苏州

我只是今日这满目萧然的大地上冬眠的鸟兽虫鱼

冷冷清清，就是我的这个新年。

昨晚冒着雨去寄快递，却发现大门紧闭，快递员已经回老家了。今早再抱着箱子去一家便利店，老板正在搬东西，货架上空荡荡的，歪斜着几只塑料篮子。在我的几番请求之下老板才肯帮我联系其他快递员。好不容易寄掉了一份快递，剩下一件衣服没处可寄，就扔进了路旁的旧衣回收箱。

撑着伞来到了熟悉的咖啡店，坐在了老座位上，以前一座难求的咖啡店里今日只是寥寥落落散坐着些人。这是我想要的安宁静谧，却有些异样，连音乐都显得有些伤感。

昨日期末考试结束，学生们或解脱或失落，乱糟糟地收拾东西，课本习题集纸张在教室里飞散，也是一副作鸟兽散的模样。同事们紧张阅卷、准备年会节目、递交各种材料，谈的也是抢票和回老家的事。平日井然的秩序被打乱，让人感觉有些空荡荡的。

我自己近日也是不得安宁，很少能静下心来。我需要做些调整，于是便写作。

一年收尾，一切在庞杂中零落，我每次甚觉有些荒凉的意味。

小时候盼望过年，想到能买新衣服，有各种好吃的，想起那些红红火火热热闹闹，我心中就美滋滋地憧憬着。后来一年一年地过春节，盼望的不能总实现，长大后就慢慢剩下失望的平静了。后来离家读书与工作，过年就只是为了和家人团聚，体验一点儿清冷中的暖。然而不到几天就又忙碌于一个个离别。

人于世上，是为了一场场的欢聚？还是一次次的别离？

林黛玉天性喜散不喜聚，她说："人有聚就有散，聚时欢喜，到散时岂不冷清？"

忙着过年，忙着开年，忙着年中反省，忙着年末总结，"忙着生，忙着死，忙着千篇一律的单调,周而复始”,“被命运掌握着的人,他们只能在绝望的边缘苦苦挣扎,回忆过去,却看不见未来。对他们来说,一切都没有希望,唯有依靠命运”。

有时候我能意识到我是活在此起彼落被操纵之中的,操纵者有历史、时代、社会和宿命。

然而,我希望我只是今日这满目萧然的大地中的一只冬眠的鸟兽虫鱼,好好休息。

春天来了就歌唱,冬天来了就飘零。

不要急,不要忙,不要乱,凝神静心,慢慢地简单地去做事情。只见最重要的人,只做最重要的事。

让聒噪喧嚣的世界安静下来,捋顺纷繁杂乱的心绪,像尘埃落定一样,让潜藏的精神生命浮现出来,那时你会看到你的路,路的那头有一个智慧的自己在微笑。

新年已至,愿你清净喜乐。

2020 年写于苏州